Hegel

La religion et le politique

Introduction au problème théologico-politique
dans la philosophie de Hegel

François Palacio

ellipses

Droits de reproduction

Hegel, *Leçons sur la philosophie de la religion*, deuxième partie, *La Religion déterminée*, © Librairie philosophique J. Vrin, Paris, 1972. http://www.vrin.fr

Hegel, *La Positivité de la religion chrétienne*, Paris, © PUF, 1983.

Hegel, *Encyclopédie des sciences philosophiques*, III, *Philosophie de l'esprit*, © Librairie philosophique J. Vrin, Paris, 1988. http://www.vrin.fr

Hegel, *Encyclopédie des sciences philosophiques*, I, *La science de la logique*, © Librairie philosophique J. Vrin, Paris, 1994. http://www.vrin.fr

Hegel, *Leçons sur la philosophie de la religion*, première partie, *Introduction, Le Concept de religion*, Paris, © PUF, 1996.

Hegel, *Principes de la philosophie du droit*, Paris, © PUF, 1998.

Hegel, *Écrits sur la religion*, © Librairie philosophique J. Vrin, Paris, 2001. http://www.vrin.fr

Hegel, *L'Esprit du christianisme et son destin*, © Librairie philosophique J. Vrin, Paris, 2003. http://www.vrin.fr

Hegel, *Encyclopédie des sciences philosophiques*, II, *La Philosophie de la nature*, © Librairie philosophique J. Vrin, Paris, 2004. http://www.vrin.fr

ISBN 978-2-7298-7292-2

32, rue Bargue 75740 Paris cedex 15

www.editions-ellipses.fr

SOMMAIRE

INTRODUCTION

FONDATION DE L'ÉTAT ET INSTITUTION DU SOCIAL

Hegel n'est pas réputé pour son libéralisme. La vision presque caricaturale du fonctionnaire d'État prussien, apologiste de la Restauration, que Rudolf Haym a contribué à former[1], pousse à considérer Hegel comme théoricien par excellence de l'État total et bureaucratique. Reniant l'héritage du moralisme des Lumières, critiquant l'engouement révolutionnaire aussi bien que l'enthousiasme libéral et nationaliste des étudiants de la *Burschenschaft*, Hegel, dans l'Allemagne d'après le congrès de Vienne, a tout d'un conservateur tiède. Et pourtant, s'il est un mot qui peut permettre de résumer l'ambition philosophique du professeur berlinois, c'est bien celui de *liberté* qui, depuis les premiers écrits de Tübingen et de Berne jusqu'à la dernière édition de l'*Encyclopédie des sciences philosophiques*, traverse l'œuvre hégélienne. Il n'en est que plus paradoxal d'entendre Hegel se référer, à l'encontre du projet d'émancipation des Lumières, à la religion chrétienne comme principe de cette liberté aux sources de laquelle le monde moderne puiserait son originalité et sa supériorité sur les formations culturelles de l'antiquité. La modernité, en effet, semble bien plutôt se signaler par un geste d'arrachement à l'égard de l'emprise religieuse, de ses dogmes et de ses institutions étouffantes. On pourrait certes comprendre que Hegel cherche dans les ressources de la piété subjective un modèle d'indépendance et d'autonomie à même de protéger l'individu contre les risques que les institutions politiques

1 R. Haym, *Hegel et son temps*, Paris, Gallimard, 2008, p. 293.

ou religieuses font peser sur la libre conscience. Mais la théologie du sentiment de Schleiermacher, où semblent pourtant s'affirmer les droits de la conscience particulière, ne saura pas trouver plus de grâce à ses yeux que les prétentions révolutionnaires de la volonté subjective. Quel est donc le sens de cette liberté qu'il faudrait savoir gré au christianisme d'avoir révélé aux hommes et qui ne leur enseigne finalement que l'obéissance ? Comment comprendre que cette liberté trouve à s'accomplir uniquement dans la soumission de la subjectivité à l'ordre effectif qui se présente à elle ?

Un rapide retour sur l'histoire du complexe théologico-politique semble s'imposer si nous voulons comprendre en quels termes Hegel parvient à penser l'articulation de la religion chrétienne et de l'État moderne. Se faisant, nous sommes néanmoins obligés d'admettre qu'au premier abord la relation unissant christianisme, État et liberté semble tout sauf évidente.

En effet, il a souvent été reproché au christianisme de n'être pas une religion politique, une religion de la *polis*. Cette critique est ancienne et s'accorde finalement avec le projet évangélique lui-même. La référence classique à l'impôt dû à César, commune aux trois évangiles synoptiques (Mt 22, 15-22 ; Marc 12, 13-17 ; Luc 20, 20-26), fraie la voie à une conception passive, voire acivile, de l'existence chrétienne, ce que d'aucuns, à l'orée de la modernité, ne manqueront pas d'opposer à la doctrine chrétienne. Ainsi de Machiavel, qui regrette que « notre religion glorifie plutôt les humbles voués à la vie contemplative que les hommes d'action[1] ». En bref, la religion chrétienne serait responsable du déclin de l'amour de la liberté commune aux peuples de l'Antiquité. La vie chrétienne est celle d'un pèlerinage où transite, à la suite du Christ, celui qui se destine à faire retour vers sa patrie céleste. Bernard de Clairvaux, dans ses *Sermons*, l'exprime on ne peut plus explicitement : « Heureux ceux qui vivent en voyageurs et en étrangers au milieu de ce monde pervers, et savent se garder purs de ses souillures ; car nous n'avons point ici de cité qui demeure, mais nous cherchons celle qui viendra[2]. » À ce point, il semble en effet difficile d'accorder

1 N. Machiavel, *Discours sur la première décade de Tite-Live*, II, 2, *Œuvres complètes*, Paris, Gallimard, 1952, p. 519.

2 Bernard de Clairvaux, *Sermon 7 pour le Carême, Textes politiques*, Paris, Union générale d'éditions, 1986, p. 113.

à la doctrine chrétienne une portée politique autre que négative. Quel sens pourrait donc avoir une liberté dont le principe consiste à se détourner du lieu de son affirmation concrète ?

C'est à saint Augustin qu'il faut s'adresser afin de déterminer le sens et le statut de l'articulation chrétienne entre religion et politique. En systématisant le message évangélique et en lui donnant une assise philosophique et théologique stable, Augustin a, en effet, ouvert une compréhension de la société humaine et de la destinée individuelle qui rompt avec l'héritage antique et va commander l'interprétation du fait politique tout au long des siècles ultérieurs.

Le cadre conceptuel défini par le discours augustinien sur la Chute est connu. Augustin distingue deux statuts de la condition de l'homme, avant et après le péché. En s'arrachant à l'ordre d'une justice médiatisée par la volonté divine, l'homme, affirmant par là même une volonté indépendante de celle de son créateur, se condamne à un abîme entre sa puissance et sa volonté errant dans la quête de son bien. Le critère à partir duquel apprécier la vie juste dépend dès lors de l'orientation donnée par chacun à son existence, selon qu'il désire vivre selon l'esprit ou selon la chair. Augustin distingue entre un amour ordonné qui respecte l'ordre de la création et un amour de jouissance répétant indéfiniment le péché ancestral, amour de celui qui croit pouvoir tirer de sa volonté particulière sa propre satisfaction. Deux cités, de nature et de finalité différentes, se découvrent ainsi à la fois opposées et confondues, cité terrestre imbue de l'amour de soi et cité de Dieu tournée vers l'amour divin. Il convient alors de ne pas confondre la paix de la cité terrestre, tournée vers l'orgueil, et la justice de la cité de Dieu, seule à même d'orienter vers le salut. La paix ne peut être simplement comprise comme calme extérieur, mais suppose la soumission à la volonté divine telle que la foi invite à la connaître. C'est l'ordre transcendant à la création qui fournit la norme de l'établissement humain. L'autorité publique elle-même est orientée par la finalité sotériologique et se fonde ainsi sur la visée pédagogique de l'éducation à la vraie foi. La légitimité du souverain terrestre ne se sépare pas d'une justification transcendante à laquelle il se voit rappelé par la voix de l'Église. Au rebours de la conception aristotélicienne qui voyait dans l'autarcie la fin même de la Cité, Augustin a fait de la dépendance le critère même de la justice.

Il faut cependant remarquer que la notion de liberté mise en avant dans le discours augustinien recouvre davantage un sens phénoménologique que politique. La liberté ne renvoie que secondairement à la faculté pratique de se déterminer en vue d'une certaine fin immanente à la communauté politique. Au premier chef, la liberté vient à nommer la dynamique existentielle dont l'homme est porteur sitôt qu'il se pose en tant qu'homme, c'est-à-dire lorsqu'il s'engendre dans la scission de son soi originel. Refuser de reconnaître la négativité attachée à cette scission équivaut à nier le processus par lequel l'esprit cherche à se saisir de lui-même, dans un rapport dont l'actualité lui permettrait d'atteindre à la conquête de sa propre essence. En ce sens, l'être-là de l'existence humaine ne peut effectivement apparaître que comme le passage où transite une réalité en devenir. Dans cette transition de l'unité perdue à l'unité conquise s'ouvre l'espace dont émerge un monde qui, afin de n'être pas simple apparence, se doit d'être reconnu pour ce qu'il est : advenir à soi dans la restauration de sa perfection première. Sans directement mettre en œuvre un sens politique dont la dimension d'auto-accomplissement contredirait son sens même, la liberté chrétienne — liberté de la chute dont l'esprit ne cesse de revenir — pourvoit des effets de sens pratiques dont la portée éthique n'est pas moins prégnante, à commencer par la promotion d'une individualité qui, pour valoir en tant que telle, est appelée à se dénier son auto-référence immédiate. La liberté du chrétien est, en effet, celle d'un dessaisissement de soi. La médiation à un autre infini dont la subjectivité émerge inaugure alors, dans la distance ménagée par l'attente d'une réconciliation avec le *Soi* infini, le temps de la pérégrination terrestre. En ce sens, si la liberté chrétienne n'est pas une piété civique, elle n'en découvre pas moins la possibilité pour une réalité historico-mondaine de venir à la manifestation. Plus encore, une telle réalité est présupposée par l'être-là de la subjectivité libérée dans le rapport à son objet absolu. La religion chrétienne porte en ce sens une dimension temporale universelle. Toute la question consiste dès lors à déterminer quel type de structure politico-sociale doit correspondre à la libre individualité telle qu'elle se voit promue dans le discours théologique chrétien ?

La réponse traditionnelle à cette question, la réponse catholique, s'appuie sur la formation historique dont le développement du principe chrétien est tributaire, celui de l'Empire romain d'Occident qui, sous le flot des invasions barbares, succombe et se décompose en donnant naissance à la multiplicité des potentats féodaux progressivement agglomérés à un centre de souveraineté royal. Appréhendé sous cet angle, le problème consiste à déterminer la légitimité à accorder à la pointe de l'édifice politique dont les ordres successifs de pouvoir tirent leur cohésion. Classiquement, le principe de l'hégémonie dynastique en terre chrétienne s'inspire de la conception augustinienne qui voit dans le pouvoir séculier un moyen et un prolongement de l'autorité spirituelle dont l'Oint du Seigneur, le Christ-Roi, est le prototype. En ce sens se déduit une organisation verticale du pouvoir où le magistère spirituel, lui-même dépositaire de l'office divin, sanctionne l'autorité temporelle et lui insuffle les modalités de son exercice.

Mais la confusion des ordres de détermination entre autorité temporelle et spirituelle conduit rapidement à l'abaissement de cette dernière en direction de l'ici-bas terrestre quand, en réaction, la sphère du pouvoir mondain développe pour soi, dans une forme rationnelle, le principe de ses droits effectifs. À l'époque féodale, le pouvoir de l'autorité temporelle se renforce dans la lutte qui l'oppose à l'Église dont il s'approprie progressivement les prérogatives[1]. L'État émergeant trouve dans ses rapports conflictuels avec le pouvoir spirituel l'occasion de se développer comme une sphère valant pour soi. La liberté du chrétien, dont il faut éduquer et orienter l'existence en direction du ciel, et au nom de laquelle s'est affermie la domination du pouvoir de l'Église, devient finalement l'objet d'une législation cherchant à s'émanciper de la tutelle spirituelle et découvrant de la sorte sa propre vocation universelle.

---

1 Traversée par l'opposition de l'empereur et du pape au sujet de la fameuse querelle des investitures, l'Europe catholique trouve dans le *Dictatus papae* de 1075, promulgué par Grégoire VII, le principe de la soumission du pouvoir impérial à l'autorité de l'Église. Le neuvième article affirme ainsi l'infériorité des princes de la terre : « *Quod solius papae pedes omnes principes deoculentur* », « les princes s'inclinent seulement aux pieds du pape ». En réaction, les juristes impériaux s'attellent à une relecture du droit romain qui élève l'empereur à la dignité d'une instance universelle souveraine. Contre les prétentions affichées de l'évêque de Rome commence à émerger, notamment avec Sigebert de Gembloux, l'idée que le pouvoir impérial est en lui-même mandaté pour assurer le triomphe de la volonté divine. L'affaire d'Anagni qui mène Philippe IV à se saisir de la personne du pape au travers de son garde des Sceaux, le juriste Guillaume de Nogaret, la signature du concordat de Bologne entre François Ier et Léon X qui, en 1516, jette les bases du gallicanisme, le schisme du roi Henri VIII se proclamant « Chef suprême de l'Église et du Clergé d'Angleterre », ces exemples classiques montrent combien l'autonomie du pouvoir civil s'est constituée dans l'opposition au pouvoir temporel de l'Église et au détriment de cette dernière.

Mais c'est avec la réforme protestante, et les guerres de religions qui l'accompagnent, que s'annonce véritablement l'avènement des structures politiques à partir desquelles l'État moderne trouve à naître. La nécessité qui pousse les différentes nations à articuler en leur sein l'existence de confessions concurrentes conduit l'autorité civile à s'élever au-dessus des querelles doctrinales et des rivalités religieuses pour se faire l'arbitre unique des conflits touchant à la foi. Le modèle absolutiste offert par Thomas Hobbes dans son *Léviathan* doit permettre d'assurer qu'aucune autorité concurrente ne s'immisce dans le droit du souverain à fournir le principe d'une législation unique et universelle à la multitude qu'il organise en un peuple. L'érastianisme de Hobbes, en livrant aux mains de l'autorité séculière le soin de statuer en matière religieuse, a néanmoins ceci de paradoxal qu'il ouvre le champ à une conception libérale du gouvernement des hommes. En effet, si l'État est seul maître de la doctrine qu'il entend voir professer en son sein, s'il lui revient d'obtenir, dans la soumission des paroles et des actes cultuels, le signe de l'obéissance des citoyens, il ne peut prétendre régenter l'intériorité des âmes et doit, de ce fait, souffrir que l'opinion subjective, même muette, vaille pour elle-même. Le développement progressif de la tolérance religieuse et la privatisation de la religion qui l'accompagne vont de pair avec l'affirmation d'une autorité censée décider *en* et *pour elle-même* des conditions garantissant la paix civile, autorité dont le champ d'intervention reçoit néanmoins ses limites des moyens qui lui sont propres. La doctrine théologico-politique de Spinoza tirera cette conséquence logique que le pouvoir politique peut obtenir de ceux qui lui sont soumis les signes extérieurs de l'obéissance tout en admettant que la liberté intérieure de penser ne puisse en aucune façon être soumise au pouvoir qui discipline les corps. C'est à ce point que vient à s'affirmer, dans l'intériorité privée de la conscience subjective, le principe d'une liberté dont le modèle tire sa source de la doctrine biblique pour laquelle le juste vit de sa foi (Ha 1, 1-5).

Cette foi, disposition subjective qu'aucune puissance extérieure ne saurait brider, révèle un champ d'initiative qui ne va cesser d'enfler jusqu'à revendiquer pour la subjectivité particulière le droit de juger, en toute conscience, dans les affaires sur lesquelles sa compétence s'exerce, c'est-à-dire dans l'espace d'une libre réalisation de son aspiration intérieure. Si, comme l'affirme Machiavel et à sa suite Bayle et Rousseau, le chrétien est un mauvais citoyen, il sait toutefois être un homme intéressé à la satisfaction de sa particularité. Cette subjectivité va alors trouver à s'ouvrir un champ d'épanouissement, à la fois extérieur et en rapport à la sphère de l'autorité civile dont elle reçoit sa possibilité et sa garantie d'existence. L'autonomisation du monde social, dont le principe même repose sur le besoin d'atteindre la réconciliation du particulier et de l'universel, va entraîner avec elle l'émancipation finale du pouvoir politique à l'égard de toute autorité étrangère.

En s'affirmant comme totalité souveraine et en découvrant sa propre puissance infinie au-dedans de soi, l'État-nation, émergeant à partir du XVIIe siècle, entame une réévaluation de ses fins qui va lier l'affirmation de sa propre puissance à la reconnaissance de la subjectivité particulière. Le pouvoir civil, en se portant toujours davantage vers l'administration d'un territoire et d'une population, change en effet de point d'application[1]. Cette mutation des fins gouvernementales tend à faire de la sphère purement économique de reproduction des moyens d'existence — sphère qui depuis Aristote étaient reléguée dans l'intimité de la particularité privée, de l'*oïkos*, et où la subjectivité particulière trouve justement son ancrage naturel — un domaine au sein duquel se constitue et se renforce la vitalité intérieure de l'État. La modulation des structures éthico-sociales qui en découle permet l'avènement et la reconnaissance de la société civile bourgeoise en et pour elle-même. La classe productrice et commerçante, traditionnellement étrangère au domaine des affaires publiques, se voit promue par les besoins du pouvoir et prend progressivement conscience, dans le rôle qu'elle se trouve appelée à assumer, de l'intérêt propre qui l'oppose à ce pouvoir. À partir du moment où la puissance publique se charge d'un domaine jusque-là confiné à l'ordre domestique et privé, la classe des propriétaires découvre dans ses propres affaires une sphère d'intérêt public et commence à se constituer en critique de l'autorité civile. Si dans le domaine public, l'individu ne possède de réalité que comme sujet, il cumule, dans la sphère privée, le rôle de propriétaire sollicité par les affaires publiques et celui, purement moral, d'*homme*, d'homme libre ou, en tout cas, dont la nature d'être libre l'enjoint au souci de son propre être-pour-soi. À l'aube de la Révolution française, cette sphère, formée par un public privé, ne cherche pas tant à revendiquer l'exercice de la souveraineté politique qu'à

1 M. Foucault, « La Gouvernementalité », in *Dits et écrits*, t. II, Paris, Gallimard, 2001, p. 643.

rationaliser ce mode de domination pour assurer par elle-même le contrôle de sa propre sphère d'indépendance, économique et morale. La société appelle à laisser les lois naturelles du marché œuvrer à son autorégulation[1]. Le pouvoir social, institutionnalisé à partir de la révolution par la médiation de ses représentants, vise à une administration réfléchie, orientée par la puissance que cette sphère sociale déploie sur un mode immanent mais à laquelle l'État offre un foyer de convergence capable d'œuvrer concrètement à la satisfaction de l'intérêt universel. L'État se voit alors chargé de nouvelles tâches, non plus seulement de contrôle, mais d'organisation et de coordination du champ social. Cette administration ne saurait néanmoins être confondue avec l'interventionnisme mercantiliste de l'Ancien Régime. Ici le pouvoir n'utilise pas la société civile en vue de renforcer sa propre puissance mais, au contraire, constitue l'élément médiateur à partir duquel la société parvient à articuler ses conflits internes. Ce n'est plus le pouvoir qui cherche à obtenir une connaissance de la société pour la dominer, c'est la société qui s'administre à partir de l'État grâce au savoir qu'une législation rationnelle lui offre de sa liberté essentielle.

Voilà, très brièvement rappelées, les grandes étapes à partir desquelles peuvent s'apercevoir les conséquences politico-sociales du modèle chrétien de la libre individualité. Parce que la liberté supposait les structures institutionnelles au travers desquelles se hisser à la possibilité de son existence, la puissance publique est parvenue à émerger comme vecteur de la puissance spirituelle. Jusque-là, la religion chrétienne apparaît comme principe de fondation de l'ordre éthique et politique. Mais en libérant tout à fait les forces particulières à l'œuvre en son sein, l'État voit nécessairement croître la sphère propre à l'affirmation de la particularité subjective, la société civile. Cette dernière, par la médiation de l'État qui lui donne savoir de soi, s'institue comme une réalité dont l'autoréférence achève l'objectivation de l'esprit comme subjectivité substantielle.

La philosophie du droit hégélienne, à l'heure où s'amorce l'autonomisation de la société civile, a su saisir le rapport structurel qui lie l'avènement de l'État moderne à ses conditions historiques d'émergence, à savoir le principe de la libre individualité mis en jeu dans la religion chrétienne. Mais plus encore, le discours hégélien sur la fonction respective de l'État et de la religion semble

---

1 Thomas Paine, *Les Droits de l'homme*, PU Nancy, p. 155.

lui-même valoir comme expression du basculement des modalités par lesquelles la modernité se constitue et donne corps aux signifiants au travers desquels son sens s'articule. La religion, telle qu'elle se voit assumée et comprise dans le procès spéculatif, témoigne du passage de la *fondation* de l'État, par le biais d'une instance symbolique transcendante qui confère à la configuration politique sa légitimité, à *l'institution* de la société, comme sphère autonome déployant en son immanence concrète ses propres structures d'intelligibilité.

L'interrogation hégélienne relève, en effet, d'un modèle au sein duquel la religion possède encore, comme savoir absolu, le sens d'une instance herméneutique où trouve à se penser l'effectivité mondaine. Mais, dans le même temps, la religion cesse de tenir la place d'instance légitimatrice de l'autorité. C'est, au contraire, en s'intégrant dans le complexe institutionnel immanent à la réalité éthique que la religion reçoit sa valeur. Ce déplacement explique qu'à la différence de Hobbes, de Spinoza ou de Rousseau, Hegel ne pose pas la *question* théologico-politique. Cette question, celle de savoir quelle prééminence fonctionnelle accorder à la religion dans l'édifice politique, n'appartient pas au développement de la philosophie de l'esprit hégélienne. En cela, Hegel a déjà réalisé le saut qui trouvera chez Feuerbach et chez Marx à s'accomplir pleinement. La religion n'est pas, ou n'est plus, un attribut de la fondation de l'État mais doit être déchiffrée comme symptôme d'une réalité à laquelle elle donne un accès symbolique. C'est qu'en tant que telle la question de la fondation de l'État cesse de faire sens. L'État reçoit son existence d'une dynamique sociale qui vient à s'y loger tout en détenant, en dernier lieu, le secret de son déploiement autonome.

Mais si l'articulation théologico-politique ne fait pas *question* chez Hegel, elle n'en recèle pas moins un *problème* qui, pris en vue, permet de comprendre les modalités d'institution du monde social. En ce sens, la religion a bien valeur heuristique et herméneutique. Dans le développement historique du christianisme occidental, la religion participe de la libération de forces sociales qui, en accomplissant son principe, la privent en même temps de toute-puissance normative. L'office qui, sur le terrain politique, peut lui être reconnu repose sur sa capacité à articuler, dans les termes de la représentation, les signifiants au travers desquels se lit le rapport des éléments structurels présidant à l'émergence de l'État rationnel moderne : l'objectivité universelle des rapports éthiques et la libre subjectivité prétendant à la satisfaction de sa particularité. Si donc la religion comme être-là mondain n'est pas elle-même en mesure d'offrir ses bases institutionnelles à l'État objectif, elle a néanmoins cet avantage de donner à déchiffrer l'articulation des termes à partir desquels la substance spirituelle de l'État peut être comprise et justifiée.

La *question* théologico-politique ne se pose donc pas dans les cadres d'interprétation qui sont ceux de la philosophie de l'esprit. Et pourtant le *problème* théologico-politique apparaît et se voit développé pour lui-même — fait signifiant — en marge de la progression conceptuelle qui structure le déploiement encyclopédique. Un indice textuel semble livré par l'ordre d'exposition de cette problématique. Le problème théologico-politique, en dehors des écrits de jeunesse et des *Leçons*, est soulevé en deux remarques annexes — les Remarques au § 270 des *Principes de la philosophie du droit* et au § 552 de la troisième édition de l'*Encyclopédie des sciences philosophiques* — comme si ce problème ne pouvait trouver de place dans le développement rationnel de l'esprit. Et en effet, en soi, du point de vue du concept, la question théologico-politique, celle de la querelle des primautés dans l'exercice légitime du pouvoir, n'a pas à se poser puisque l'État est la réalisation ultime de la volonté *en* et *pour soi* et ne saurait en ce sens se voir disputer son droit.

Si pourtant Hegel la mentionne à titre problématique, c'est que la religion, dans le cadre de l'émergence de l'État rationnel, est un *problêma*, au sens originel d'obstacle. Cet obstacle, ce problème, est celui que rencontre l'esprit dans le déploiement de lui-même, lorsqu'un certain retard de son advenir à soi résulte des prétentions politiques de la religion. Un tel obstacle, dans la négativité problématique qu'il oppose à l'affirmation libre de l'esprit, ouvre l'espace d'un approfondissement au sein duquel l'esprit s'expose dans la contradiction qui lui permet de s'approprier son sens. De la sorte, le problème théologico-politique joue un rôle incontournable dans la réconciliation finale que l'esprit doit atteindre de lui-même, réconciliation qui culmine, justement, dans la religion à laquelle Hegel rapporte la sphère entière de l'esprit absolu.

Il y a finalement une ambiguïté de la place attribuée à la religion dans le procès de l'esprit. D'une part, la religion ne semble jouer qu'un rôle subalterne, voire potentiellement nuisible, dans l'édifice politique. Avec la religion, le risque d'une remise en cause de l'autonomie de l'État demeure présent, d'où la méfiance naturelle de l'autorité politique à l'égard de l'ordre religieux. Mais

Hegel attribue, en même temps, à la religion une teneur de vérité supérieure à la sphère de l'État objectif. En tant que réalisation de l'esprit absolu, la religion se donne, du point de vue encyclopédique et spéculatif, comme le *prius* à partir duquel l'ordre politique trouve sa légitimité et sa vérité. Éclairer ce paradoxe de la religion à la fois corruptrice et fondatrice suppose d'identifier et distinguer le sens et la fonction de la religion dans le développement de l'esprit. En quoi consiste exactement la valeur de la religion chrétienne, de cette formation religieuse conçue par Hegel comme l'accomplissement même du concept de religion ?

C'est par le christianisme qu'est introduit dans le monde le principe de la libre subjectivité à partir duquel l'État rationnel peut se constituer comme effectivité médiatisée au-dedans de soi ou comme subjectivité substantielle. En accordant son droit à la subjectivité particulière, l'État moderne réalise véritablement la destination du christianisme comme réconciliation de la subjectivité et de l'objectivité. Dans l'État rationnel, l'émergence d'une sphère sociale autonome garantit aux sujets particuliers de trouver leur droit propre à la satisfaction. C'est en participant ainsi à l'affirmation de l'État comme conscience de soi de la totalité éthique dont ils sont membres que les acteurs sociaux témoignent que l'État moderne est un État de la liberté. Si, dans ce cadre, la religion ne fait pas question, c'est qu'elle relève elle-même de la sphère subjective particulière dont l'État reçoit sa puissance d'affirmation rationnelle. La religion n'acquiert un être-là effectif que dans la mesure où elle se soumet aux conditions d'articulation de la totalité éthique substantielle dont les subjectivités particulières tirent leur satisfaction, en ce qu'ils savent s'y trouver comme auprès d'eux-mêmes. Dans son concept, l'État moderne ne peut penser l'opposition de la partie au tout mais leur seule médiation rationnelle, autrement dit leur réconciliation.

Comment dès lors comprendre que, dans l'exposition encyclopédique, la religion se voit désignée comme principe de l'objectivité dont elle semble recevoir sa condition de possibilité ? À ce point, celui de l'esprit absolu, la religion change de sens et ne vaut plus dans sa seule fonction éthique mais apparaît comme le lieu d'où la totalité substantielle se sait comme moment de la production de l'absolu. Cette production est intimement liée à la nature des *théologoumènes* articulés dans le discours chrétien et suppose justement la libre communication de la particularité subjectivité et de l'universalité objective. C'est donc en réalisant sa dimension éthique que la religion participe de l'objectivation spirituelle à partir de laquelle peut se déployer son savoir absolu.

Reste donc le problème théologico-politique, celui de la confusion des deux ordres temporels et spirituels, qui empêche l'émergence d'une totalité éthique rationnelle. Or, c'est en faisant l'épreuve de sa perte dans la configuration historique où vient à naître le rapport conflictuel de la religion et de l'État que l'esprit se découvre à lui-même le sens véritable de sa liberté. Cette liberté suppose la libération de la subjectivité allant au-devant d'une objectivité en laquelle elle se trouve auprès d'elle-même. La réconciliation ainsi produite suppose que la particularité subjective atteigne son droit à la satisfaction dans l'effectivité concrète. À ce point, la vérité du christianisme s'affirme dans le déploiement d'une sphère autonome de communication et d'échange appelant elle-même sa reconnaissance par une législation objective. Le sacrement de l'effectivité éthique constitue la sanctification que l'absolu donne à la présence à partir de laquelle il se sait comme manifestation.

Afin d'affirmer sa destination spéculative, la religion doit donc renier ses prétentions à l'exercice d'une autorité temporelle dans la configuration sociopolitique moderne. Pour cela, il lui faut s'intégrer comme moment d'une totalité objective qui se réalise dans l'institution d'un *cosmos* social devenu étranger à la question d'une légitimité extérieurement accordée. C'est désormais le principe de la liberté subjective, révélé dans la religion chrétienne, qui justifie les limites posées à l'exercice du magistère spirituel. L'accomplissement de la religion en tant que principe éthique est proportionnel au reflux du religieux comme puissance politique.

Doit-on pour autant voir dans les principes de la philosophie du droit hégélienne une sécularisation pure et simple des valeurs proprement religieuses, valeurs transférées au domaine de l'État se donnant désormais comme « le divin sur la terre » ? Il semble qu'en fait la sécularisation émerge au sein de la problématique théologico-politique lorsque l'Église cherche à se faire principe de l'ordre terrestre. La résolution de ce problème conduit, dès lors, non pas à un transfert du ciel sur la terre mais, au contraire, à une élévation de la réalité mondaine à la dignité *théophanique*. La liberté des hommes porte une dynamique créatrice de sens qui les entraîne dans le défilé d'une histoire au sein de laquelle se manifeste, en chacun de ses aspects et de ses moments, l'accomplissement ultime d'une absolue présence à soi de l'esprit infini. Mais est-ce là encore christianisme ? Hegel instrumentalise-t-il la religion chrétienne pour faire valoir la dignité propre de l'esprit philosophique humain ? Ou faut-il convenir que la philosophie hégélienne n'est pas encore suffisamment mûre pour se dégager des cadres d'intelligibilité du christianisme avec lesquels rompront définitivement les jeunes hégéliens ?

La question qui, à partir des différents points évoqués, sous-tendra implicitement cette analyse pourrait dès lors se résumer simplement : *en quelle mesure et en quel sens l'État moderne et rationnel que cherche à circonscrire Hegel peut se réclamer du christianisme sans l'anéantir et sans s'y anéantir ?* Éclairer cette difficulté suppose d'identifier en divers lieux du corpus hégélien des éléments de réponse à la question théologico-politique qui ne s'y trouve pourtant pas abordée expressément. L'initiative, pour cette raison, pourrait sembler aventureuse. Cette analyse se soutiendra néanmoins d'un certain pari interprétatif selon lequel l'œuvre du penseur peut, d'un point de vue herméneutique, fonctionner de façon autonome comme matrice d'intelligibilité. Autrement dit, indépendamment de l'intention explicite de son auteur, il doit être possible de trouver au sein de l'œuvre une réponse cohérente, c'est-à-dire assumant la cohésion interne du développement bibliographique, à une question non explicitement formulée.

Le parcours que propose cette *Introduction au problème théologico-politique dans la philosophie de Hegel* se veut avant tout pédagogique. À partir d'une présentation des enjeux de la théologie hégélienne (chap. I), le parcours suivi par Hegel dans l'exposition des religions de la nature et des religions déterminés se voit récapitulé, avant que soit recueilli le sens et la portée de la religion chrétienne conçu comme accomplissement même du concept de religion (chap. II). Dans la mesure où le thème central de cette lecture s'articule autour du principe de la libre subjectivité déployé dans le christianisme, les conditions d'émergence de cette subjectivité particulière, appelée à trouver satisfaction au sein des rapports éthiques universels, devront être déterminées (chap. III). La réconciliation de la subjectivité particulière et de l'objectivité substantielle, produite au sein de l'effectivité éthique, conduira naturellement à la présentation des structures sociopolitiques de l'État hégélien (chap. IV). Ainsi dégagées, les bases religieuses et éthiques, à partir desquelles peut s'appréhender le rapport de l'Église et de l'État, supposent d'interroger leur articulation rationnelle (chap. V). Mais, dans la mesure où le problème théologico-politique naît de l'interprétation que l'Église catholique a cherché à donner de la révélation divine, il semblait nécessaire de mettre en lumière les fondements historiques de l'opposition de l'autorité temporelle et de l'autorité spirituelle ainsi que la résolution de ce problème telle qu'elle s'amorce dans la réforme luthérienne (chap. VI). À partir du constat négatif dressé au sujet de la valeur politique de la religion, il nous a paru essentiel de questionner la possibilité pour la philosophie de se substituer à la religion dans sa dimension éthique (chap. VII). Enfin, le dépassement de l'existence bornée de l'État dans l'histoire mondiale suppose que soit interrogé le sens que la conscience religieuse et le savoir philosophique peuvent donner de la réalisation finale de l'histoire (chap. VIII). Une tentative d'évaluation de la pertinence du jugement porté par Hegel quant à l'influence décisive prêtée à la réforme luthérienne dans l'émergence du monde moderne est renvoyée en conclusion.

Cette *Introduction au problème théologico-politique dans la philosophie de Hegel* l'annonce par son titre même : nous ne prétendons en aucune façon avoir épuisé cette question complexe dont plusieurs chemins d'exploration devraient pouvoir, au-delà de cette modeste contribution, être ouverts. Il semblait néanmoins nécessaire d'amener le public intéressé à la pensée hégélienne, aussi bien qu'au problème théologico-politique, à lire Hegel sous un angle auquel on se rapporte peu et qui éclaire pourtant toute sa pensée : la philosophie de la religion. Nous nous sommes autorisé, pour permettre une confrontation directe au discours hégélien, de citer de larges passages des œuvres et ainsi permettre aux lecteurs non familiers du système hégélien de se ménager un accès facilité aux textes.

Je tiens à remercier tout particulièrement M. Olivier Tinland, maître de conférences à l'université Montpellier III, sans lequel ce travail n'aurait pu ni voir le jour ni aboutir.

CHAPITRE I

DIEU N'EST PAS JALOUX

Dans la première de ses *Thèses provisoires pour la réforme de la philosophie*[1], Ludwig Feuerbach avance l'idée centrale à partir de laquelle peut s'entendre sa lecture de la philosophie en général et de la philosophie hégélienne en particulier, à savoir que « le secret de la *théologie* est *l'anthropologie*, le secret de la *philosophie spéculative* est la *théologie* ». Cette philosophie spéculative, dont la pensée de Hegel constitue l'accomplissement, a ceci de propre qu'elle « *actualise*, *détermine* et *réalise* l'essence divine » dans l'ici-bas, quand la théologie traditionnelle transporte dans un au-delà métaphysique cette même essence. La réalisation déterminée de Dieu n'est autre que le mouvement par lequel l'homme prend conscience de son essence dans le rapport à une forme qui lui paraît étrangère mais qui n'est pourtant que la manifestation de son être le plus propre. Prendre au sérieux la théologie reviendrait finalement à convaincre celle-ci de sa méprise constitutive lorsque, entendant parler du Tout Autre, elle ne traite que du renversement d'elle-même.

Qu'il soit question de reflet dans la philosophie spéculative, le terme même le dit avec assez de transparence pour que l'on ose en douter. Mais est-il pour autant si évident que la philosophie spéculative se comprenne comme théologie ?

---

1 L. Feuerbach, *Manifestes philosophiques*, Paris, PUF, 1960, p. 108.

Le dire de Dieu

À considérer sa définition propre, on ne trouve pas, dans les écrits hégéliens de la maturité, de théologie au sens strict du terme. Hegel nous livre des *Leçons sur la philosophie de la religion* auxquelles viennent s'ajouter *Les Leçons sur les preuves de l'existence de Dieu*, sans bien sûr oublier la section consacrée à la *Religion* dans la *Philosophie de l'Esprit*. L'ancien étudiant du Stift de Tübingen ne se réclame pas d'une vocation théologique particulière mais propose de penser la religion comme objet philosophique. D'un objet déterminé, cet objet serait-il Dieu lui-même, à la relation d'un sujet à cet objet dans une attitude et un discours particuliers, il y a une distance à considérer avant de la franchir. Certes, sous le titre de *religion*, Hegel n'entend penser rien moins que la figure que l'absolu se donne de lui-même dans son automanifestation, et, en ce sens, la philosophie de la religion est en même temps un discours de Dieu. Mais ce discours accorde la priorité au génitif subjectif. La théologie est le *dire* que Dieu s'adresse en se donnant la forme d'un objet pour la conscience. La théologie naît d'un rapport où le sujet se maintient dans sa position finie comme l'autre d'un absolu dont il se sait éclairer. Ce rapport dont émerge une certaine subjectivité humaine est un discours sur l'homme qui s'y laisse déterminer en même temps qu'il en réalise la vérité. Néanmoins, l'anthropologie ne constitue qu'une part de la vérité de la théologie, celle justement que la tenue du rapport laisse émerger à titre de pôle visible. Mais plus fondamentale semble être la manifestation du rapport lui-même dont la conscience et son objet tirent tous deux leur réalité. La relation effective de la conscience à l'essence divine est davantage que la théologie, davantage qu'un discours sur Dieu. Cette relation est elle-même l'apparaître absolu qui ne peut être simplement dit puisqu'il est en même temps condition du *discours sur Dieu*. Que la vérité de la conscience religieuse ne soit pas là où elle le pense, Hegel et Feuerbach, et avec eux la postérité des jeunes hégéliens, sauront en convenir. Pour autant, faire fi de l'au-delà auquel cette conscience se confie conduit à annuler l'expérience qui permet au rapport spéculatif de se déployer en son apparaître. Ce n'est finalement pas en anthropologie que se laisse résoudre la théologie, bien que le rapport entretenu avec l'essence divine libère une certaine configuration de l'être-là humain. Plus adapté à la modalité de ce rapport, le terme de *phénoménologie* pourrait trouver ici tout son sens, à la condition toutefois de se voir dégagé du sens que lui donne *la science de l'expérience de la conscience* développée à Iéna par Hegel, tout aussi bien que celui assigné par le subjectivisme transcendantal husserlien. Proche néanmoins de ces deux sens, tout en ne s'y laissant pas circonscrire, le *phénoménologique* dont il est ici question fait signe vers la mise en œuvre d'un rapport qui, en donnant lieu à la rencontre du sujet et de l'objet, libère l'espace de la *manifestation*. Une telle phénoménologie considérerait le rapport absolu s'accomplissant dans le mal-dire que le sujet s'entête à tenir *sur* un objet infini qui le dépasse et l'enclot. La vérité de la *phénoménologie religieuse* consisterait finalement dans le déploiement d'un rapport intermédiant une subjectivité bornée et l'objet qu'elle appelle comme l'Autre qui la pose comme telle, une façon pour la manifestation de s'accomplir absolument, une *théophanie* donc.

Voilà pourquoi il semble que la philosophie de la religion soit davantage et en même temps rien moins qu'une théologie. Voilà pourquoi aussi la théologie se révèle bien porteuse d'une anthropologie, mais pour une part seulement. La philosophie de la religion est avant tout la saisie conceptuelle d'un rapport lui-même considéré comme le fondement dont découle la position des termes en présence, sujet et objet, conscience et essence divine. La théologie, de ce point de vue, est l'expression d'une vérité qu'entend énoncer la subjectivité religieuse sans prendre garde qu'elle est alors elle-même l'objet d'un rapport qui, en la circulation du sens auquel il préside, peut à bon droit être considéré comme le dernier mot de la manifestation, soit comme Dieu lui-même, s'il faut à tout prix lui donner un nom. La vérité de la théologie est donc bien à chercher ailleurs mais pas au-delà d'elle-même. C'est en creusant son propre fond que la théologie peut apprendre à se voir comme le *symptôme* d'un dialogue que la manifestation entretient avec elle-même, l'erreur étant celle de la partie se prenant pour le tout. Dans l'élan de la conscience finie vers son objet absolu se déploie l'espace où vient au jour cette conscience aussi bien que son objet prétendument absolu. La lumière qui traverse cet espace est la manifestation sans au-delà d'elle-même. Elle est cette pure effectivité que la philosophie de la religion entend circonscrire dans son objet d'étude. Si la religion permet de mettre en rapport une certaine posture anthropologique avec un contenu théologique auquel elle correspond, la religion dit en même temps davantage que la théologie qui, sans pudeur, tente rageusement d'arracher les voiles dont la divine essence se pare lorsqu'elle vient à se montrer. La religion montre ce qu'elle ne dit pas, la libération épiphanique d'un rapport dont l'actualité s'épuise dans l'épanchement de son propre sens. C'est cette libération que cherche à prendre en vue la philosophie de la religion qui, pour se hisser à la profondeur de la vérité spéculative, se doit de revêtir la forme d'une phénoménologie.

La philosophie de la religion se situe par conséquent à un niveau théologique plus profond que la théologie stricte. La question qu'elle pose n'est pas tant *qu'est-ce que Dieu* que *qu'est-ce que la religion ?*, sachant qu'en cette dernière Dieu, l'Absolu, le Vrai, vient à se dire. Justement en ce que la religion n'est pas simple discours mais plus essentiellement expérience, expérience qui peut prendre la forme d'un discours, la philosophie de la religion a pour objet un universel déterminé, une effectivité concrète. En tant que telle, la religion lie ensemble deux termes mutuellement déterminés et nous dit quelque chose du type de subjectivité mise en œuvre dans ce rapport effectif, tout en exprimant le sens à partir duquel cette subjectivité se découvre intelligible à elle-même. En interrogeant la nature du rapport religieux, nous pouvons parvenir à circonscrire la subjectivité qui s'y déploie. Pour appréhender les modalités au travers desquelles la libre subjectivité se donne figure et vient au jour, il convient donc de déterminer plus précisément le type d'intelligibilité qui lui donne l'occasion d'apparaître à l'expérience.

Le problème d'une définition objective

Pour Hegel, la religion accomplissant le concept de religion, c'est-à-dire la religion chrétienne, expose dans son contenu la modalité même par laquelle la manifestation se donne son effectivité. Le christianisme constitue la condition d'émergence du principe de la liberté subjective, c'est-à-dire d'une subjectivité sachant s'éprouver dans l'expérience de l'altérité comme en son lieu propre. De ce point de vue, la religion chrétienne promeut ce qu'il est possible de nommer une anthropologie de la liberté, à la condition toutefois de ne pas disjoindre immédiatement ou de ne pas confondre, comme y tend Feuerbach, le discours au sujet de l'essence divine et la valeur à attribuer à la subjectivité particulière qui tient ce discours. C'est de leur relation structurale que l'essence infinie et la conscience finie émergent réciproquement sans qu'il soit possible de rabattre simplement l'une sur l'autre, y compris en renversant leur sens spécifique.

La question *qu'est-ce que la religion ?*, portant sur l'essence de cette activité et sa nécessité en tant qu'expérience effective, constitue une interrogation englobant le concept d'homme. La religion est d'emblée exposée par Hegel, au tout début de ses *Leçons sur la philosophie de la religion*, comme une détermination présupposée et présente en chacun[1], un besoin dont il faut éclaircir la nature et l'origine. Mais plutôt qu'interroger directement la nécessité anthropologique de la religion, Hegel s'attache à en saisir l'objet qu'il caractérise dès les premières lignes des *Leçons* comme l'« objet absolu », « la vérité même ». Par là, la religion se voit rapprochée de la philosophie dont l'objet est cet absolument vrai, Dieu lui-même. De ce point de vue, « la philosophie est théologie », « service de Dieu[2] » mais une théologie dont il nous faut encore cerner toute la spécificité. Il va sans dire qu'une philosophie dont l'objet est Dieu lui-même doit soit renier sa nature positivement rationnelle soit qualifier d'une manière fort singulière cet objet, et c'est bien entendu cette seconde attitude qui intéresse Hegel. Quant à la différence de forme affectant ce contenu commun de la religion et de la philosophie, nous aurons l'occasion de nous y intéresser en détail plus avant.

L'objet de la religion étant Dieu, comment déterminer plus précisément ce dernier ? Qu'est-ce que *Dieu* ?

Sitôt énoncée, cette question signale son défaut. Interroger l'être de Dieu incline d'emblée à introduire au sein de l'absolument simple, de l'*ipsum esse*, une division qui en nie l'unicité fondamentale. Confronté à cet objet dont il cherche à circonscrire la notion comme il le ferait de l'objet le plus banal, l'entendement est contraint de reconnaître la contradiction de son point de départ. La question qui cherche à déterminer l'être de Dieu pose en effet ce dernier comme un objet séparé de la subjectivité qui l'interroge, séparation qui constitue pour Hegel le présupposé fondamental de la théologie traditionnelle. Cette dernière conçoit le rapport de l'esprit fini à l'objet infini dans les termes d'une opposition fixe et radicale condamnant dès l'abord la créature à tourner son regard vers une

1 G. W. F. Hegel, *Leçons sur la philosophie de la religion*, première partie, Paris, PUF, 1996, p. 7.

2 *Ibid.*, p. 3.

transcendance qui *indéfiniment* la dépasse. Mais à considérer ainsi le rapport de l'homme au divin, l'entendement s'ôte d'emblée toute possibilité de penser l'infini en tant que tel, c'est-à-dire positivement. Comment le fini pourrait-il atteindre l'infini sans se nier lui-même ? Et comment l'infini pourrait exister en dehors du fini sans reconnaître par là une limite qui en contredit justement l'infinité ? Contrainte d'abandonner la voie d'une connaissance positive, la théologie négative qui cherche à connaître Dieu à partir de ce qu'il n'est pas, autrement dit à partir de la négation des caractères de l'être concret, succombe fatalement à l'abstraction la plus creuse, n'exprimant par là que l'impuissance à se ménager une sortie hors de l'aporie à laquelle elle s'est elle-même résolue. Se représentant ainsi le fini et son autre dans leur extériorité réciproque, la réflexion se condamne à n'apercevoir d'infini que l'ineffectivité d'un « lointain trouble, inatteignable », « l'en-soi du fini » mais qui « en même temps ne serait que sa *limite*[1] ». Avec cette question semble donc s'ouvrir un véritable *chôrismos* qui conduit bien plutôt à désespérer d'une connaissance véritable de l'être divin. De cet être dont « on ne peut rien penser de plus grand[2] », comme aime à le répéter indéfiniment Anselme, que peut-on dire d'autre de lui sinon qu'il est ? Est-ce là ce savoir suprême auquel devait nous convier la théologie et qui ne nous délivre rien moins que la plus plate des identités d'entendement, le *necesse esse est* ?

Admettons néanmoins qu'il soit possible d'échapper à l'abîme qui sépare l'entendement fini et son objet infini. Le problème alors n'est plus seulement épistémologique mais grammatical et logique. Comment en effet signifier l'unicité de l'être divin sans séparer le sujet, Dieu, de son être même ? Ce problème de l'articulation de l'être et de l'énoncé qui entend l'exprimer n'est rien moins que le fondement de l'ontologie. En sa forme même, la question qui vise à s'enquérir de ce qu'est Dieu contredit la nature qu'il convient de prêter à l'être absolu et ne peut dès lors nous permettre d'en posséder une notion claire. En séparant le sujet des prédicats qui le déterminent, la forme propositionnelle doit partir d'un sujet vide, d'un simple nom, *flatus vocis* qui en lui-même ne révèle rien. Cette contradiction d'un sujet ne portant pas en soi son propre sens, Hegel l'avait déjà relevé dans la *Logique*. Le nom « se tient en face de la Chose ou du

1 G. W. F. Hegel, *Science de la logique*, t. 1, livre 1, *L'Être*, Aubier Montaigne, Paris, 1972, p. 117.

2 Anselme de Cantorbéry, *Proslogion*, Flammarion, Paris, 1993, p. 79.

concept » remarque Hegel, « *ce qu'il est*, c'est seulement le prédicat qui l'exprime, lequel contient l'*être* au sens du concept[1] ». C'est donc du prédicat qu'il faut attendre une connaissance quelconque de Dieu. En tant que sujet d'un jugement apophantique, Dieu n'est qu'un nom. L'universalité qu'on s'attendait à trouver dans la notion même de la *summa essentia* tombe en dehors de cette dernière. Cette divinité purement nominale s'apparente davantage à une forme vide qu'au concept intégratif de toutes les réalités.

Là encore la difficulté tient à la division rigide induite par la réflexion. Le problème que pose la proposition apophantique, censée exprimer l'être même de Dieu, consiste avant tout dans la séparation du sujet et du prédicat, séparation qui pousse à concevoir le sujet comme un étant subsistant auquel viendraient s'ajouter diverses qualités extérieures qui seules pourraient nous en révéler la nature. La contradiction se redouble en outre du fait que la forme même de la proposition vise à signifier l'unité essentielle. La négation de l'apparence de « subsister autonome » qui affecte le sujet « est bien contenue dans le contenu de ces propositions, mais sa forme positive contredit ce même contenu. ».

En tentant de penser Dieu comme un simple concept, la théologie d'entendement succombe finalement aux contradictions qu'elle tisse d'elle-même. Impuissante à saisir la nature véritable de l'objet divin comme Concept, elle ignore « la réalité absolue, qui est idéalité », abrogation (*Aufhebung*[2]) de la différence qui s'engendre à partir de soi-même. Dans son appréhension extérieure d'un « prédicat au repos[3] », cette mauvaise métaphysique ne sait pas discerner le mouvement concret qui caractérise le sujet absolu. Dans la mesure où elle cherche à penser l'être divin sous la forme d'un objet autour duquel se déploient les rets de ses concepts finis, cette subjectivité de l'absolu ne peut que lui échapper.

1 G. W. F. Hegel, *Science de la logique*, t. 2, *La Doctrine du concept*, Aubier Montaigne, Paris, 1981, p. 101.

2 Nous suivrons, pour les termes *Aufheben* et *Aufhebung*, la traduction adoptée par Jean-François Kervégan dans son édition des *Principes de la philosophie du droit*, PUF, Paris, 1998, p. 83. Ce choix terminologique nous semble le plus adapté au contexte politique qui est celui de notre propos et qui se trouve en outre invoqué par Hegel lui-même (*Science de la logique*, *op. cit.*, § 96, Addition, p. 530).

3 G. W. F. Hegel, *Leçons sur la philosophie de la religion*, partie 3, PUF, Paris, 2004, p. 15.

L'auto-exposition du concept de Dieu

L'erreur de l'entendement consiste à se saisir du concept de Dieu comme d'un objet fini et limité. Son appréhension adéquate suppose donc, au contraire, de considérer ce concept en son extension maximale, autrement dit infinie. Or la détermination abstraite du concept divin tient dans le retrait que la réflexion subjective opère d'elle-même au moment où elle vient à se représenter son objet. Il apparaît par conséquent nécessaire de ne pas séparer le contenu du concept de Dieu et l'énoncé qui en dévoile les caractères essentiels. On ne peut se contenter de voir dans le concept suprême une simple « entité d'entendement », tirant sa réalité formelle de la pensée finie qui se le représente. Elle est une forme posant son propre contenu et se développant à partir d'elle-même. C'est comme esprit que Dieu doit être connu et non comme simple produit de la réflexion finie qui se l'oppose en l'objectivant, un esprit qui « inclut en soi le côté subjectif[1] ». En tant qu'il est essentiellement sujet, seul Dieu lui-même peut nous instruire de lui-même.

L'impuissance de l'entendement réfléchissant à saisir la subjectivité essentielle de Dieu trouve, selon Hegel, son illustration la plus frappante, parce que la plus profonde, chez Spinoza. Ce dernier établit la nature substantielle, absolue et nécessaire de l'être divin[2], et se hisse ainsi à une compréhension juste de l'infinité véritable de Dieu. Mais il ne parvient pas à saisir l'absolu autrement qu'en les termes d'une démonstration extérieure et formelle dont l'énoncé efface les traces du sujet de l'énonciation, sujet dont la nécessité même devrait suivre de l'infinité posée. En son universalité massive, la substance spinozienne fait courir le risque d'une dissolution de toute détermination positive qui, du point de vue de l'absolu lui-même, constituerait une limite négative quoique intérieure. Dans son absolue positivité, le Dieu de Spinoza conduit au néant.

Deux options sont dès lors envisageables : soit concevoir la substance infinie comme la négation de toutes les limites, mais aucune réalité déterminée ne trouve alors à s'affirmer ; soit laisser les déterminations particulières s'affirmer au sein de la substance qui doit valoir comme la totalité des négations. Si Spinoza, saisissant la détermination comme une négation, est bien proche

1 *Leçons sur la philosophie de la religion*, partie 1, *op. cit.*, p. 31.
2 B. Spinoza, *Éthique*, livre I, proposition XI, GF, Paris, 1965, p. 30.

de comprendre la substance comme universalité déterminée, son appréhension demeure affectée d'abstraction. Parce qu'elle ne discerne pas au sein de la négation l'approfondissement du concept divin en lui-même, la philosophie de la substance absolue n'opère pas le passage du « concept-intégratif de toutes les réalités » au « concept-intégratif de toutes les négations[1] » et ne peut se hisser à la compréhension véritable du concept comme universalité faisant de la particularité un moment d'elle-même.

Mais que signifie au juste inscrire la négation au cœur de l'infinité ? Nier l'infini en affirmant le fini n'est-ce pas reproduire l'erreur de l'entendement et couper une fois encore l'infini de lui-même ?

L'objet de la philosophie, et par là même de la religion, ne peut se présenter à l'état séparé. La haute teneur spéculative du concept divin réclame que ce soit l'absolu, se produisant lui-même et se donnant réalité et effectivité, qui vaille comme « objet et contenu uniques de la philosophie », l'Idée qui « contient dans soi toute *déterminité* » et dont l'essence « est de faire retour à soi par son auto-détermination ou particularisation[2] ». La raison spéculative prend ici le relais d'une logique d'entendement rivée à ses oppositions fixes. Si l'être, tout comme l'essence, la substance ou le vrai, « peuvent être regardées comme des définitions de l'absolu, comme les définitions métaphysiques de Dieu », ce n'est qu'à la condition de reconnaître en ces formes l'auto-exposition du concept de Dieu. C'est pourquoi la pensée philosophique qui cherche à connaître Dieu doit laisser s'exposer la formation même de son concept et non pas se limiter à y accoler, comme à un contenu étranger, la liste interminable de ses prédicats figés. L'absolu s'expose ainsi lui-même dans les formes du connaître.

Notre discours qui prend Dieu pour objet et tente d'en expliciter la notion présuppose donc Dieu quand ce dernier s'expose lui-même à travers les catégories qui nous permettent de le penser. Hegel met en garde le penser hâtif enclin à se tourner immédiatement vers « *la nature du concept* ». Certes, le concept, en tant qu'objet du discours, constitue « une présupposition subjective ». Mais, en tant que tel, le concept ne peut valoir comme la « *base absolue* » sur laquelle se fonde le savoir qui le sait s'être « *fait* base[3] ». Il est donc impossible de dire ce qu'est

---

1 *L'Être, op. cit.*, p. 112.
2 *Doctrine du concept, op. cit.*, p. 368.
3 *Ibid.*, p. 35.

Dieu sans laisser son concept s'exposer lui-même dans le développement logique de ses déterminations. Cette affirmation selon laquelle le concept se fait base doit être appréhendée dans toute sa rigueur car avec elle s'amorce le recentrement spéculatif auquel entend se livrer Hegel. Derrière cette auto-position du concept se profile la liberté même de la substance divine, autrement dit sa subjectivité.

Dieu est tout entier ramassé en cette formule : la substance se prenant elle-même pour objet ou l'absolu se faisant sujet de lui-même. Cette bivalence de la substance/sujet, Hegel la présente, dans le parcours de la *Science de la logique*, comme l'abrogation par l'essence du rapport à son apparence, apparence qui n'est plus extérieure, mais est bien plutôt « le subjectif autonome libre, ou plutôt le sujet lui-même[1] ». Dans cet avènement de la subjectivité de l'absolu à partir de la substance, le sujet se réfléchit en soi et se produit comme vrai. Engendrant son propre contenu à partir de lui-même, il se fait *pour soi* ce qu'il est *en soi*. Voilà ce que l'on peut considérer comme divin, un divin non pas fixe et rigide mais auto-élévation de l'absolu à la puissance du connaître.

Sans chercher à ressaisir le parcours logique qui, de l'être au concept, constitue cette subjectivation, il importe de souligner ce passage nécessaire de l'universel abstrait à la détermination et ce qu'une telle compréhension ajoute à la conception spinozienne. Car, en même temps qu'elle constitue la négation de l'être immédiat, la détermination ménage l'espace d'une manifestation qui, reprise au sein du concept, apparaît comme la propre autoréalisation de ce dernier. Dieu peut bien alors être dit substance absolue mais à la condition de concevoir celle-ci tout aussi bien comme sujet. Ce mouvement seul constitue le vrai et, partant, la révélation de l'absolu ; Dieu ou l'absolu, n'étant que cet acte de se révéler à lui-même. La *Phénoménologie de l'esprit* l'exprimait déjà en son langage propre lorsque la substance s'y présentait comme « la médiation entre son propre devenir-autre et soi-même[2] ».

Dieu, l'universel, n'est par conséquent aucunement cet objet séparé, extérieur au fini et au particulier. Dieu ne peut être « un au-delà, en dehors et au-dessus duquel se trouverait la conscience ». Il est la puissance se déterminant, le libre dessaisissement de soi qui vient à se reconnaître dans l'autre qu'il pose, « la béatitude

---

1 *Ibid.*, p. 38.
2 *La Phénoménologie de l'esprit*, Aubier-Montaigne, Paris, 1941, p. 17.

dépourvue de borne[1] » qui empiète sur son autre dans une étreinte sans violence car conduisant au repos de l'être-auprès-de-soi. Au sujet de cet être en relation à soi au sein de la différence qu'il est à lui-même, nous pourrions évoquer avec Novalis un « jeu de l'amour avec lui-même », si s'exprime toutefois dans ce jeu toute la tragédie d'un absolu s'arrachant à lui-même dans l'épreuve du négatif. La *Phénoménologie* rappellera à bon droit « le sérieux, la patience et le travail du négatif[2] » qu'il faut joindre à l'*érotaunomie* de l'Absolu, cette division par laquelle « il s'engendre dans l'objectivité et se donne ainsi figure concrète[3] ».

Si nous entendons adéquatement l'auto-détermination de l'universel, nous pouvons atteindre à une claire compréhension de l'infinité. Au rebours d'une fade métaphysique d'entendement qui laisse reposer le fini et l'infini à distance l'un de l'autre, la visée spéculative conçoit l'infini comme passage, passage dans son être-autre, c'est-à-dire dans le fini. La négation par soi de l'infini, intégrée dans le rapport de l'infini à lui-même « comme négation de la négation[4] », constitue son propre *être-pour-soi*. Dans ce passage où la limite se voit assumée comme Soi de l'infini « dépourvu-de-borne » se manifeste l'idéalité (*idealität*) de ce dernier.

« *L'infini* est *idéel*[5] », voilà la seule définition acceptable de Dieu, non pas représentation d'un sujet abstrait auquel s'accolerait tel ou tel prédicat extérieur mais « l'unité avec soi » qui ne se laisse pas enclore par un autre étranger, l'être, au contraire, « *pour* laquelle est toute déterminité[6] ». L'infini est ce mouvement d'aller hors-de-soi, mouvement qui ne se perd pas dans l'extériorité finie mais qui reconduit ce fini à l'infini véritable devenu pour soi, « l'égalité avec soi restaurée[7] ». C'est dire que le fini n'a de vérité que pour autant qu'il ne se maintient pas en sa fixité bornée mais s'idéalise et se donne comme l'apparaître de l'absolu à lui-même.

---

1 *Doctrine du concept*, *op. cit.*, p. 72.
2 *Phénoménologie de l'esprit*, *op. cit*, p. 18.
3 *Le Droit naturel*, Gallimard, Paris, 1972, p. 130.
4 *L'Être*, *op. cit.*, p. 129.
5 *Ibid.*, p. 129.
6 *Ibid.*, p. 130.
7 *Ibid.*, p. 121.

La manifestation absolue

La *Logique* comme « système de la raison pure » présente le devenir pour soi du concept. Ce parcours logique, ce « royaume de la pensée pure » est, en ce sens, la vérité même, c'est-à-dire la « présentation de Dieu tel qu'il est dans son essence éternelle[1] ». Mais, en tant qu'essence, le devenir-autre du concept marque une différence abrogée dans son idéalité simple. Le passage dans l'autre est un retour à lui-même et non pas un changement par où le concept se perdrait dans une étrangèreté radicale. Cette *extérioration* (*Auesserung*) du concept à l'égard de lui-même qui le laisse venir à soi constitue ainsi un processus éternellement vrai pour la raison que « dans ce passer il ne vient par conséquent qu'à soi-même[2] ». Ainsi peuvent se définir l'immutabilité et l'éternelle permanence de Dieu.

Mais dans cette égalité en repos, rien ne vient encore à se dire proprement de l'être divin. Pour « le Père des lumières chez lequel il n'y a ni balancement ni ombre due au mouvement » (Jc 1, 17), la manifestation demeure encore purement idéale. Dans le temps d'avant le temps, dans l'éternité de l'Idée pure, Dieu recueille son essence en lui-même. Comme l'enseigne Augustin, il ne sert de rien de chercher un temps « avant la création du ciel et de la terre » avec lesquels s'amorce le devenir phénoménal. Puisque « ce n'est pas dans le temps » qu'il peut « précéder le temps[3] », Dieu, avant la création de la nature et d'un esprit fini, est *alors* seulement l'Idée dans sa pureté logique, enfermée dans la pensée pure. Un *alors* qui, encore une fois, ne peut s'entendre en un sens temporel et échappe donc à la possibilité de l'expérience puisqu'« il n'y avait pas d'alors là où il n'y avait pas de temps ». S'il y a donc une certaine réalisation de l'Idée dans l'« élaboration systématique », celle-ci, « tenue à l'intérieur » de la sphère où elle demeure « enfermée dans la subjectivité[4] », tend à outrepasser la limite qui la pose, au sein d'elle-même, comme enfermée en soi. La différence dans la sphère de la pensée pure « n'est pas encore un être-autre ». L'Idée entretient à l'égard d'elle-même un rapport transparent où elle seule recueille l'écho de son propre *logos*. Le jaillissement du « mot originaire » est une sortie de soi qui « a

---

1 *L'Être, op. cit.*, p. 19.

2 *Doctrine du concept, op. cit.*, p. 309.

3 Augustin, *Les Confessions*, XI, 13, Garnier Frères, Paris, 1964, p. 263.

4 *Doctrine du concept, op. cit.*, p. 392.

disparu immédiatement à nouveau comme extérieur[1] ». Le Verbe tourné vers Dieu est bel et bien Dieu mais seulement Dieu. C'est un commencement où rien ne commence, un prologue qui, dans l'Évangile de Jean, n'exprime encore que l'identité pure et simple de la lumière brillant dans les ténèbres sans pourtant que les ténèbres ne la comprennent et l'accueillent.

Dans l'abandon de soi, le concept se fait certes l'objet d'une processualité dont il est le sujet mais dans un rapport purement idéel qui ne libère pas le fini dans son extension extérieure, spatio-temporelle. C'est donc à une négativité supérieure que l'Idée doit se livrer pour atteindre, à travers cette perte suprême de soi, la possibilité d'une réconciliation d'où elle adviendra comme la totalité absolument concrète.

Révélation de l'esprit

Dieu crée-t-il le monde par inclination particulière ou par nécessité ? Déployant « les cieux comme une tenture », fondant « la terre sur ses bases » (Ps 104, 1-5), le créateur révèle pour la théologie biblique sa *sagesse*. Derrière la question de la détermination à partir de laquelle Dieu vient à faire émerger la terre et le ciel du *tohu-bohu* primordial se tient encore et toujours la représentation d'une activité séparant le sujet de son acte. Anthropomorphisme inévitable mais auquel tente d'échapper les Pères de l'Église en pensant la création en termes de surgissement à partir du néant. Jean Chrysostome, dans la première de ses *Homélies sur la Genèse*[2], oppose aux manichéens, qui voient dans la matière incréée une limitation de la toute-puissance divine, la première phrase de la Genèse telle que la traduction grecque la livre : « Au commencement, Dieu créa le ciel et la terre » (Gn 1, 1). À ce point, Dieu s'identifie absolument avec l'acte créateur au point que l'idée de la liberté divine se confond avec sa nécessité créatrice. Paul Tillich, dans sa *Théologie systématique*, le rappelle avec force : « La vie divine est créatrice, elle se rend effective elle-même dans une abondance inépuisable[3]. »

1 *Ibid.*, p. 369.

2 J. Chrysostome, *La Genèse*, Desclée de Brouwer, Paris, 1982, p. 35.

3 Paul Tillich, *Théologie systématique. Deuxième partie : L'être et Dieu*, Presses de l'université de Laval, Cerf, Labor et fides, Québec, Paris, Genève, 2003, p. 131-132.

La création est ainsi conçue comme l'autre d'un Dieu en dehors duquel elle n'est rien et qui se livre dans la manifestation qui lui permet de se désirer comme accord avec soi. Hegel, dans les termes de la philosophie spéculative, conduit à considérer l'Idée comme le concept adéquat à la réalité, c'est-à-dire le concept se découvrant soi dans ce que, lui, le sujet, n'est pas : l'objectivité extérieure. Cette dernière se donnant comme « l'Idée dans la forme de *l'être-autre*[1] » se rassemble dans l'immédiateté de l'être et se définit essentiellement par l'extériorité. La nature n'est pas seulement l'autre de l'Idée mais l'altérité comme telle, à l'état pur et brut, altérité qui en ses moindres parties se révèle dans la divisibilité et le morcellement indéfini de la matière. Lieu de l'insignifiance où l'idéel ne trouve plus à s'affirmer, la nature est un espace de décomposition sans fin, l'espace propre de la finité. Ici, les réalités naturelles n'épousent plus la fluidité universelle des déterminations conceptuelles et « ont l'apparence d'une *subsistance indifférente* et de la *singularisation isolante* les unes vis-à-vis des autres[2] ».

Cette perte dans l'altérité n'est pourtant pas le signe d'une limite extérieure à l'Idée contre laquelle cette dernière viendrait à se briser. Ou plutôt si l'Idée se brise dans la nature, si Dieu se détache de sa création, c'est seulement pour autant que s'y découvre l'épreuve du négatif à laquelle l'Idée se livre librement. Assumant sa destination spéculative, l'Idée se réfléchit dans cet être-autre et ouvre l'espace d'un monde où vient se loger la multiplicité ontique. Dans cet aller hors-de-soi, l'Idée se prédestine à son advenir spirituel. C'est en effet uniquement par la médiation de cette libre perte de soi que l'Idée, prenant figure objective et immédiatement extérieure, peut atteindre par le retour en soi sa libération véritable, triomphant de l'objectivité froide et morte et se connaissant par là même comme totalité négative. Dans ce mouvement absolu, Hegel met à notre disposition sa définition originale de la liberté qui constitue la pierre d'angle de l'édifice spéculatif. La liberté est *l'être-auprès-de-soi dans l'autre*. Cette proximité dans l'au-delà, ou l'identité au sein du négatif, fournit le principe de la dynamique créatrice à l'œuvre dans la production de l'Idée absolue. Dans sa pureté logique, le concept est appelé à se perdre dans l'altérité naturelle pour se découvrir comme esprit. Ou encore, l'esprit est présupposé par le concept comme

1 G. W. F. Hegel, *Encyclopédie des sciences philosophiques*, t. II, *Philosophie de la nature*, Vrin, Paris, 2004, § 247, p. 187.

2 *Ibid.*, § 248, p. 247.

milieu de son accomplissement effectif. Dans le retour à soi par la médiation d'une extériorité reconduite à l'unité du tout, l'Idée s'ouvre la possibilité d'une saisie de ses propres moments dans l'esprit parvenu au savoir du vrai. C'est pourquoi, comme l'exprime, la fin de la *Doctrine du concept*,

> *cette décision prochaine de l'idée pure de se déterminer comme idée extérieure pose pourtant pour soi du même coup la médiation à partir de laquelle le concept s'élève comme existence libre allée dans soi à partir de l'extériorité, accomplit par soi sa libération dans la science de l'Esprit, et trouve le concept suprême de lui-même dans la science de la logique, entendue comme le concept pur se comprenant.*

Ce calme bloc, l'Idée s'étant faite nature, se reconduit, au travers de l'idéalisation de cette existence extérieure, à l'unité d'elle-même, mais une unité advenue dans l'esprit dont la logique expose les déterminations internes. L'esprit se présuppose ainsi dans la nature. Il est appelé à se produire, par le dépassement de cette extériorité, comme l'identité concrète de l'Idée ou négation de sa négation. L'esprit n'est donc « cette identité qu'en tant qu'acte de faire retour à lui-même à partir de la nature[1] ». En ce sens, l'essence de l'esprit est la liberté, liberté de l'aller hors-de-soi qui, par la médiation de sa propre négativité, se reconnaît comme lui-même dans l'autre.

En reprenant l'image du prologue de Jean, la nature peut être comprise comme ces ténèbres qui ignorent la lumière mais que la lumière elle-même n'ignore pas. La lumière a davantage d'extension que les ténèbres puisqu'elle les contient. Mais ce n'est cependant qu'à la condition de s'opposer les ténèbres que la lumière se révèle à elle-même comme lumière. Nombreux sont les passages de l'Ancien Testament qui soulignent le savoir de Dieu au sujet de ce que son œuvre recèle d'obscure et qu'elle-même ignore. Citons seulement ce passage de Daniel (2, 22) : « C'est lui qui révèle les choses profondes et cachées ; il connaît ce qui est dans les ténèbres, et la lumière demeure avec lui. »

---

1 *Philosophie de l'esprit*, *op. cit.*, § 381, p. 178.

Dans ce mouvement libre d'arrachement à soi, l'universel, l'éternellement vrai, acquiert un être-là, se particularise et dès lors se manifeste (*Manifestieren*) comme l'esprit qui se sait auprès de soi dans son autre. En ce sens, « la détermination de l'esprit est la manifestation[1] », l'acte de se révéler à soi-même dans la différence extérieure. Cette manifestation est la révélation pour l'esprit de son identité médiatisée par la négation de soi et donc sa propre vérité comprise comme liberté. L'esprit se découvre à lui-même dans la nature extérieure en ceci que cette révélation (*Das Offenbaren*) est « *position* de la nature comme de *son* monde. » Mais pour cette raison même, l'esprit présuppose le monde extérieur comme « une nature subsistante-par-soi[2] ». Aussi bien la révélation de l'esprit à lui-même est « création du monde comme de l'être de l'esprit », le lieu où « celui-ci se donne *l'affirmation* et *vérité* de sa liberté », « son *effectivité* infinie, absolue ».

Nous atteignons ici une plus claire compréhension de l'absolu, objet de la religion et de la philosophie. L'absolu n'est pas simplement l'Idée pure et éternelle résidant dans le ciel logique. « L'absolu est esprit[3]. » Aussi convient-il de dépasser la représentation de Dieu retenant la vérité de son être dans un au-delà séparé de l'esprit fini. La transcendance du principe divin est la position de l'absolu dans son identité simple présupposée comme l'autre de son autre, opposé à la nature à partir duquel il peut se révéler comme pure *épiphanie*. L'absolu véritable, concret, est relation, relation de l'infini au fini, de l'universel au particulier, relation qui pose ces deux termes dans leur opposition réciproque. Ainsi Dieu ne se donne comme effectivité propre qu'en se révélant. Autrement dit, et contre « la religion des Lumières, de la réflexion, du penser abstrait[4] » qui voudrait soustraire à l'homme la connaissance de l'esprit divin, il faut reconnaître qu'en refusant à Dieu « l'acte de se révéler, il ne resterait plus, quant à un contenu de lui-même, qu'à lui attribuer de la *jalousie*[5] ». Mais en tant que « le savoir s'auto-déterminant, il est sans réserve l'acte de se manifester[6] » et se dispense avec prodigalité « *pour* l'esprit ». En refusant sa manifestation, Dieu demeurerait l'abstraction creuse des

1 *Ibid.*, § 383, p. 178.
2 *Ibid.*, § 384, p. 179.
3 *Ibid.*, Rem. § 384, p. 179.
4 *Leçons sur la philosophie de la religion*, troisième partie, *op. cit.*, p. 168.
5 *Philosophie de l'esprit, op. cit.*, § 564, p. 354.
6 *Philosophie de l'esprit, op. cit.*, § 564, p. 354.

théologies d'entendement. La rationalité concrète de l'absolu tient au contraire dans la détermination qu'il se donne et par laquelle il se différencie dans soi. C'est en tant qu'un tel universel déterminé que Dieu peut être totalité véritable et apparaître comme « unité de ces différences siennes[1] ».

La compréhension hégélienne de la totalité divine concrète implique donc d'intégrer au concept de religion, non seulement le moment de l'universalité divine, mais aussi celui de la division de cet universel. « C'est seulement avec la différence que commence la religion en tant que telle[2]. » Ce n'est qu'en devenant pour un autre que l'absolu vient à se manifester. « Manifester veut dire devenir pour autre chose[3]. » Par là, l'esprit passe dans le fini. « Le manifester entre dans l'opposition », dans un passage dont l'infini reçoit seulement son existence véritable. La manifestation n'est rien d'autre que la « finitisation de l'esprit ».

Mais cette révélation ne doit pas être restreinte à son sens théorique. Parce que l'absolu se manifeste, cet absolu n'est pas saisi par la pensée seulement mais constitue le terrain où s'ouvre la possibilité d'une expérience pour l'esprit fini, expérience où cet esprit fait l'épreuve d'une extériorité qu'il doit reconnaître, dans sa différence, comme lui-même. Dans l'acte de se-révéler, l'agir pose un monde, une objectivité, à partir de laquelle l'esprit parvient non seulement à la connaissance de lui-même, mais avant tout à son existence. Dieu n'est donc pas substance immobile mais vie et agir[4]. « Dieu comme Dieu vivant, et plus encore comme Esprit absolu, se trouve connu seulement dans son *faire*[5]. » C'est dans son faire, c'est-à-dire dans la manifestation créatrice d'un espace mondain, que Dieu existe à la hauteur de son concept comme universel déterminé. Et c'est parce que Dieu ou l'absolu se détermine à la manifestation que la vérité de cette manifestation pourra être reconduite à la vérité du concept se sachant dans la *Logique*. Le savoir de Dieu est « connaître conceptualisant de son *agir* » et non pas de sa *pensée*. Le Verbe divin est parole créatrice, ouverture d'un espace phénoménal où les œuvres viennent à la manifestation. Le sens exprimé dans

1 *La Doctrine du concept*, *op. cit.*, p. 155.
2 *Leçons sur la philosophie de la religion*, première partie, *op. cit.*, p. 261.
3 *Leçons sur la philosophie de la religion*, première partie, *op. cit.*, p. 79.
4 Michel Henry, *C'est moi la Vérité. Pour une philosophie du christianisme*, Seuil, Paris, 1996, p. 40.
5 *La Doctrine du concept*, *op. cit.*, p. 209.

le *logos* divin est le sens immanent dont ses œuvres sont le produit. C'est bel et bien la création qui célèbre le logos divin. La manifestation dit Dieu (*theon legei*) car elle est sa révélation, comme aime à la chanter le psalmiste :

Les cieux racontent la gloire de Dieu,
Le firmament proclame l'œuvre de ses mains.
Le jour en prodigue au jour le récit,
La nuit en donne connaissance à la nuit.
Ce n'est pas un récit, il n'y a pas de mots,
Leur voix ne s'entend pas.
Leur harmonie éclate sur toute la terre
Et leur langage jusqu'au bout du monde

D'un point de vie théologique, dans la mesure où Dieu se manifeste pour l'esprit, l'esprit qui connaît Dieu lui permet de se réaliser concrètement, de se manifester comme vie agissante ou comme esprit vivifiant. Aussi peut-on parler d'un double mouvement de l'absolu. En effet, le mouvement par lequel l'absolu se finitise est en même temps le mouvement au travers duquel le fini se pose en tant que tel et, à partir de là, peut s'élever à la connaissance de l'infinité véritable de cet absolu en lequel il a l'être, la vie et le mouvement (Ac 17, 28). Dieu s'accomplit donc par l'esprit en se divisant et l'esprit fini atteint sa vérité en reconnaissant cette division comme le jugement même de Dieu, « la *relation* différenciante de ses moments, qui sont posés comme étant-pour-soi et en même temps identiques, avec soi mais non pas l'un avec l'autre[1] ». Le *logos* divin présuppose la séparation d'avec son objet, séparation sur la base de laquelle peut être conquise la réconciliation du *dit* et du *dire* de Dieu ou de l'esprit avec lui-même.

L'annonce de la réconciliation

La religion, en tant qu'elle a Dieu pour objet, constitue donc le processus par lequel le sujet divin libère sa différence intérieure et livre l'esprit à l'extériorité. Aussi est-il possible de concevoir la religion comme une production de l'esprit divin et considérer tout aussi bien que l'esprit divin ne se manifeste que dans le rapport de la conscience religieuse à cet objet présupposé. La religion est en

1 *La Science de la logique*, *op. cit.*, § 166, p. 412.

ce sens « une production de l'esprit divin », non pas une invention de l'homme qui, en sa finité essentielle, constitue la différence de l'infini, mais « une activité divine qui en lui opère et produit[1] ». Dieu s'expose dans la religion en tant qu'il s'y manifeste pour l'esprit aspirant à la réconciliation. Alors l'esprit fini se libère de sa finitude et peut prétendre atteindre l'infinité véritable.

C'est cette expérience d'une réconciliation, « l'abandon de cette séparation » et « la reprise de la finitude dans l'éternel[2] » qui prend forme dans l'esprit de la communauté chrétienne célébrant l'être divin comme *Soi*-même. Dans le culte, la conscience finie revient de « la chute du monde hors de Dieu » et, dépassant sa différence d'avec l'universalité extérieure, de cette extériorité où se fixe « la conscience des idoles », parvient à s'éprouver dans l'unité du distingué, « l'unité de la nature divine et de la nature humaine et le processus de poser éternellement cette unité ». En ce sens, la communauté peut être considérée comme le terrain d'émergence du rapport absolu et, en même temps, comme l'objet que l'absolu appelle à entrer en rapport avec lui. La religion est « à considérer tout autant comme partant du sujet et se trouvant en lui, que comme partant objectivement de l'esprit absolu, qui est comme esprit dans sa communauté[3] ».

L'essence divine n'est donc pas à chercher dans un ailleurs stable et séparé mais dans la communauté spirituelle elle-même où il se phénoménalise, s'apparaît (*erscheinen*) à lui-même et fait retour à soi par cette révélation à la conscience finie qui est tout autant autorévélation de l'esprit infini. Dans ce mouvement, le concept échappe à l'abstraction qui caractérise son exposition purement logique, non pas que la ferveur du croyant, le sentiment et l'intuition offrent une modalité plus authentique de l'accès au vrai, mais du fait que dans la connaissance purement conceptuelle, « le concept ne n'est pas donné encore sa réalité *propre* engendrée de lui-même[4] ». Parce que Dieu est esprit, il est conscience de soi. Une telle conscience suppose que Dieu s'apparaisse comme objet. C'est justement l'esprit de la communauté qui, se donnant Dieu pour objet, offre à l'absolu la possibilité

1 *Leçons sur la philosophie de la religion*, première partie, *op. cit.*, p. 43.
2 *Leçons sur la philosophie de la religion*, troisième partie, *op. cit.*, p. 7.
3 *Philosophie de l'esprit*, *op. cit.*, § 554, p. 343.
4 *La Doctrine du concept*, *op. cit.*, p. 55.

d'être sujet pour lui-même et donc sujet véritablement infini. C'est essentiellement dans sa communauté que Dieu s'apparaît à lui-même objectivement. Exister ainsi comme conscience de soi, telle est « sa plus haute détermination[1] ».

C'est la raison pour laquelle la religion comporte deux moments essentiels et inséparables l'un de l'autre : d'une part, l'objet, c'est-à-dire Dieu, et, d'autre part, la conscience, le sujet, l'homme qui est en rapport avec lui. Cette distinction s'exprime dans le vocabulaire théologique et, plus précisément chez Augustin, dans l'opposition entre *fides quae creditur*, la foi en l'objet, le contenu doctrinal auquel la conscience se rapporte (*assensus*) et *fides qua creditur*, la foi du sujet (*fiducia*). Cette séparation des côtés objectifs et subjectifs constitue l'essence même de la manifestation de l'absolu qui se fait objet et peut ainsi se connaître au travers de la subjectivité qui l'intuitionne. La totalité de ce rapport correspond aussi bien à la descente de l'absolu dans le fini par lequel il se réalise que la prise de conscience de la vérité par la subjectivité finie qui fait consister ce rapport. Aussi serait-ce succomber à l'abstraction de ne considérer dans la religion que le contenu purement objectif recueilli dans la doctrine. La religion est un processus de production du vrai au sein de la conscience, « la manière dont les hommes deviennent conscients de la vérité[2] ». Cette vérité est l'absolu, ou Dieu, qu'il convient de saisir non comme un universel extérieur mais comme le mouvement même par lequel l'universel vient à se réaliser dans le particulier. Ainsi l'absolu divin et le rapport religieux à cet absolu s'identifient. « La doctrine de Dieu ne peut être exposée que comme une doctrine de la religion[3]. » La théologie trouve ici un nouveau sens et suppose une phénoménologie de la conscience religieuse qui elle-même implique une anthropologie, c'est-à-dire un discours sur les modalités par lesquelles l'homme se définit comme *être-en-relation*.

Dans l'espace ménagé par la négation de l'identité simple à soi de Dieu vient s'inscrire une réalité historico-mondaine dont le sens infini est porté à la conscience par la religion. C'est donc dans un même mouvement que l'esprit advient en sa vérité, qui est d'être objet de soi, et que s'ouvre l'espace d'une manifestation pour l'effectivité humaine. En tant qu'elle est le « développement et le devenir réel de l'Esprit », l'histoire humaine non seulement « n'est pas en dehors

---

1 *Leçons sur la philosophie de la religion*, première partie, *op. cit.*, p. 90.
2 *Ibid.*, p. 82.
3 *Ibid.*, p. 31.

de Dieu », n'est pas une contingence extérieure à la divinité supra-temporelle mais, dans la mesure où une telle extériorité constitue la manifestation même du jugement divisant l'être en soi de Dieu, elle est « encore essentiellement son œuvre propre ».

Néanmoins, pour Hegel, toute religion n'est pas la religion, c'est-à-dire la véritable religion. À partir de quelle norme le philosophe peut-il, par conséquent, juger du degré de véridicité d'une formation religieuse quelconque ? Ici, comme toujours chez Hegel, le vrai, comme le faux, est index de lui-même. Seule la religion correspondant à son contenu constitue la religion vraie, adéquate à son propre concept. Et ce concept n'est autre que le mouvement qu'accomplit l'esprit dans la production de lui-même. « Dieu est alors, de cette manière, manifeste à lui-même, ou, absolument parlant, il est devenu manifeste ; il n'y a alors plus rien de caché en lui ; son apparition est égale à son essence[1]. » Le concept de religion n'est rien moins que l'auto-exposition de l'absolu, c'est-à-dire la révélation de Dieu pour l'esprit. Seule la religion accomplissant son concept, c'est-à-dire « celle où le concept est retourné à lui-même, où l'idée absolue — Dieu en tant qu'esprit selon sa vérité et sa manifestivité pour la conscience — est l'objet[2] » peut atteindre la hauteur de ce contenu qu'est l'infinité véritable.

La religion qui laisse apparaître Dieu dans ce mouvement d'aller-hors-de-soi et de retour par où se dit l'advenir même du vrai prend figure dans le récit chrétien de l'Incarnation, de la Passion et de la Résurrection où le Dieu fait homme ouvre à ce dernier la voie qui le mène à la réconciliation absolue. Ainsi la religion chrétienne est l'accomplissement du concept de religion car en elle se manifeste la vie même de l'absolu comme identité devenue par la médiation de l'aller-hors-de-soi. Elle est religion de la communication et de la médiation où « celui qui est descendu, est aussi celui qui est monté plus que tous les cieux, afin de remplir l'univers » (Ép 4,10). Dans l'abaissement absolu qui le porte à revêtir la forme finie et par sa victoire décisive sur le néant d'où il appelle les hommes à vivre « en enfants de lumière » (Ép 5, 7), l'esprit divin infini témoigne de la rationalité qui l'expose en sa vérité.

---

1 *Ibid.*, p. 219.
2 *Ibid.*, p. 27.

Pour autant la religion chrétienne n'est pas donnée d'emblée comme cette vérité de la religion. La vérité du concept divin apparaît seulement lorsque « le temps fut accompli[1] ». Comment comprendre cet accomplissement qui suppose que l'absolu retienne son essence jusqu'à l'instant de sa révélation ? Comment doit s'entendre le défilé des religions qui précèdent l'avènement du christianisme et qui se montrent impuissantes à exprimer le contenu du concept divin ? Que peut attendre, dans l'histoire des religions, l'esprit à la recherche de lui-même ?

Le destin de l'esprit

À première vue, Hegel semble voir dans les religions qui précèdent le christianisme une suite d'errements nécessaires à l'accouchement d'une certaine vérité historique. Se faisant, il pourrait à juste titre lui être reproché d'instrumentaliser les figures culturelles passées pour servir son dessein apologétique. L'histoire universelle n'est-elle pas, comme il l'affirme lui-même, « la véritable théodicée[2] » ? Entendue en ce sens, la succession des religions trouve son unité dans le jugement de la providence qui dispose de celles-ci suivant une nécessité dont elle est seule à percer le secret avant sa réalisation finale. C'est donc bien à la réunion de la philosophie de l'histoire et de l'eschatologie qu'œuvrerait Hegel en appliquant à l'histoire des religions un modèle d'intelligibilité normatif faisant du christianisme le point de mire de la temporalité historique. Il semble alors que la religion, et plus largement le processus d'auto-révélation de l'esprit, déroule le chemin que lui ouvre sa destination dernière. Mais de quelle manière peuvent s'articuler en ce cas la liberté de l'esprit et le destin qu'il constitue à l'égard de lui-même ?

Cette référence au destin, Hegel la pose dès le début de ses *Leçons sur la philosophie de la religion* lorsqu'il présente la religion comme « le destin et la vérité de l'esprit[3] ». L'apparition du terme de *destin* appliqué à l'esprit apparaît paradoxale, voire contradictoire, avec la liberté qui caractérise sa processualité. C'est en effet au sujet du mécanisme qu'est présentée, dans *La Doctrine du concept*, cette notion que Hegel fait valoir en tant qu'« universalité objective »

1 *Leçons sur la philosophie de la religion*, troisième partie, *op. cit.*, p. 80.
2 *Leçons sur la philosophie de l'histoire*, *op. cit.*, p. 409.
3 *Leçons sur la philosophie de la religion*, première partie, *op. cit.*, p. 8.

s'exerçant « comme violence contre l'objet ». Le destin signale l'aliénation du sujet à l'égard de sa nature universelle où celui-ci ne parvient pas à se reconnaître. En s'opposant extérieurement à sa propre nature immédiate, l'objet se pose en une subsistance finie venant faire face à la puissance universelle qui la détermine. Cette universalité se laisse ainsi caractérisée comme pure nécessité extérieure. En ce sens, « le destin se trouve nommé *aveugle*[1] », ce qui contredit l'idée de providence traditionnellement attachée au concept de Dieu. Or, toujours dans ce paragraphe consacré au *procès mécanique réel*, Hegel affirme :

> *Un destin proprement dit, seule en a la conscience de soi ; parce qu'elle est libre, par conséquent purement et simplement en et pour soi dans la singularité de son Je, et peut se placer en face de son universalité objective et s'aliéner en elle*[2].

Le destin constitue donc un rapport du sujet à lui-même où ce dernier se méconnaît. L'objet auquel s'oppose le sujet prend la figure d'une puissance extérieure dans la mesure où ce sujet ne sait pas y reconnaître son propre *Soi*. Plus précisément, il y a destin là où la conscience de soi « s'est donnée une quelconque déterminité en regard de l'universalité essentielle ». En se particularisant, c'est-à-dire en s'attribuant une qualité déterminée, le sujet rentre dans un rapport d'extériorité à l'égard de sa propre essence universelle. Par là, le sujet échappe à l'abstraction de cette essence indéterminée mais se trouve renvoyé alors à la particularité qui le pose comme l'autre de cette universalité. Par l'accomplissement d'une « action », la conscience de soi, qui s'est donnée « une quelconque déterminité en regard de l'universalité essentielle », est « entraînée dans le procès », c'est-à-dire dans le rapport nécessaire à ce *Soi* qu'elle ignore être elle-même.

Si nous en revenons à l'analyse de l'esprit, l'application de la notion de destin peut mieux se comprendre. En effet, le destin se présente comme résultat de la scission du sujet à l'égard de lui-même. Or, c'est bien cette scission qui caractérise le rapport de l'esprit à lui-même tel qu'il vient à se manifester dans le rapport religieux. « La scission du sujet — le Moi opposé à l'essence absolue infinie — repousse l'esprit en soi-même[3]. » C'est ici l'acte propre de l'absolu qui

---

1 *La Doctrine du concept*, *op. cit.*, p. 229.
2 *Ibid.*, p. 230.
3 *Leçons sur la philosophie de la religion*, première partie, *op. cit.*, p. 28.

se sépare de lui-même et parvient à la manifestation de soi dans la révélation ainsi produite de son contenu. Cette scission est donc au fondement de la division du sujet et de l'objet qui constitue aussi bien le produit que la condition de l'apparaître de l'esprit. Il s'ensuit que la contradiction par laquelle l'esprit s'oppose à lui-même, et se connaît par là comme objet, préside à la perte — et donc à la position — de l'esprit dans le fini, perte dont il lui faut revenir pour se réaliser comme l'unité résolue de la contradiction qu'il pose en lui-même. L'acte par lequel Dieu se pose dans la contradiction de soi est en même temps l'exposition de son activité comme résolution et réconciliation de cette contradiction qu'il est à l'égard de lui-même[1].

Du sein de cette contradiction s'ouvre l'espace dont la sphère finie émerge et, avec elle, l'extension d'un monde qui, en sa subsistance présupposée, se représente comme l'autre de l'infinie nécessité. Dans le processus de révélation de l'esprit à lui-même, la position d'une objectivité faisant face au sujet constitue le moment négatif, celui de l'arrachement à soi. Mais c'est dans cet espace qu'apparaît pour la conscience finie une temporalité qui est en même temps le mode au travers duquel l'esprit se réalise. « Le temps se manifeste donc comme le destin et la nécessité de l'esprit qui n'est pas encore achevé au-dedans de soi-même[2]. » En dehors du temps, l'Idée demeure en son unité immédiate, non développée, abstraite et partant non vraie. Inversement, le surgissement d'une dualité du sujet et de l'objet conduit au développement extérieur de la différence intérieure au concept. Cette différence n'est autre que le temps comme devenir du concept. C'est donc dans le temps que se manifeste l'essence divine s'arrachant à son *en soi* simple et éternel.

> *La manifestation est le mouvement de naître et de périr, mouvement qui lui-même ne naît ni ne périt, mais qui est en soi, et constitue la réalité effective et le mouvement de la vie de la vérité*[3].

Le temps n'est pas l'autre de l'éternel mais l'éternité trouvant à dire sa présence silencieuse dans l'épiphanie qu'elle se destine. Il appartient par conséquent à la nature de l'esprit de se dévoiler temporellement. Les moments de son

1 *Leçons sur la philosophie de la religion*, troisième partie, *op. cit.*, p. 191.
2 *Phénoménologie de l'esprit, op. cit.*, t. II, p. 305.
3 *Phénoménologie de l'esprit, op. cit.*, t. I, p. 40.

devenir constituent autant d'étapes par où s'approfondit son auto-réalisation. Les différences religions qui se succèdent sur la scène de l'histoire marquent ainsi les stations sur ce chemin où se jouent le déploiement et l'advenir à soi de l'esprit.

> *Telle qu'elles se sont succédé dans l'histoire, les religions sont donc déterminées par le concept lui-même, et non pas de façon extérieure ; elles sont déterminées par la nature de l'esprit lui-même, qui s'est frayé passage dans le monde pour se porter à la conscience de lui-même*[1].

Pour cette raison, l'histoire *des* religions doit être saisie comme l'histoire de *la* religion entendue comme la vérité de l'esprit s'exposant. Les différents degrés de son processus de scission et de réconciliation supposent une élaboration progressive de son contenu, du plus abstrait au plus concret. « C'est là une procession, l'apparaître de Dieu dans la finitude[2]. » Aussi la religion adéquate à son concept, correspondant au mouvement de l'esprit, n'apparaît qu'une fois le temps accompli, c'est-à-dire une fois réalisés les différents moments de l'arrachement à son unité immédiate et de son retour en elle-même, « quand l'esprit s'est enfoncé en lui-même » au point de se savoir comme sujet absolument substantiel, l'infini manifeste au sein du fini[3].

---

1 *Leçons sur la philosophie de la religion*, première partie, *op. cit.*, p. 55.

2 *Leçons sur la philosophie de la religion*, troisième partie, *op. cit.*, p. 130.

3 *Ibid.*, p. 80.

CHAPITRE 2

PHÉNOMÉNOLOGIE DE LA RELIGION

Les moments qui ponctuent l'accomplissement de l'esprit jusqu'à sa manifestation adéquate dans la religion accomplie correspondent au passage de l'esprit dans la différence et la contradiction. C'est dans cette épreuve du négatif que le concept « parvient à la conscience véritable de lui-même[1] ». Ce passage est donc celui de la finitisation de l'esprit où sont posées les différences qu'il doit faire sienne pour exister à la hauteur de lui-même. Ces différences ne proviennent pas d'une substance étrangère, elles sont ses propres différences, ses propres déterminations objectivées au travers desquelles, en les abrogeant, c'est-à-dire en les comprenant comme étant différence *pour lui*, il prend possession de son concept. Mais dans l'épreuve de l'altérité qu'il s'oppose à lui-même, l'esprit fait en même temps l'expérience de sa propre négation. Pour cette raison, et parce que « ce que l'esprit est doit être devenu sien », parce qu'il « doit avoir été éduqué, être passé par ce cycle », l'esprit, infini dans son concept, doit s'affronter au risque de sa perte absolue, c'est-à-dire doit transiter par ce qu'il n'est essentiellement pas, le fini, le limité, le particulier ou la nature. Et il n'est pas étonnant de voir le développement phénoménal de l'histoire religieuse épouser le partage géographique de la philosophie de l'histoire. L'histoire de l'esprit est une et, au risque de jugements anachroniques, la deuxième partie des *Leçons sur la philosophie de la religion* suit le parcours qui, de l'Est à l'Ouest, de l'Orient à l'Occident, rythme le déroulement de l'histoire universelle.

1 *Leçons sur la philosophie de la religion*, première partie, *op. cit.*, p. 56.

L'histoire de la religion

La première manifestation religieuse qui se présente à l'étude est une religion difficilement localisable dans l'espace. Correspondant à l'indétermination la plus abstraite, celle du non-développement de la différence ou celle de l'unité immédiate, cette proto-religion renvoie davantage aux prémisses de la philosophie de l'esprit subjectif, c'est-à-dire à l'anthropologie, et plus particulièrement à la première section de celle-ci consacrée à *L'âme*. À ce point où l'esprit n'est « pas encore esprit[1] », l'âme comme « substance », « base absolue » et « identité pénétrante », nous n'avons affaire qu'au « *sommeil* de l'esprit[2] ». Dans cet état archaïque de l'humanité, antérieur à la distinction sujet-objet, Hegel ancre la détermination religieuse au plus profond de l'homme et peut donc élever celle-ci au rang de qualité universelle. Si les religions dont les *Leçons* traiteront par la suite auront un ancrage national clair, la religion en elle-même ne se laisse pas enfermer dans une quelconque particularité géographique, ethnique ou politique mais constitue une constante anthropologique, une détermination présupposée dans le concept d'homme.

Les religions de la nature

Dans la forme la plus immédiate de la religion, et partant la moins développée en son concept, l'esprit ne sort pas de lui-même et ignore ainsi toute division. « Il n'y a pas encore en lui de scission, pas encore en lui d'obstacle s'opposant à lui[3]. » Dans cette forme de religion primitive qu'est la magie, l'esprit « est encore un avec la nature[4] ». Aucune des « limites imposées à la volonté subjective » ne s'est pour l'instant présentée qui viendrait rappeler cette dernière à une quelconque position déterminée. Le sujet, ne s'étant pas encore élevé jusqu'à l'opposition d'avec le fini, ne s'aperçoit pas encore comme sujet. La conscience du divin est celle d'une substance universelle ayant la forme d'une existence naturelle. Dans son inculture native, la conscience ne réalise pas la contradiction qui s'attache à

---

1 *Philosophie de l'esprit*, *op. cit.*, § 388, p. 185.

2 *Ibid.*, § 389, p. 185.

3 G. W. F. Hegel, *Leçons sur la philosophie de la religion*, deuxième partie, 1. *La Religion de la nature*, Vrin, Paris, 1972, p. 64.

4 *Ibid.*, p. 13.

saisir la présence de Dieu dans « l'existence individuelle actuelle[1] », c'est-à-dire à même l'étant naturel. D'une certaine façon pourtant, c'est bien là la spécificité de l'Incarnation qui dans le christianisme se révélera comme la manifestation même de la puissance concrète de l'essence divine. Mais le surgissement du divin à même l'existence finie s'accomplira alors au terme d'un cheminement au travers duquel l'esprit aura appris à se dessaisir de lui-même et ainsi à laisser aller hors de soi l'objectivité qui n'acquiert ici aucune autonomie propre. La forme qui est pour l'heure celle de l'esprit est « une forme naturelle, sa nature est celle de l'immédiateté[2] ». La forme en laquelle la religion naturelle croit reconnaître le contenu de l'esprit s'échoue dans une inadéquation radicale. On retrouve « la non-conformité de la forme par rapport à l'être spirituel qui doit être le fondement[3] ». La conséquence directe de cette non-conformité de la forme et du contenu, typique de la religion naturelle, est la séparation abstraite du fini et de l'infinité condamnée à engloutir ce fini non reconnu comme un de ses moments. En tant que contradiction et négation pure et simple de l'infini, le fini, représenté comme immédiateté sans poids ni valeur, doit se sacrifier pour atteindre à la réconciliation. L'identité que la conscience cherche à conquérir avec cet infini abstrait ne pourra donc consister qu'en « la mortification du fini[4] ».

Lorsque l'esprit dépasse cette immédiateté simple en laquelle la subjectivité se voit absorbée par la substance universelle, alors émerge la médiation objective. Avec cette médiation un milieu spirituel s'ouvre à la conscience individuelle qui peut s'y rapporter dans la mesure où elle s'en différencie. À ce moment, la divinité comme objectivité spirituelle apparaît. « La spiritualité, comme universelle, se différencie de la conscience de soi individuelle, empirique et la conscience de soi universelle se sépare de la spiritualité empirique de l'individu[5]. » C'est par le détour de l'altérité que la conscience cherche sa satisfaction, « par le moyen d'un Autre, et à travers un Autre ». Parce que « la conscience de soi est le rapport à l'objet où elle n'est plus immédiate et n'est plus satisfaite en soi-même[6] » s'amorce un mouvement qui arrache la conscience à elle-même pour la porter vers cet

1 *Ibid.*, p. 41.
2 *Ibid.*, p. 53.
3 *Ibid.*, p. 55.
4 *Ibid.*, p. 58.
5 *Ibid.*, p. 67.
6 *Ibid.*, p. 73.

Autre infini. Mais il n'en va pas ici comme dans la religion de la magie où le fini se nie en tant que tel face à l'infini. La tension qui, dans les « religions de la substantialité », articule le rapport de la conscience à son objet pose en tant que telle cette conscience et la détermine au sein de la médiation à l'être infini. Toutefois, en détachant la divinité de l'immédiateté première qui l'enfermait dans la substance naturelle, la conscience s'oppose à une universalité qui n'est plus *être* mais purement et simplement *essence*. En tant que l'*en soi* absolu, clos sur lui-même, sans communication à un être-autre, Dieu se présente comme l'être « substantiel, identique à soi, indéfini et simple », « ce vide intégral où le premier mode de l'immédiateté est supprimé, a disparu ». Il ne reste alors que « le néant et l'essence, et l'essence seule sans autre détermination est précisément le vide, l'indéterminé[1] ». Face à cette unité absolue de la substance, le fini, le particulier, ne peut se maintenir et doit se laisser anéantir dans ce vide intégral. Cette religion substantielle où l'universel abstrait surplombe et déréalise la sphère mondaine est, selon Hegel, typiquement orientale. C'est dans la religion bouddhique que cette formation trouve son accomplissement, dans cette religion du néant où le chatoiement des apparences multiples n'est qu'un paraître vide et dépourvu d'être véritable où la conscience se laisse prendre au piège de la différence.

La reconnaissance des différences inhérentes à « la richesse du monde » dans la religion indienne vient marquer un approfondissement dans l'élaboration de la forme religieuse. Le jaillissement de différences incluses au sein de l'absolu témoigne d'une compréhension plus concrète où l'unité s'ouvre en direction de son autre. Dans « cette religion de la fantaisie », les différences se produisent comme autant de puissances indépendantes. Mais ces dernières ne surgissent que pour se voir aussitôt absorbées dans « l'être en soi universel de la première substantialité », leur apparente autonomie se dissipant aussi rapidement qu'un songe vaporeux. À ce point, la substance absolue est à la fois la puissance universelle et unique, le Brahma révéré dans l'hindouisme, mais aussi,

1 *Ibid.*, p. 102.

l'individualisation de cette substance universelle qui par rapport à la substance et pour la conscience aussi se présente comme la puissance universelle, celle de l'esprit et de la nature de façon que ces différences soient connues comme faisant aussi partie de l'absolu[1].

Dans cette mesure, l'Un s'enrichit des différences qu'il pose en lui-même, « la séparation des moments se stabilise[2] ». Mais c'est en même temps cette contradiction non résolue de l'un et du multiple, cette séparation de la substance universelle et de ses différences personnifiées en puissances indépendantes, qui constitue l'abstraction de cette formation religieuse. Dans une sorte de danse vertigineuse, les puissances particulières font disparaître l'Un, et l'Un à son tour absorbe ces différences dans son être substantiel. « Ce sont ces moments, mais comme distincts, ils se présentent dans leur indépendance et apparaissent comme personnes indépendantes de la divinité ». Dans leur surgissement, l'Un disparaît. Mais tout aussi bien, « les formes particulières disparaissent à leur tour dans l'unité de la puissance[3]. »

Aussi le monde ne peut-il sérieusement valoir pour lui-même. La puissance abstraite ne laisse pas le fini s'épanouir véritablement. « Cette unité suprême est sans doute la puissance d'où tout est issu et où tout rentre ; mais elle ne devient pas concrète, elle ne devient pas le lien des multiples forces de la nature[4]. » Dans la déliaison interne qu'il hérite de sa distinction abstraite d'avec son principe, le phénomène s'abîme dans le plus extrême désordre et le contenu essentiel du culte sombre dans « une absurde contingence[5] ».

Il manque à la religion hindoue une objectivation véritablement concrète de l'absolu, c'est-à-dire une manifestation qui accorde à l'être-là phénoménal une dignité effective. Cette réalisation de l'Un en tant qu'Un à même la diversité naturelle, l'esprit le découvre en Perse. À ce point, « l'unité se détermine en elle-même[6] », si bien que la substance universelle se pose comme sujet. Le mazdéisme, avec son culte de la lumière comme substance effectivement présente

1 *Ibid.*, p. 112.
2 *Ibid.*, p. 114.
3 *Ibid.*, p. 121.
4 *Ibid.*, p. 141.
5 *Ibid.*, p. 143.
6 *Ibid.*, p. 150.

et agissante au sein de la nature, parvient à unifier la totalité cosmique sous l'égide d'un principe universel « qui est à l'origine de toutes choses[1] ». Cette « détermination de l'esprit par lui-même adéquate à son unité » est le Bien. À la différence de la religion de Brahm, le Bien n'est pas un vague au-delà opposé aux choses extérieures. Il est « en elles une substance présente[2] ». Néanmoins, cette substance à laquelle l'élément naturel en sa riche variété se voit reconduit n'est encore qu'une substance immédiate. En effet, *en soi*, le Bien pose la différence de lui-même et s'expose concrètement mais cette différence ne vaut justement qu'*en soi*. À la différence de la religion hindoue, la séparation des moments n'apparaît pas distincte de l'unité substantielle. Le Bien existe à même les choses sans aller jusqu'à se poser à l'extérieur de lui-même. « Il en est immédiatement la substance[3]. » Aussi la différence en tant que différence, la particularité de la différence, apparaît comme une négation qui n'est pas reprise dans le Bien et qui « se développe en dehors de lui ». Ce développement extérieur à lui vaut donc comme l'autre du Bien, ce qui ne doit pas être, le Mal qui « fait opposition comme principe absolu et demeure ainsi ». L'autonomie de ce principe extérieur, contredisant la substance absolue, ôte ainsi au Bien la puissance effective et contribue à empêcher son affirmation. Dans l'opposition de ces deux principes, le Mal « doit sans doute être vaincu et concilié ; mais ce qui doit être n'est pas ». Le devoir-être auquel se cantonne le principe de la lumière dans sa lutte contre les ténèbres le prive de sa réalisation pleine et entière. Cette force universelle est en réalité « faible, impuissante ». Aussi l'unité immédiate du Bien le destine à l'abstraction, justement du fait de cette immédiateté. En ne parvenant pas à poser la différence comme un moment de la médiation à soi-même, la substance est impuissante à s'élever à la subjectivité véritable. À ce niveau de la religion où l'esprit n'est pas encore parvenu à l'affirmation véritable de soi, la différence n'est pas concrète, n'est pas la subjectivité réelle, arrachée à la sourde pesanteur de la nature. La médiation de l'esprit avec soi ne peut se donner ici comme une réconciliation mais prend la forme d'un conflit.

1 *Ibid.*, p. 151.
2 *Ibid.*, p. 152.
3 *Ibid.*, p. 153.

Un progrès est par conséquent accompli lorsque l'élément négatif est « posé dans le rapport affirmatif avec soi[1] ». Autrement dit, il faut que la subjectivité de l'absolue qui émerge dans le mazdéisme soit prête à laisser la différence valoir pour soi sans pour autant s'affronter à elle dans un rapport purement extérieur. « Cette puissance supérieure de la subjectivité consiste à développer la différence, à la laisser s'écarter tout en la conservant en soi, ou mieux en la domptant ». La subjectivité n'est finalement pas autre chose que ce libre dessaisissement de soi, « cette négativité qui se rapporte à soi », ce risque assumé de la perte dans l'altérité. Cette altérité doit apparaître comme un moment du rapport de l'esprit à lui-même. Le triomphe final d'Ahriman sur Ormuzd, où le principe absolu résout la contradiction qui le nie, est, en revanche, reporté dans un futur indéterminé. Mais « Dieu, l'essence, l'esprit doit être présent, actuel et non être relégué dans le passé ou l'avenir[2]. » La puissance véritablement effective est la puissance « posée comme puissance étant pour soi ».

Deux déterminations fondamentales caractérisent cette subjectivité : l'identité à soi du sujet et la liberté. Le sujet « se pose en lui-même des déterminations particulières ». Dans le mazdéisme, le Bien n'a pour détermination qu'une généralité indifférenciée. La lumière est partout présente en la nature. « La détermination n'est pas posée en ce cas comme détermination ». C'est pourquoi au degré qui fait suite à la religion des Parsis, c'est-à-dire au sein de la religion égyptienne, la puissance agissante pour soi apparaît comme « puissance s'opposant aux lois de la nature ». Faisant valoir sa détermination particulière, la subjectivité du dieu, qu'« on se le représente sous forme d'homme ou d'animal », rompt la connexion uniforme de la nature en y faisant irruption miraculeusement. Toutefois, la subjectivité, dans son opposition à la substance qui lui sert de moyen, ne trouve pas encore à se manifester dans une liberté véritable. « Il y a encore ici un mélange de l'unité substantielle avec la subjectivité[3]. » Dans ce mélange, la subjectivité a pour tâche de se purifier. Mais souffrant des « inconséquences » auxquelles la voue son ancrage encore naturel, elle ne sait se livrer qu'au sein de l'« énigme ».

1 *Ibid.*, p. 162.
2 *Ibid.*, p. 163.
3 *Ibid.*, p. 165.

« Ici nous avons Dieu comme subjectivité en général ; en celle-là le moment capital est que la négation est dans le sujet et non hors de lui et que le sujet essentiellement revient à soi, auprès de soi[1]. » La négation entendue comme changement qui se rapporte à la nature se présente comme « la mort du dieu ». Cet élément négatif qui, dans la lutte d'Ormuzd et d'Ahriman, prend la forme d'un principe autre « est ici un élément de l'individualité du dieu ». Dans la mesure où cette négation appartient à la subjectivité comme un de ses moments, le retour à soi par la médiation du négatif, de la mort, conduit à nier cette négation et implique la résurrection du dieu. Le cycle perpétuel de la mort et de la renaissance d'Osiris, divinité féconde en qui s'illustre l'engendrement éternel des formes naturelles, constitue la détermination de la subjectivité à la représentation de laquelle parvient l'esprit égyptien. Cette détermination est l'âme de la religion égyptienne et de son Dieu qui « se donne en lui-même cette altérité, puis revient à lui-même, s'engendre lui-même, en se niant[2] ». Mais la substance naturelle et la subjectivité divine demeurant confondues, il s'ensuit que la forme de cette puissance n'est pas encore proprement spirituelle. « L'histoire du sujet est ainsi celle de la substance et celle des objets de la nature qui intéressent ; détermination qui est posée expressément ; tout peut être ici signification ou représentation même ». La puissance est ici seulement « la vitalité en général » et la forme sous laquelle elle vient à se représenter est « contingente et arbitraire ; à cette puissance qui n'est qu'en soi, on peut attribuer telle ou telle forme d'animale, même celle d'un homme[3] ».

Derrière cette confusion de la substance et du sujet, un progrès fondamental est néanmoins accompli. La subjectivité « prend ici la forme de la représentation[4] ». Deux déterminations interviennent dans cette représentation : « l'élément naturel et la substance intérieure ». De leur réunion émerge le « symbole ». La nature se voit renvoyée à un fondement autre que sa propre immédiateté sensible, celui de la subjectivité divine. « L'histoire d'Osiris dans cette connexion abstraite est l'histoire intérieure essentielle de l'être naturel de l'Égypte, qui comprend le

---

1 *Ibid.*, p. 166.
2 *Ibid.*, p. 167.
3 *Ibid.*, p. 168.
4 *Ibid.*, p. 176.

soleil, son cours, le Nil, le principe de la fécondation, du changement[1]. » L'étant naturel ne vaut plus immédiatement pour lui-même en sa forme sensible mais en tant qu'il signifie, en tant que sa signification est objet d'intuition.

L'immédiateté intuitionnée doit, à même son extériorité, manifester la signification intérieure. En ce sens l'objet est porteur d'une médiation qui se trouve essentiellement mise en avant dans le « produit de l'homme[2] », c'est-à-dire dans l'ouvrage par lequel est donnée « une forme extérieure à ce qui est encore intérieur ». Cette pulsion (*Trieb*) créatrice où s'affirme le besoin de laisser paraître la subjectivité au sein de l'objet constitue la naissance de l'art, de l'art véritable c'est-à-dire, selon Hegel, de l'art religieux. Religieux, l'art l'est en tant qu'il permet à l'esprit de prendre figure en s'unissant à l'extériorité sensible et ainsi de rendre témoignage de lui-même. L'art est ici un besoin pour l'esprit qui cherche à se saisir de lui-même, dans l'effectivité manifeste, signe que la subjectivité affleure dans l'abrogation (*Aufhebung*) de la nature simplement immédiate.

> *Quand le moment de la naturalité, de l'immédiateté a été surmonté, c'est alors qu'apparaît le besoin de l'art c'est-à-dire au point où nous nous trouvons, celui de la notion de conscience de soi subjective ou de la notion de liberté*[3].

Toutefois précise Hegel, nous sommes ici en présence d'une « aspiration à l'art » et non pas de « l'art du *beau*[4] » en lui-même. La forme ne porte pas encore l'esprit comme « la forme immanente en elle-même ». Le produit œuvré cherche à signifier l'esprit sans l'accueillir comme la demeure propre d'où sa subjectivité émergerait d'elle-même. « La pyramide est en elle-même un cristal où un mort est conservé ». La pyramide est le lieu où demeure signifiée une présence mais qui, en tant que telle, ne fait que renvoyer à une signification qui lui est naturellement étrangère. Comme l'a montré Jacques Derrida, Hegel trouve dans la pyramide le paradigme du signe comme mort de l'esprit. La fonction du signe consiste, en effet, à recueillir l'esprit mais dans le renvoi à une intériorité qu'en sa présence matérielle il ne parvient à pas à manifester, qu'il dit

1 *Ibid.*, p. 177.
2 *Ibid.*, p. 178.
3 *Ibid.*, p. 180.
4 *Philosophie de l'esprit, op. cit.*, § 562 Rem., p. 349.

ailleurs qu'en lui. Au creux du signe, on trouve l'esprit mais mort à lui-même. « La pyramide devient le sémaphore du signe, le signifiant de la signification[1]. » Le sémaphore révèle ici l'ambiguïté du signe comme *sêma*, comme le tombeau où « l'âme intérieure » se montre seulement dans l'être-là d'un corps lui-même dérobé à la vue. La pyramide cherche à se dérober comme tombeau mais résiste d'autant plus dans son objectivité massive. « L'élément sensible, naturel n'est pas encore spiritualisée jusqu'à la clarté, l'élément sensible, naturel n'est pas encore transfiguré, spiritualisé parfaitement de façon à n'exprimer que l'esprit[2]. »

Finalement, la valeur de la religion égyptienne est en même temps son principal défaut. La subjectivité y point mais sans totalement s'extraire de la substantialité. « La subjectivité n'a pas encore d'elle-même une conscience claire[3] ». Elle achoppe à se dire comme sujet. C'est la raison pour laquelle l'Égypte n'a légué à la postérité que « de muettes œuvres d'art ». L'absolu n'est pas parvenu au point de se dire. Il est le sujet d'une histoire qu'il ne raconte pas lui-même et dont il faut déchiffrer la littéralité à même l'épaisseur idéographique du hiéroglyphe.

Les religions de l'individualité spirituelle

Pour parvenir à s'affirmer comme subjectivité propre, l'esprit doit se libérer véritablement de la substance immédiate et s'affirmer pour soi tout en maintenant un rapport à cet autre qu'est pour lui la nature. Dans ce mouvement, l'étant naturel se voit alors renvoyé à l'apparence, c'est-à-dire à l'être inessentiel où rien ne paraît de l'absolu sinon le libre pouvoir que ce dernier a d'en disposer.

> *Ici commence l'être-pour-soi spirituel du sujet ; la pensée est le principe prépondérant, le premier, celui qui détermine ; la naturalité est réduite à une apparence, à un accident par rapport au substantiel et dans son rapport avec lui elle n'est plus qu'une matière, une corporéité pour la subjectivité où toutefois ce qui est absolument déterminé par le sujet*[4].

1 *Hegel et la pensée moderne*, PUF, Paris, 1970, p. 45.
2 *Leçons sur la philosophie de la religion,* deuxième partie, 1. *La Religion de la nature, op. cit.*, p. 181.
3 *Ibid.*, p. 183.
4 *Ibid.*, p. 15.

À ce point, l'autonomie de la subjectivité divine infinie à l'égard de la nature finie est conquise. Nous quittons les religions de la nature ou de la substantialité pour pénétrer dans le cercle des religions de l'individualité spirituelle. Dieu se donne alors comme libre subjectivité « pour laquelle le fini n'est qu'un signe où apparaît l'esprit[1] ». Dans la religion égyptienne, l'œuvre produite de main d'homme cherchait à se faire valoir comme signe d'une réalité autre et se révélait donc impuissante à accueillir en son sein la subjectivité spirituelle. Ici la nature finie est elle aussi signe mais, de ce fait même, en raison de son impuissance constitutive à dire en et par elle-même l'essence divine, cette nature immédiate témoigne que le sujet est son autre, c'est-à-dire l'esprit. « L'esprit ainsi libéré, puissant, réconcilié avec lui-même, dans cet élément naturel et fini existe pour soi, libre, au dehors, différencié de cet élément fini naturel et spirituel, séparé du lieu de la conscience empirique et variable de l'existence extérieure ». Désormais, la nature n'enferme plus l'esprit mais, au contraire, « ne fait que servir sa manifestation ». Cette subjectivité libre dont la « majesté est au-dessus de la terre et des cieux » (Ps 148, 13) est le Dieu unique, éternel et infini, qui trouve à s'exposer dans la religion hébraïque. Ce Dieu saisi comme la pensée infinie, la puissance absolument pour soi, est un esprit sage dans la fin qu'il se donne. Cette capacité à se proposer, dans son action, une destination finale témoigne de sa liberté concrète. « La détermination finale se trouve immédiatement dans la notion de la subjectivité libre[2]. » Dans la fin que l'esprit poursuit par son agir créateur et libre, la nature « ne peut vraiment se maintenir ». Face à la libre subjectivité à laquelle elle se trouve soumise, cette nature ne vaut que dans son idéalité. Par elle-même, elle ne possède aucun être propre mais n'a de réalité qu'en cet Autre infini dont elle est une manifestation. Il s'agit là néanmoins d'une « manifestation non affirmative », dont le caractère principal est la négation, négation de l'Autre duquel elle tire son être, négation de soi comme impuissance à exprimer l'infinité dont elle est la manifestation. C'est là « la religion du sublime » où l'esprit s'élève infiniment au-dessus de nature et de la finité.

---

1 G. W. F. Hegel, *Leçons sur la philosophie de la religion*, deuxième partie, 2. *Les Religions de l'individualité spirituelle*, Vrin, Paris, 1972, p. 7.

2 *Leçons sur la philosophie de la religion*, deuxième partie, 2. *Les Religions de l'individualité spirituelle*, *op. cit.*, p. 13.

Or, dans son impuissance à se présenter comme la manifestation adéquate de l'Idée, le phénomène finit par perdre toute valeur. Le rapport de l'infini au fini est un simple rapport de domination extérieure, autrement dit un rapport non-médiatisé où l'extériorité sensible et l'intériorité spirituelle tombent l'une en dehors de l'autre. L'absolu est un simple au-delà pour la conscience finie qui ne s'y trouve pas. Celle-ci dès lors ne peut s'affirmer librement dans le rapport à l'absolu. Dans le service de la divinité, « la conscience de soi se trouve dans son opposition absolue[1] » et se cantonne à la plus dure servitude à l'égard de ce maître jaloux. La divinité est Seigneur face à laquelle la conscience de soi finie ne sort pas de la position « du serviteur vis-à-vis de son maître ».

Aussi, la liberté de l'esprit infini doit, pour atteindre à son concept, se réaliser dans le rapport à un Autre lui-même libre. C'est la raison pour laquelle un progrès supérieur semble accompli lorsque cet Autre est délivré et que « Dieu devient le dieu d'hommes libres qui même en lui obéissant sont en eux-mêmes libres[2] ». Hegel fait correspondre cette formation à la religion de la Grèce ancienne qu'il nomme « religion de la beauté » dans la mesure où vient au paraître, dans d'harmonieuses productions, la forme intérieure s'extériorisant, l'esprit se donnant la représentation de lui-même comme esprit libre. Toutefois, la puissance absolue et infinie surplombant le monde et n'ayant de réalité que pour soi en vient, dans son abstraction première, à contredire le concept même de l'esprit libre. La religion grecque est « religion de la nécessité », du Destin, c'est-à-dire de l'opposition entre l'universalité extérieure et abstraite et la subjectivité particulière. Le Destin intervient dans la représentation grecque comme la Némésis qui rétablit l'égalité au sein des particularités finies. Celui qui par son *hubris* cherche à donner une valeur absolue à sa propre détermination contingente se voit abaissé et renvoyé au « sort et mesure communs[3] ».

En son abstraction, la nécessité n'est néanmoins pas seule à posséder la puissance. « En effet, renfermant la détermination elle est en rapport avec le monde qui lui est extérieur et qu'elle a aussi auprès d'elle ». Extérieure au concept de nécessité tout en demeurant en rapport à lui, la détermination concrète se phénoménalise en plusieurs formes qui constituent les puissances générales de

1 *Ibid.*, p. 76.
2 *Ibid.*, p. 88.
3 *Ibid.*, p. 93.

l'esprit et de la nature. Ces déterminations possédant figures concrètes se distinguent non seulement de la nécessité abstraite, mais aussi les unes à l'égard des autres. Ici « la puissance infinie » est amenée « à se restreindre à un ensemble de particularités » qui constituent la détermination de la liberté elle-même. Avec elles, les fins de la subjectivité se donnent comme autant de puissances morales en lesquelles la conscience de soi peut se reconnaître. Toutefois, en dépit de la rationalité qui trouve à s'exprimer dans cette auto-détermination de l'esprit, « l'unité du sujet », où cette rationalité se verrait « concentrée en elle-même[1] », fait ici encore défaut. Les puissances morales se limitent réciproquement et entrent en conflit comme le figure avec une acuité particulière la tragédie d'Antigone qui, pour Hegel, revêt « une valeur absolue » en tant que s'y présente l'opposition exclusive de la piété familiale et du droit de l'État[2]. Il manque une légitimation supérieure mettant un terme au conflit de ces puissances concurrentes. Aussi leur nature divine n'est-elle « pas prise au sérieux » et la conscience de soi finie se voit à nouveau renvoyée à la nécessité aveugle qui plane au-dessus de ces essentialités substantielles. « Ce sont beaucoup de dieux divers et quoique leur nature soit divine, la multiplicité dispersée forme leur limite », limite contre laquelle l'aspiration individuelle vient se briser et se voit dès lors opposer un destin qui ne lui permet pas d'appréhender « l'infinie de sa liberté ». Il n'existe pas d'esprit véritablement universel en l'unité duquel ces puissances feraient retour, un esprit qui s'étendrait jusqu'au particulier et donnerait son droit à l'individu. Ce dernier, dans la religion de la nécessité, « n'a pas encore appréhendé l'infinité de sa liberté » et, pour cette raison, ne peut trouver qu'en dehors de lui le fondement de sa résolution à l'action. « La décision se trouve hors du pouvoir du sujet » et c'est l'oracle qui, dans ses formules abstruses, guide le chemin qu'il doit emprunter. Fait défaut le droit de la conscience individuelle à trouver satisfaction. Autrement dit, la sagesse et la bonté de la Providence, « pour qui la conscience individuelle est aussi une fin[3] », manquent encore.

En tant que telle, la nécessité manifestée dans le destin ne peut être caractérisée comme véritablement libre en dépit de sa toute-puissance. « La nécessité en effet n'est liberté qu'en soi, elle n'est pas encore la sagesse, elle est en soi sans

---

1 *Ibid.*, p. 96.
2 *Ibid.*, p. 127.
3 *Ibid.*, p. 149.

fin[1] ». Parce que « le destin est sans fin », la détermination qui signalerait la venue au paraître d'une volonté concrète lui échappe. C'est cette subjectivité se donnant une fin qui constituait l'originalité de la religion du sublime. Toutefois la sagesse qui se présentait alors était encore « la sagesse abstraite, soit en sa réalité seulement une fin isolée c'est-à-dire une famille particulière, limitée à un terrain naturel[2] ». Le Dieu de l'alliance est le Dieu d'Israël, c'est-à-dire de Jacob (Gn 32, 28), fils d'Isaac à qui est promise une prolifique descendance en souvenir de son propre père Abraham (Gn 23, 24). La providence universelle de ce Dieu régional court de l'Égypte à Canaan. Au-delà, vers la lointaine Babylonie s'étendent les terres d'où fut appelé à émigrer le patriarche et où les fils de Sion expieront leur faute après qu'ils aient « abandonné le Seigneur » et « méprisé le Saint d'Israël » (Is 1, 4), l'Éternel des armées qui « ne se souvient pas de l'escabeau de ses pieds au jour de sa colère » (Lm 2, 1). Lorsque la nécessité universelle dégagée dans la religion grecque rejoint « l'unité vraiment spirituelle » dont la religion hébraïque découvre le sens, alors la puissance se dévoile comme subjectivité providentielle où « la nécessité universelle de cette puissance » s'unit « avec la particularité des fins ». Nous touchons ici à « la religion de la finalité », de « la puissance qui est elle-même ce qui veut » et où l'absolu devient dès lors « l'individualité qui pose en soi une détermination[3] ».

Toutefois, la fin en vue de laquelle ces deux religions s'unifient n'est pas d'emblée la finalité proprement universelle de l'esprit se cherchant comme esprit. La fin que pose le *fatum* de la religion romaine est « une fin empirique, extérieure[4] ». C'est « la domination du monde selon la réalité empirique » que cherche à produire l'esprit. La réalité n'est certes plus alors une ennemie ni un simple moyen de la divinité. Cette réalité est bien plutôt sa fin même. Néanmoins elle n'est pas l'effectivité de l'esprit se configurant en un monde et « une organisation rationnelle[5] ». La fin est ici contingente et arbitraire. Elle ne manifeste pas l'esprit en tant que tel, mais une fin « posée par l'homme ». Le but que la puissance se donne à ce stade n'est que le règne temporel de l'*imperium*. « La

1 *Ibid.*, p. 161.
2 *Ibid.*, p. 157.
3 *Leçons sur la philosophie de la religion*, deuxième partie, 2. *Les Religions de l'individualité spirituelle*, *op. cit.*, p. 157.
4 *Ibid.*, p. 158.
5 *Ibid.*, p. 160.

nécessité proprement dite, contenant la fin romaine, c'est *Roma* elle-même, la souveraineté[1]. » La fin de cette puissance que l'on ne saurait nommer Dieu est un État qui ne peut lui-même être proprement nommé État et dont la destination n'est autre que la conquête, la domination et la souveraineté exercée sur l'extérieur.

La vraie finalité consisterait dans l'unité du concept, « de Dieu, du sujet divin et de ce en quoi celui-ci se réalise, l'objectivité ». Il s'agirait autrement dit que la totalité manifestée apparaisse comme manifestation du vouloir divin sous la forme d'un « rapport à soi » où l'absolu est à lui-même la fin absolue. Le contenu dont il est question ici est « un contenu qui s'il doit se réaliser, concerne le monde et la conscience humaine », « l'égoïsme de l'individu », « un contenu sans Dieu[2] », une fin « encore immédiate », « formelle ». La finité à laquelle se voue la religion romaine fait ainsi de cette dernière une « religion de l'entendement[3] » où l'esprit ne parvient pas à s'affirmer à hauteur de son concept, c'est-à-dire de sa propre liberté.

Alors que les puissances morales adorées dans la religion grecque constituaient autant de « dieux théoriques[4] », c'est-à-dire libres objets de contemplation, « puissances libres, universelles, naturelles et morales[5] » en lesquelles l'individu découvrait sa propre fin objectivée, « ici les puissances objectives sont des dieux pratiques ». Ce sont les besoins particuliers de l'individualité finie qui constituent la finalité de ces puissances dont le culte célèbre l'égoïsme de leur adulateur « qui recherche en elles et par elles la satisfaction d'un intérêt subjectif ». La religion romaine présente ainsi un caractère prosaïque dont l'entendement qui « maintient les buts finis » se satisfait au détriment d'une élévation rationnelle de ceux-ci au sens de l'universalité véritable. Mais « toutes ces divinités sont soumises à la puissance réelle universelle » et sont appelées à s'effacer devant la puissance « absolument essentielle » de l'Empire. La religion romaine a cette conséquence paradoxale de sacrifier l'individualité particulière qui constitue la fin même des multiples divinités et se découvre pourtant sans valeur. Les Lares, les Pénates,

1 *Ibid.*, p. 172.
2 *Ibid.*, p. 159.
3 *Ibid.*, p. 163.
4 *Ibid.*, p. 168.
5 *Ibid.*, p. 169.

les Mânes trouvent leur place dans l'intimité obscure de la vie intime mais, sur le forum, c'est la *Fortuna publica* qui sous la figure du Jupiter Capitolin « est le maître effectif des hommes existants », « au sens réel, le maître[1] ». Et derrière Jupiter, c'est la volonté de l'Auguste confondue avec le destin de Rome qui se voit élevée au rang de fin essentielle. Horace, entre autres, le donne à entendre : « Nous avons cru que Jupiter règne dans le ciel où son tonnerre gronde ; sur la terre, c'est Auguste qui sera regardé comme un dieu quand il aura soumis à son empire les Bretons et les Perses redoutables[2] » ; formule significative en tant qu'elle fait converger la figure de la divinité suprême, la puissance martiale de l'*Imperator* et la conquête victorieuse accomplie *pro Roma*. Devant cette puissance, l'individu est appelé à se courber et faire abstraction de sa particularité propre pour s'identifier à la volonté empirique d'un homme fait Dieu. « La vertu romaine, la *virtus* est ce froid patriotisme qui fait que l'individu est totalement asservi à ce qui est affaire d'État, de souveraineté[3]. » Cette négation de l'individu, qui trouve dans les joutes de gladiateurs son illustration ultime, associée à la recherche de la satisfaction de l'intérêt subjectif fini conduit à une reconnaissance purement formelle du droit de la personne. « La personne est fin absolue ou elle n'est rien, un jouet aux mains du simple vouloir arbitraire[4]. » Le sujet contemple sa propre infinité mais sans se proposer de contenu véritablement substantiel. Seul demeure « un droit formel de l'entendement sans réalité c'est-à-dire sans un contenu qui convienne à cette forme[5] ».

La solution de cette contradiction entre la fin de la puissance universelle et la subjectivité immédiate suppose que « la finité extérieure, rendue libre, soit accueillie dans l'universalité infinie de la pensée[6] ». La subjectivité abstraite qui s'affirme dans la détermination juridique du droit doit se produire concrètement à même la substance extérieure. La conscience individuelle peut alors seulement renoncer à ses fins particulières et contingentes pour s'élever à l'intuition de sa liberté véritable. Il s'agit pour l'esprit de se saisir de lui-même et, par là, atteindre

1 *Ibid.*, p. 172.
2 Horace, *Œuvres, Odes*, III, V, Garnier Frères, Paris, 1967, p. 90.
3 *Leçons sur la philosophie de la religion*, deuxième partie, 2. *Les Religions de l'individualité spirituelle, op. cit.*, p. 186.
4 *Ibid.*, p. 188.
5 *Ibid.*, p. 193.
6 *Ibid.*, p. 193.

la réconciliation de son apparaître fini et de son essence infiniment libre en « se prenant en soi comme fin de lui-même ». En se posant ainsi, « il se différencie de lui-même, et cet être différencié de lui est sa fin, sa réalité, sa détermination[1] ». La subjectivité particulière, purifiée de ses buts finis reconnaît alors l'universel, le divin, comme faisant partie du monde, « comme s'y trouvant présent », non pas comme une essence extérieure et opposée, mais comme le Dieu qui se révèle pour « tous les hommes ». Or, cette purification de la subjectivité est justement préparée par « l'immense malheur » et la « douleur universelle » que la puissance absolue de l'État romain a fait peser sur elle. « Le désespoir prédominant dans l'esprit du monde de ne pas trouver dans cette vie et dans la finité de satisfaction servait à préparer le terrain pour la véritable religion de l'esprit[2] ». À présent qu'a surgi le besoin infini pour la subjectivité libérée de la nature de se voir réconciliée avec la fin universelle, le temps peut-être dit « accompli ».

La religion manifeste

À quel résultat se vouait donc le concept de religion dans l'histoire qu'il a produit de lui-même et dont nous avons suivi quelques grands moments ?

La liberté qui caractérise l'esprit dans son advenir absolu suppose l'unité différenciée de la subjectivité et de la substance. C'est avec cette dernière, en tant qu'unité non développée, que s'ouvre le chemin sur lequel l'esprit se destine à sa vérité. Dans les religions de la nature, l'essence infinie se présente tout d'abord dans une substantialité immédiate d'où ne parvient pas à émerger une subjectivité véritable. Cette subjectivité infinie fait son apparition avec la religion déterminée mais en ne donnant pas tout son droit à l'existence du monde fini encore entaché de contingence car non assumé concrètement dans la puissance divine. Ce sont ces deux moments, celui de la substance universelle et de la subjectivité infinie accueillant en son sein le fini auquel elle s'oppose, que réunit la religion chrétienne qui peut ainsi se voir définie comme la religion accomplie, puisqu'en elle s'unissent les différents moments apparus jusqu'ici disjoints.

---

1 *Ibid.*, p. 190.
2 *Ibid.*, p. 194.

Ce processus spéculatif où l'identité substantielle se divise d'avec soi et se sait ainsi comme esprit trouve à s'exprimer au sein de la représentation chrétienne dans la relation unitrine du Père, du Fils et du Saint-Esprit. Dieu y est l'ensemble de ces moments, une seule essence en trois personnes, comme le fixe le concile de Chalcédoine en 451. C'est dans le lien de ces trois manifestations de soi que la divinité montre sa nature essentiellement relationnelle, périchorétique, et se découvre comme « cette unité absolue en tant que pour soi identique à soi dans sa différence », comme « amour éternel[1] ». Cette exposition de la substance devenant sujet par l'opposition et le retour en soi constitue le mouvement de l'absolu et, en ce sens, correspond au concept que la religion s'efforce de représenter et dont elle est elle-même l'auto-révélation. Dans la religion chrétienne le concept de religion, c'est-à-dire le vrai, devient ainsi objet de la conscience croyante. « La totalité dans laquelle le concept de la religion, différencié dans ses déterminations, a été développé et par là posé, a un être-là pour d'autres et est ainsi objet de la conscience[2]. » Mais en tant qu'un tel être-là pour la conscience, le Vrai vient à se faire l'objet infini d'une subjectivité qui le recueillant en elle-même s'élève au-dessus de son simple être fini et participe du mouvement d'où procède la manifestation de ce Vrai. En ce sens, la religion chrétienne est à la fois religion de la révélation et religion de la réconciliation.

Procession et spiration

Dieu apparaît avant tout à la représentation chrétienne comme le sujet absolu, universel, infini. En tant que tel, le Père laisse émerger une nature, un monde fini par rapport auquel il se présente comme créateur et conservateur (*Patrem omnipotentem, Creatorem caeli et terrae*). En se divisant, la substance divine laisse surgir l'être-autre dans son autonomie. Ce don de soi de l'universelle substance octroie cette qualité au principe suprême de n'être pas « jaloux » et de s'exposer à la perte de soi. Ce mouvement de scission constitue ainsi la « bonté » de Dieu par laquelle il confère « à ce côté dans cette aliénation l'idée totale dans la mesure et dans le mode où, en tant que l'être-autre, il peut

1 *Leçons sur la philosophie de la religion*, troisième partie, *op. cit.*, p. 18.
2 *Ibid.*, p. 3.

l'accueillir en lui-même et la représenter[1] ». Toutefois, en soi, cet être-autre n'a pas de vérité. Il n'existe qu'en tant que moment négatif, celui du phénomène. Séparé de l'essence qui y apparaît (*erscheinen*), le phénomène (*erscheinung*) n'est que la pure apparence (*schein*) dont la religion hébraïque exhibe la nullité. C'est à ce point que se marque pour Hegel le progrès spéculatif du christianisme sur le judaïsme. Rapportée à son principe, la nature atteint dans le premier le sens d'une manifestation où Dieu se découvre présence agissante et vivifiante. « Dieu est au-dessus de toutes choses, par l'excellence de sa nature ; mais il est en toutes choses comme source créatrice de leur être à toutes » affirme la *Somme théologique*[2]. L'Idée néanmoins ne peut se satisfaire de cette extériorité d'avec soi. Il lui faut sacrifier cette apparence, renier cette existence naturelle qui est la sienne pour se faire esprit. Ce dernier n'est pas autre chose que la « procession au moyen de la nature ; c'est-à-dire qu'il a en elle son opposé, par la suppression duquel il est pour soi, c'est-à-dire esprit[3]. » Le vocabulaire théologique et plus particulièrement le Symbole de Nicée-Constantinople réserve proprement à la troisième personne de la Trinité le terme de *processio* pour désigner la communication consubstantielle qui s'opère entre le Père et l'Esprit, c'est-à-dire la translation qui dans la différence d'avec soi se maintient identique. L'Évangile de Jean montre dans « l'Esprit de vérité qui procède du Père » (Jn 15, 26) la source du témoignage rendu au Fils, c'est-à-dire à Celui qui manifeste le Père (Jn 14, 9). Et c'est justement afin que la révélation s'accomplisse concrètement qu'est nécessaire la manifestation à soi-même du *Pantocrator* dans l'histoire de l'esprit qui le raconte et par laquelle il devient pour lui-même objet de son apparaître. « Dieu doit être pour soi comme le tout de sa révélation ; c'est seulement ainsi qu'il est révélé[4]. » Dieu est à la fois celui qui révèle, celui qui est révélé et la révélation elle-même. Cette révélation conduit à manifester l'unité de la nature divine infinie et de la nature humaine finie dans l'histoire de la kénose. Le Père

1 *Ibid.*, p. 26.
2 Thomas d'Aquin, *Somme théologique*, traduction dominicaine, 1984 http://docteurangelique.free.fr/fichiers/page.htm, Ia pars, question 8, art. 1.
3 *Leçons sur la philosophie de la religion*, troisième partie, *op. cit.*, p. 30.
4 *Leçons sur la philosophie de la religion*, troisième partie, *op. cit.*, p. 31.

s'y manifeste en se particularisant, en devenant objectif, c'est-à-dire en assumant, dans la figure du Fils, le fini en son essence. Ainsi, la conscience qui accède à cette révélation connaît le mouvement du vrai ou de l'absolu.

De la sorte, la révélation chrétienne se donne comme religion de la réconciliation en ceci que le sujet fini ne se voit ni opposer une puissance universelle qui le dissout, ni renvoyé à la simple contingence de ses buts finis. En se particularisant, l'absolu accorde au fini sa reconnaissance, le laisse prendre son extension et exister librement, liberté qui ne s'affirme cependant que dans la mesure où ce fini est élevé à l'infinité de la subjectivité divine. En participant par la médiation de l'Esprit-saint au processus de révélation de l'absolu, la particularité finie se réconcilie avec l'essence dont elle tire son être. Il apparaît dès lors essentiel que l'homme se connaisse, dans sa finitude constitutive, comme le lieu même où l'infini joue sa tragédie avec lui-même. C'est pourquoi la venue de Dieu parmi les hommes doit revêtir la forme d'un individu immédiat, extrême particularisation de l'essence divine. C'est sous le mode de l'intuition extérieure que s'atteste pour la conscience naturelle « la certitude immédiate de la présence[1] ». Au travers de cet individu-là, l'humanité se découvre elle-même comme « l'être-là de l'esprit[2] ».

Ce n'est toutefois pas dans la vie effective et temporelle objectée à la certitude immédiate que se manifeste la finitude suprême de l'esprit sortant de lui-même. Cette finitude incarnée est bien la négation de l'infinité impalpable de l'essence divine. Mais la suprême négativité doit conduire jusqu'à la suppression de cet être-là temporel. « L'être-là temporel et parfait de l'idée divine dans le présent n'est intuitionnée que dans sa mort[3]. » En tant que telle, la vérité du fini trouve à se dire dans l'indicible et extrême néantisation. À ce point l'impuissance du fini à exister par soi est poussée jusqu'à son comble. Par là, l'esprit s'affirme dans sa véritable infinité. L'esprit n'est pas autre chose que cet acte de nier la différence qui le nie. La mort de la nature finie est « cet élément de la réconciliation de l'esprit avec soi, avec ce qu'il est en soi, ce qu'il contient en soi[4] ». La suprême scission de l'idée divine qui s'éprouve jusque dans la mort est en même temps « le

1 *Ibid.*, p. 48.
2 *Ibid.*, p. 60.
3 *Ibid.*, p. 61.
4 *Ibid.*, p. 63.

suprême amour », « la réunion prodigieuse de ces extrêmes absolus », l'abrogation (*Aufhebung*) de l'opposition antérieure du fini et de l'infini, de la nature et de l'esprit, de l'homme et de Dieu. En se faisant homme, en se particularisant et en supprimant cette particularité, Dieu donne au fini l'assomption de son existence et sa réconciliation avec l'universel.

Ces trois moments, la divinité universelle, la divinité se particularisant et la divinité faisant retour à soi par la médiation de son être-autre, ont été exposés dans la représentation chrétienne sous la forme de déterminations temporelles. Le premier moment est celui de l'éternité, l'universelle substance en soi. Le second moment, qui rompt cette unité et s'engendre dans l'être-là est un événement passé circonscrit en un lieu et une date particulière qui révèle le premier. Le troisième moment enfin, celui de la réconciliation devenue objet de la conscience, se manifeste dans le présent de la communauté eucharistique qui célèbre l'union de la nature divine et humaine, de l'infini et du fini, et s'élève vers l'*eschaton*, son accomplissement final. La communauté apparaît donc comme un moment nécessaire et essentiel de la réalisation de l'esprit. La célébration de la mort et de la résurrection de l'homme-Dieu offre au rapport spéculatif de se présentifier concrètement.

La communauté produit ainsi la présence de l'esprit se donnant, au travers d'elle, conscience de lui-même. C'est pourquoi le christianisme est non seulement religion mais aussi et surtout accomplissement du concept de religion. En effet, la religion n'est autre que la différenciation où « l'esprit est pour l'esprit, de sorte que les deux esprits sont distincts ». Ces deux esprits, l'esprit de Dieu et l'esprit de la communauté, « sont mutuellement déterminés, l'un comme esprit universel, l'autre comme esprit particulier, l'un comme esprit intérieur et l'autre comme esprit extérieur, l'un comme esprit infini, l'autre comme esprit fini[1] ». Mais la religion, en tant qu'auto-production de l'absolu, n'en reste pas à cette différence de la conscience finie et de son objet. « La religion est le fait de supprimer cette différence ». La conscience de soi doit pouvoir se trouver en celui-ci comme en elle-même et ainsi se savoir auprès de soi dans le rapport à l'autre. « La conscience de soi singulière a en cela la conscience de son essence ». Cet être-auprès-de-soi constitue la libération de la conscience finie qui s'élève alors au sens de l'infinité

---

1 *Ibid.*, p. 98.

dans cette médiation réconciliatrice. « Elle y est donc libre, et c'est cette liberté qui est alors la spiritualité, et celle-ci est religion ». Par là, l'esprit se fait objet du rapport qu'il pose, objet « qui ne se tient ni seulement du côté fini, ni du côté universel » mais se présentifie dans la totalité du rapport et c'est « ce rapport de l'esprit à l'esprit » qui est proprement religion. « C'est donc la religion qui est devenue ici objectif ». L'objet de la communauté eucharistique est en effet le mouvement spéculatif de la *spiration* procédant du rapport trinitaire. Dans la dynamique pneumatologique, les fidèles, connaissant le Fils à qui a été confié le « ministère de la réconciliation » (2Co 5, 18), s'élèvent à Dieu par l'intercession de l'Esprit (Rm 8, 26). Dieu, se dispensant essentiellement comme cet acte de se révéler, devient alors le contenu manifeste de la religion. « Le contenu qui devient manifeste — c'est là ce qui est révélé, c'est précisément qu'il est pour un autre, mais aussi éternellement pour soi. Telle est la détermination du révéler[1]. » Cet autre à qui il se révèle, l'esprit fini, est en même temps son propre moment négatif, particulier, mais qui, ayant fait retour à l'universel, se découvre auprès de l'esprit infini comme libre. L'objet du culte chrétien est donc la médiation infinie dont la conscience y participant est elle-même un moment nécessaire. À ce point, « l'esprit est identique à l'esprit » et la religion accomplit la vérité qu'elle annonce.

La communauté chrétienne et le chez-Soi de l'esprit

Dans la communauté qui célèbre l'amour de Dieu sacrifiant son Fils unique et l'élevant à sa droite, l'esprit connaît l'esprit. La subjectivité finie s'y réconcilie avec la subjectivité véritablement infinie, celle-ci n'ayant d'existence concrète qu'en tant qu'elle se manifeste dans le rapport de l'esprit se sachant comme l'esprit. Autrement dit, c'est dans la communauté que l'esprit infini, absolu, vient à l'existence. « La communauté elle-même est l'Esprit existant, l'Esprit dans son existence, Dieu existant comme communauté[2] ». Ainsi l'infini se réalise dans la sanctification qu'il opère du fini. À ce point, l'homme se sait libre en tant qu'il est accueilli, qu'il est auprès de soi dans son autre, le *Tout Autre* dira le théologien suisse Karl Barth, Dieu. De même, Dieu se réalise comme vie

1 *Leçons sur la philosophie de la religion*, troisième partie, *op. cit.*, p. 104.
2 *Ibid.*, p. 245.

agissante dans le mouvement par lequel il apparaît au sujet fini. Aussi pourrait-on parler d'un double mouvement de l'absolu accomplissant sa manifestation une : mouvement de l'infini se réalisant par le fini, mouvement du fini découvrant sa vérité et sa liberté dans le rapport infini. L'infini se prend ainsi lui-même pour fin et détermine le fini qui y puise son essence. Alors le fini peut reconnaître sa liberté dans l'image qu'il constitue de l'être divin.

> *Car Dieu est l'Esprit, et là où est l'Esprit de Dieu est la liberté. Et nous tous qui, le visage dévoilé, reflétons la gloire de Dieu, nous sommes transfigurés en cette même image, avec une gloire toujours plus grande par Dieu, qui est Esprit.*
>
> (2Co 3, 17-18)

Dans le concept de religion et son effectuation historique, l'esprit se présente ainsi en son mouvement d'auto-exposition absolu. Dans ce mouvement, l'apparaître du fini se montre comme un moment irréductible de la manifestation de l'esprit. Mais quel est, en et pour elle-même, le statut de cette finité dans son rapport au vrai qui vient y établir sa demeure ? Comment se détermine la position de la subjectivité particulière au sein de la communauté eucharistique ?

« Le fini n'est pas »

La religion chrétienne offre une compréhension de l'absolu dans la triplicité de la *puissance*, de la *bonté* et de la *sagesse*. La puissance divine — ou le Père — est bonne en tant qu'elle se dispense à la manifestation, laisse émerger le fini — c'est-à-dire le Fils ou le « Verbe de Vie » qui, comme l'écrit le rédacteur de la Première Épître de Jean, « était tournée vers le Père et s'est manifestée à nous » en tant qu'Esprit — et l'élève à l'infinité de sa processualité. Dieu, en posant ce fini comme l'autre qu'il accueille en lui-même, se prend pour fin de son agir éternel dans le rapport à la nature créée. Le vouloir infini de Dieu se destine la conscience de soi et le vouloir fini comme terrain de son apparaître et de sa révélation. Se proposant en cela une fin qui n'est autre que lui-même, Dieu peut être dit *sage*. Cette sagesse divine offre donc un point de départ pour l'analyse qui s'enquiert du statut de la conscience finie telle qu'elle existe pour elle-même dans son rapport à l'absolu.

Comme rappelé précédemment, le mouvement par lequel l'esprit se différencie d'avec soi ouvre l'espace de manifestation d'une réalité pour la conscience. L'esprit absolu n'est autre que cet « acte de se différencier » et de se donner ainsi pour « une conscience finie » qui « est moment de l'esprit absolu lui-même[1] ». L'apparaître du fini a le sens d'une « apparence » que l'esprit se donne « comme une borne » et dont le dépassement lui octroie le savoir de « la liberté comme son essence ». Cette liberté est liberté de la manifestation de l'esprit. De ce point de vue, le fini n'a d'être véritable que dans le mouvement qui le pose et au travers duquel l'esprit conquiert son unité enrichie de la différence.

Sur ce point, le § 386 qui clôt l'introduction à l'*Encyclopédie* de 1830 est particulièrement explicite :

> *Les divers degrés de cette activité, dans lesquels, en tant qu'ils sont l'apparence, l'esprit fini a pour destination de séjourner, et qu'il a pour destination de parcourir, sont des degrés de sa libération. Dans la vérité absolue de celle-ci, c'est, pour lui, une seule et même chose que de* trouver déjà là *un monde comme un monde présupposé, de l'*engendrer *comme quelque chose de posé par lui, et se libérer de ce monde et dans ce monde ; c'est là une vérité dont la forme infinie est ce en direction de quoi, comme en direction du savoir de cette vérité, l'apparence opère sa purification*[2].

Dans ce texte, remarquable par sa concision et sa clarté, se condense pour ainsi dire tout l'enjeu de la philosophie de l'esprit hégélienne. S'y découvrent récapitulés les trois moments, subjectif, objectif et absolu, du développement de l'esprit. Mais c'est surtout le sens qui s'attache à la réalité finie qui nous intéressera ici. La conquête progressive de l'esprit par lui-même, c'est-à-dire la reconnaissance de l'idéalité des déterminations dont il fait l'expérience théorique et pratique, constitue le chemin de sa libération à l'égard de la finité qu'il n'est pas tout en s'y livrant. Dans l'addition qui accompagne ce paragraphe, Hegel ne recule devant aucune objection de l'entendement attaché à sa propre position limitée et peut exprimer la nature processuelle de l'esprit qui

1 *Leçons sur la philosophie de la religion*, première partie, *op. cit.*, p. 208.
2 *Philosophie de l'esprit, op. cit.*, § 386, p. 180.

est, aussi bien *infini* que *fini*, *et* ni *seulement l'un* ni *seulement l'autre ; il reste, en devenant fini, infini ; car il supprime en lui-même la finité ; rien n'est en lui quelque chose de fixe, d'étant, tout est, bien plutôt, seulement quelque chose d'idéel, ne faisant qu'apparaître*[1].

Il est alors tout simplement absurde de croire à une réelle autonomie du fini. L'homme qui pense sa réalité d'homme comme une réalité subsistante par soi commet l'erreur d'absolutiser ce qui n'a d'être qu'en tant que passage. « Le fini n'est pas, c'est-à-dire n'est pas le vrai, mais est purement et simplement le fait de passer en autre chose et d'aller au-delà de soi[2]. » Quant à celui qui voit dans l'existence finie une borne indépassable à la connaissance de Dieu, Hegel oppose que « c'est la plus fâcheuse des vertus qu'une telle modestie de la pensée, qui fait du fini quelque chose d'absolument fixe, un absolu ». Cette modestie relève en réalité d'une sanctification *pour soi* du fini où l'orgueil démesuré peine à se dissimuler, à moins de voir s'afficher ici la bêtise de l'ignorant dont le livre d'Isaïe montre la tendance idolâtre : « Il s'attache à de la cendre, son cœur abusé l'égare » (Is 44, 20). L'attachement au fini maintient en effet ce fini dans son existence unilatérale et non vraie et ne constitue que le vain produit de la vanité même.

Ce serait cependant une erreur de conclure à un acosmisme de la philosophie hégélienne. Tout en reconnaissant la simple apparence passagère du fini, il convient d'y discerner aussi le lieu où s'actualise la négativité de l'Idée et, par là même, le moment essentiel qui lui donne d'acquérir et maintenir son effectivité. Cette notion d'*effectivité* (*Wirklichkeit*) constitue le point nodal à partir duquel peut être appréhendé à sa juste valeur le statut de l'infini et du fini et leur rapport au sein de la manifestation. Dans l'effectivité, « le phénomène *inconsistant* », « la variété dépourvue de subsistance » dépasse le stade de la simple apparence et découvre sa vérité. L'essence infinie, divine, maintenue à l'écart de la phénoménalité s'abîme dans le vide de l'abstraction creuse. Aussi lui faut-il accoucher de sa figure et détermination, ce que lui offre justement le rapport à l'apparaître

1 *Philosophie de l'esprit*, *op. cit.*, p. 400.
2 *Ibid.*, p. 181.

fini. « L'effectivité est l'unité de l'essence et de l'existence[1]. » L'effectif constitue en ce sens la manifestation même de l'absolu révélant son intériorité essentielle par la médiation de l'apparaître extérieur. De la sorte, le fini se trouvant aux prises avec l'effectivité ne peut être considéré comme la simple borne de l'essence infinie. Au contraire, il est le passage même au travers duquel s'accomplit l'esprit. Ce dernier, parce qu'il « se scinde au-dedans de lui-même », « se donne cette borne » en pénétrant la finité et y trouve « son être-là objectif[2] ».

En ce sens, le fini est le terrain de la révélation de l'esprit. La marche de ce dernier est le chemin que doit accomplir le fini pour se découvrir inclus dans son infini mouvement d'aller-hors-de-soi. Sur cette voie, l'esprit conquiert sa vérité et sa liberté. C'est par la négativité essentielle de celui-ci que s'élabore la positivité du fini au travers de la médiation qui le présuppose. « Sans le moment de la finitude, écrit Hegel, il n'y a pas de vie, pas de subjectivité, pas de Dieu vivant[3]. » Le fini n'est donc pas une réalité qu'il faut désirer voir annuler dans l'espoir de préserver la pureté de l'esprit divin. Il est, au contraire, la destination même de l'infini déployant son libre mouvement d'arrachement à soi.

Aussi est-il possible d'affirmer en une certaine mesure que « le fini n'est pas[4] », mais à la condition cependant de discerner en ce fini la position d'une différence qui suppose la totalité de l'esprit comme « unité de la subjectivité et de l'objectivité ». La subjectivité croyante, finie et bornée, ne dévoile en effet son sens véritable qu'à partir de la prise en vue du rapport à son objet infini. En dehors de ce rapport sur le fond duquel la conscience de soi émerge, le contenu que celle-ci se donne est seulement « subjectif, formel ». Elle n'atteint, à l'inverse, un « contenu véritable » qu'à la condition de considérer « cette unité divine », son rapport à l'infini, cette médiation du sujet et de l'objet, comme « présupposition » pour son « poser[5] ». La destination de la finité est alors la réconciliation avec cette totalité, réconciliation par laquelle l'esprit fini découvre sa vérité comme liberté dans le « mouvement de faire disparaître l'aliénation » qui le pose en sa finitude.

1 G. W. F. Hegel, *Science de la logique,* t. 1, livre 2, *La Doctrine de l'essence,* Aubier-Montaigne, Paris, 1976, p. 227.
2 G. W. F. Hegel, *Principes de la philosophie du droit, op. cit.*, § 187, Rem., p. 283.
3 *Leçons sur la philosophie de la religion*, première partie, *op. cit.*, p. 199.
4 *Philosophie de l'esprit, op. cit.*, § 386 Rem., p. 181.
5 *Leçons sur la philosophie de la religion*, troisième partie, *op. cit.*, p. 141.

Il est alors suffisamment clair que la réconciliation, en tant qu'abrogation (*Aufhebung*) de la scission, ne saurait être donnée d'emblée. Elle constitue la visée vers laquelle la subjectivité finie se tourne lorsqu'elle parvient à la conscience de son manque à être. La théologie augustinienne n'enseigne pas autre chose lorsqu'elle fait de la conscience du néant de la créature le ressort de la conversion et du désir de la grâce. Un commentaire des *Psaumes* l'énonce en ces termes :

> *Cherchant donc mon Dieu dans les choses visibles et corporelles, et ne le trouvant point ; cherchant encore en moi sa substance, comme s'il était de même nature que moi, et ne l'y trouvant pas plus, je sens que mon Dieu est supérieur à mon âme. Donc, afin de l'atteindre : « J'ai médité ces choses et répandu mon âme au-dessus de moi ». Quand mon esprit pourrait-il atteindre ce que l'on doit chercher dans des régions supérieures, s'il ne se répandait au-dessus de lui-même*[1] *?*

C'est encore ce qu'indique le terme grec de *métanoïa* dont use le rédacteur des Actes pour désigner le mouvement par lequel l'âme est appelée « à se convertir à Dieu » (Ac 20, 21), c'est-à-dire à se tourner vers (*épistrépheïn*) ce qui dépasse l'intelligence (*métanoïen*). Bien qu'il ne s'agisse pas d'un vocabulaire dont Hegel fasse explicitement usage, ce sont pourtant bien ces *théosophèmes* qui dans l'élaboration théologique du christianisme ont permis de penser le rapport de la subjectivité finie à l'essence infinie.

Le besoin infini

Simplement et abstraitement, la conscience peut se définir comme une forme dont le contenu est posé à distance d'elle. Hegel la décrit ainsi dans ses *Leçons sur la philosophie de la religion*[2] :

1 Augustin, *Discours sur le psaume 41*, 8, http://www.abbaye-saintbenoit.ch/saints/augustin/psaumes/ps41a50/ps41.htm

2 *Leçons sur la philosophie de la religion*, première partie, *op. cit.*, p. 100.

La conscience, c'est le fait qu'il y ait un objet qui demeure simplement en face de moi déterminé comme un autre, par exemple une montagne, le soleil, le ciel. Dans cette détermination de la conscience, le contenu fuit au-delà et demeure un contenu lointain.

On remarquera, dans cette brève caractérisation, la mention d'objets naturels qui constituent les corrélats de la conscience en son apparition immédiate. C'est sur la base de cette conscience séparée de son objet que s'institue la conscience de soi de l'esprit fini. Le sujet singulier se découvre ainsi dans la relation extérieure à un objet qui n'est pas lui. Cette distinction de la subjectivité et de l'objectivité a pour conséquence ontologique la scission de l'esprit en lui-même et, d'un point de vue phénoménologique — c'est-à-dire au regard des conditions qui régissent la manifestabilité au sein de l'expérience phénoménale — la finitude du sujet.

Comment cette scission est-elle éprouvée par la conscience qui vaut comme un des pôles du rapport absolu de l'esprit à lui-même ? « Au point de vue de la scission », l'esprit est tout d'abord « scindé en lui-même ; cette scission est dans cette mesure le sentiment, la conscience qu'il a de la contradiction, et par là se trouve posé le besoin de supprimer la contradiction, la réconciliation[1] ». Dans son aspiration à supprimer cette contradiction, l'esprit fini présuppose, se faisant, l'unité de la subjectivité et de l'objectivité ou « l'unité divine » comme sa destination finale. C'est pourquoi cette scission de l'unité divine au-dedans d'elle-même est en même temps la « douleur infinie » du fini s'éprouvant en tant que fini, séparé de son essence. Dans cet abîme de soi où se découvre « la pure profondeur de l'âme[2] », le cœur, comme l'exprime Augustin, est « inquiet[3] » jusqu'à ce qu'il repose en Dieu. Dans cette conscience du manque à exister *en* et *pour soi*, la conscience finie pressent que son activité présuppose la totalité qu'elle ne peut, en son « unilatéralité », constituer par elle-même. Aussi « cette séparation a pour résultat le besoin infini[4] ».

Et c'est justement la satisfaction de ce besoin infini, la réconciliation du fini et de l'infini, que promeut la religion chrétienne dans la conscience de « l'unité de la nature divine et humaine » où ces deux extrêmes renoncent à

1 *Ibid.*, p. 138.
2 *Ibid.*, p. 141.
3 *Les Confessions*, *op. cit.*, I, 1, p. 15.
4 *Leçons sur la philosophie de la religion*, première partie, *op. cit.*, p. 138.

« leur abstraction mutuelle[1] ». Cette réconciliation manifeste l'infinité même de l'esprit devenu pour soi. Pour cette raison, cette religion est tout aussi bien « religion de la liberté », de cette liberté qui signifie pour Hegel se trouver dans ce qui n'est pas soi comme auprès de soi-même, « le mouvement de faire disparaître l'aliénation[2] » (*Entfremdung*) où le *Soi* se ressent comme étranger à soi. La liberté a ainsi la même détermination que la vérité mais a en outre cet avantage de laisser se dire la « négation de la différence[3] » et la réconciliation dont elle est porteuse.

Dans la réconciliation de l'homme et de Dieu se nient la différence et l'altérité des termes mis en présence l'un de l'autre. Or, en tant que telle, la réconciliation suppose que le rapport du sujet singulier à l'objet de la religion se déploie sur le fond de leur séparation. Elle « a pour commencement le fait que des termes différenciés sont l'un en face de l'autre ».

Le rapport du sujet fini à l'objet absolu est donc, de prime abord, celui d'une « relation extérieure[4] ». Mais dans la mesure où cet objet est Dieu, c'est-à-dire « l'essence absolue » ou encore la totalité du rapport du fini et de l'infini, le sujet singulier considère dans ce rapport extérieur sa propre aliénation à l'égard du rapport qui le pose. Le sujet fini est coupé de lui-même en tant qu'il se conçoit à distance de sa vérité, vérité qui consiste justement dans son unité avec l'infini. Aussi la conscience de soi en vient elle à se saisir « comme un accident ou un prédicat » de cette essence, c'est-à-dire comme un terme mis à distance de son sujet véritable. Cette conscience s'éprouve alors dans sa finitude radicale et constitutive. Dans cette disposition, la finitude prend la forme d'un sentiment de crainte, d'un « rapport de puissance » à l'égard de cet objet infini. De la sorte, le sujet saisissant le néant de sa propre détermination ressent la douleur de son manque à être.

Mais ce rapport est en même temps l'occasion pour le sujet fini de *re*connaître (*anerkennen*) cet autre absolu comme sa propre essence. Le sujet n'est pas condamné à entretenir un rapport négatif à l'égard de cette puissance. Le sentiment de néant de sa propre détermination est au contraire le symptôme d'une

1 *Ibid.*, p. 140.
2 *Ibid.*, p. 105.
3 *Ibid.*, p. 104.
4 *Ibid.*, p. 92.

position erronée de la conscience de soi. Bien que nécessaire à l'affirmation de son être-là, l'entêtement de la subjectivité dans une existence qu'elle se représente comme auto-fondée n'en est pas moins pathologique. Cette souffrance ne peut être évitée dans la mesure où elle signale la négativité qui s'attache à la position unilatérale de la polarité finie mais, en tant qu'effet de la processualité de l'esprit, cette position est d'ores et déjà abrogée par l'unité divine qui la fonde. Il ne reste dès lors à la subjectivité finie qu'à s'élever à la conscience de son inscription en l'autre. En s'arrachant à la clôture de son rapport monocentré, le sujet éprouve l'amour de Dieu comme « aspiration à la restauration de soi », à la réconciliation d'avec *Soi* (*Selbst*). Phénoménalement, ce moment de réconciliation ou plutôt du désir de réconciliation trouve le terrain de son expression dans le culte. C'est précisément à ce point que viennent à se manifester et à se rencontrer, pour la subjectivité chrétienne, la contradiction de sa position et la résolution de cette contradiction.

Dans la célébration eucharistique, en effet, le sujet fini intuitionne extérieurement un objet qu'il se représente comme autre que lui. Cette intuition et cette représentation consistent en une activité d'éloignement, « de poser au dehors[1] », d'objectivation de la déterminité que la conscience a en elle. Mais dans le même temps, le sujet reconnaît cette détermination inscrite en lui à titre de sentiment et de tendance à faire de cette nature extérieure qui est tout aussi bien la sienne, la chair et le sang d'« un seul corps » (1Co 12, 13) dont il est membre. C'est ce sentiment qui le porte au besoin de la réconciliation d'avec l'unité qu'il présuppose en se posant comme extérieur à elle, réconciliation s'accomplissant précisément dans le culte. Cette contradiction d'une détermination que le sujet a en lui et qui n'est pas lui constitue le principe de la reconnaissance de l'être-auprès-de-soi dans l'autre, de la liberté même. Dans le sentiment douloureux où le sujet est amené à sortir de soi, le fini supprime son immédiateté particulière et s'ouvre en direction de l'universel. Mais cet universel n'est pas la simple substance absorbant et noyant en son sein l'individualité particulière. Il s'agit ici de ce que Hegel nomme l'universel concret compris comme l'identité de termes distingués.

1 *Ibid.*, p. 115.

Dans le culte, l'individu fini fait retour en lui-même, se recueille. Mais ce recueillement suppose justement l'accueil de l'universel dont la subjectivité particulière tire sa substance et en lequel elle communie. Dans le culte et dans la communion autour d'un même contenu, l'homme « plonge dans son objet avec son cœur, son recueillement, son vouloir ; ainsi, à ce sommet du recueillement, il a supprimé la séparation[1] ». La conscience finie s'arrache de ce fait à son immédiateté bornée et se hisse à la « conscience de soi universelle » comme « savoir affirmatif de soi-même dans l'autre Soi[2] ». Au sein de ce « Soi universel » et « objectif », les multiples esprits élevés au-dessus de leur particularité se lient en une communauté fondée dans la médiation de leur identité essentielle. De cette unité spirituelle émerge la substantialité qui lie ensemble les différentes consciences libérées dans le rapport communautaire. Ancrée dans la communauté en laquelle elle se recueille, la conscience de soi tire son effectivité de cette substance universelle.

Cette conscience de soi dans l'autre est finalement « la forme de la conscience de la substance de toute spiritualité essentielle ». Avec cette possibilité pour la subjectivité finie d'affirmer sa liberté sur la base d'une universalité au sein de laquelle elle se trouve dès l'abord déjà inscrite, la communauté religieuse se présente comme le parangon et le fondement de toute substance éthique, « de la famille, de la patrie, de l'État ». C'est cette dimension éthico-politique de la religion qui présidera, nous le verrons, à la sanctification de la communauté éthique et à la valorisation politique de la religion.

Fides quae et *fides qua*

Pour être tout à fait complète, cette présentation de la philosophie de la religion hégélienne se doit de revenir sur la modalité concrète par laquelle la conscience de soi finie vient à se recueillir dans l'universalité spirituelle.

À se rapporter à la simple logique, il semble d'emblée évident que cette réconciliation ne saurait se produire de manière immédiate. En effet, l'immédiateté constitue la détermination même du fini en tant que celui-ci est posé dans sa séparation d'avec l'objectivité universelle. L'immédiat est au contraire appelé à

---

1 *Leçons sur la philosophie de la religion*, troisième partie, *op. cit.*, p. 100.
2 *Philosophie de l'esprit*, *op. cit.*, § 436, p. 232.

être abrogé (*Aufheben*) dans le mouvement où est offert à la conscience finie de dépasser son unilatéralité bornée. Néanmoins, comme nous l'avons constaté, ce dépassement présuppose justement l'extériorité de la conscience et de son objet. Si donc la réconciliation de la conscience avec l'objectivité se présente comme la destination finale que se propose l'esprit dans son mouvement d'autoréalisation, et si cette réconciliation vaut comme la vérité qui libère l'esprit de la finitude en laquelle il s'est échu, alors c'est sous la forme d'un donné extérieur que la vérité doit tout d'abord se montrer à la conscience finie. Parce que l'extériorité de la conscience à son objet constitue le préalable à partir duquel l'esprit se donne l'apparaître, il est nécessaire que la conscience aliénée à cette relation saisisse l'objet de son manque intérieur dans l'horizon de la transcendance extérieure.

Le donné auquel vient se confronter la conscience prend alors la forme d'une doctrine extérieure rencontrant et informant le sentiment intérieur. C'est pourquoi la modalité principale par laquelle s'affirme la conscience religieuse est la foi. Cette foi elle-même, comme nous l'avons noté, présente une double polarité subjective et objective. La foi en laquelle le sujet se trouve intérieurement déterminé (*fides qua*) suppose l'objet sur lequel il se règle (*fides quae*). Aussi le sentiment du fidèle se trouve-t-il intimement lié à l'activité représentative par laquelle la doctrine, comme vérité extérieurement prodiguée, peut lui apparaître. La doctrine s'offre ainsi par et pour la représentation qui est elle-même, en sa forme, la condition de l'extériorité de la conscience à son objet. Du point de vue de son contenu, la doctrine chrétienne appelle le sujet fini à s'intégrer dans l'activité formatrice de la communauté où se produit « l'éternelle répétition de la vie, de la passion et de la résurrection du Christ dans les membres de l'Église[1] ». Il pourrait toutefois sembler paradoxal que la forme même au sein de laquelle la subjectivité intérieure doive être éveillée au sentiment de soi soit précisément celle par laquelle cette subjectivité en vient « à se séparer d'avec elle-même dans elle-même par extériorisation[2] ». C'est pourtant là la condition pour que la conscience s'élève à un contenu véritablement universel.

---

1 *Leçons sur la philosophie de la religion*, troisième partie, *op. cit.*, p. 88.

2 *Philosophie de l'esprit*, *op. cit.*, § 451, p. 246.

Si la conscience finie devait tirer d'elle-même la détermination de son sentiment intérieur, il ne lui resterait que la simple sensation comme organe de la réceptivité du matériau dont ce sentiment est appelé à se nourrir. Mais la sensation, comme le note la section de la *Philosophie de l'esprit* consacrée à l'anthropologie, a pour contenu l'immédiat non développé en sa différence d'avec le sujet, ce qui revient à dire que dans la sensation le sujet n'est pas encore comme tel sujet.

> *La sensation est la forme du sourd tissage de l'esprit dans son individualité sans conscience et sans entendement, dans laquelle toute déterminité est encore immédiate, est posée non développée suivant son contenu comme suivant l'opposition de quelque chose d'objectif au sujet*[1].

En tant que tel, le simple sentir ne peut avoir pour objet l'universel, mais se limite à un contenu immédiat, naturel et fini. Aussi la sensation ne peut constituer le terrain adéquat à la réception de la vérité puisque la vérité suppose l'abrogation (*Aufhebung*) de l'immédiat et le déploiement de l'esprit comme unité médiatisée de l'universel et du particulier, de l'infini et du fini.

La vérité exposée dans la religion exige, par conséquent, que le sujet fini se purifie de son immédiateté particulière et fasse l'expérience d'une universalité substantielle concrète. La subjectivité finie est alors prise dans un rapport où « l'universel est, et j'ai seulement en lui ma subsistance, je suis un moment de lui ; je ne puis me poser que comme renonçant à moi[2] ». Autrement dit la considération de la vérité telle qu'elle apparaît dans la communauté présuppose justement cette communauté comme substance au sein de laquelle la conscience doit trouver à s'intégrer. « La naissance de la communauté est l'engendrement du contenu pour la communauté, pour la conscience de soi subjective[3] ». Le contenu doctrinal auquel la conscience de soi finie donne son assentiment (*assensus*) est donc l'objet auprès duquel elle se découvre comme en elle-même dans l'adhésion de la foi (*fiducia*).

---

1 *Ibid.*, *op. cit.*, § 400, p. 195.
2 *Leçons sur la philosophie de la religion*, première partie, *op. cit.*, p. 197.
3 *Leçons sur la philosophie de la religion*, troisième partie, *op. cit.*, p. 151.

De ce point de vue, il peut être possible d'envisager la foi tout autant comme un mouvement du subjectif vers l'objectif que comme le surgissement d'un contenu objectif allant au-devant de la subjectivité. La médiation par laquelle le sujet s'élève au sentiment de la réconciliation est une médiation au-dedans de lui-même, médiation où il s'arrache à sa particularité bornée et se pose dans l'unité substantielle de la communauté. La foi, comme une telle médiation, présuppose donc l'accomplissement de la réconciliation dans la communauté. « Le Règne de Dieu est parmi vous », proclame le Médiateur (Lc 17, 21). La foi permet donc de mettre en rapport le sujet particulier avec la substance universelle d'où il reçoit en retour le sentiment de son unité avec l'esprit de la communauté. « C'est seulement au moyen de cette foi selon laquelle la réconciliation est accomplie en et pour soi et de façon certaine que le sujet est capable et à même de se poser soi-même dans cette unité[1]. » Parce qu'il est question de médiation, aucun des termes en rapport ne peut prétendre avoir d'effectivité en dehors de sa relation à l'autre. Le sujet existe comme subjectivité croyante parce qu'il se recueille dans le sein de la communauté qui l'ordonne à la réception du contenu doctrinal. Mais la communauté reçoit de la foi du croyant la forme de la totalité substantielle qui lui offre d'exister comme esprit vivant.

Hegel le rappelle dès le début de la préface qu'il consacre à l'ouvrage de son disciple Hinrichs, *La Religion dans son rapport interne à la science :*

> *Sous le terme de foi, je ne comprends en effet pas — ni la simple conviction subjective laquelle se borne à la forme de la certitude et laisse encore indéterminé le fait de savoir si cette conviction a un contenu et ce qu'il est, ni d'un autre côté seulement le credo, la profession de foi de l'Église laquelle, prononcée ou écrite, peut être reprise par la parole, la représentation et la mémoire, sans que le contenu en ait été percé, ni n'ait été identifié à la certitude que l'homme a de lui-même, à la conscience que l'homme a de soi. Sous le terme de foi, je range, selon son ancien et véritable sens, le premier moment autant que le second et j'y pose que tous deux sont unis dans une unité différenciée[2].*

1 *Ibid.*, p. 246.
2 G. W. F. Hegel, *Écrits sur la religion* (1822-1829), Vrin, Paris, 2000, p. 66.

Laisser la foi à elle-même serait se satisfaire d'une conviction simplement subjective et indéterminée. Mais faire de la foi un simple credo subjectif, ossifié en doctrine, ne saurait permettre à la conscience de trouver la certitude d'elle-même en cet objet. C'est pourquoi ces deux moments sont aussi essentiels l'un que l'autre et ne doivent pas être séparés. Seule la « représentation rationnelle » peut apporter à la subjectivité finie une « satisfaction vraie », c'est-à-dire conforme au vrai. Et la raison n'est pas autre chose que cette communication médiatisée et réciproque du sujet et de l'objet, de l'intérieur et de l'extérieur, du particulier et de l'universel. Le sujet particulier doit en cela se trouver *Soi*-même dans la communauté et la communauté permettre l'épanouissement de la vérité dans la subjectivité. Il revient donc à la communauté d'informer la subjectivité et découvrir à cette dernière le sens de l'universalité véritable.

La force du sentiment

Comment dès lors articuler la forme du sentiment et le contenu rationnel qui prend sa source dans la médiation fiduciaire ? Le sentiment constitue l'être-auprès-de-soi de l'esprit fini et, par là même, le lieu le plus intime de la subjectivité. C'est donc précisément en ce lieu que doit s'accomplir l'élévation et la réconciliation du sujet fini et de l'esprit absolu. Mais rien n'est plus étranger néanmoins à la compréhension hégélienne de la foi qu'une théologie du sentiment (*Gefühl*) valant immédiatement et purement comme indice de la vérité. De ce point de vue, Hegel s'en prend tout particulièrement à Schleiermacher qui dès son *Discours sur la religion*[1] de 1799 voyait cette dernière sortir « des plus intimes profondeurs d'où jaillit la voix qui est son premier appel à l'âme[2] » et en appelait à la « passivité de l'enfant[3] » comme à la condition de la contemplation intuitive et du sentiment de l'infini. Dans la préface au livre de Hinrichs déjà évoqué, Hegel relève comme un « préjugé universel » de son temps « l'opinion selon laquelle le sentiment est la forme véritable et même unique dans laquelle la religiosité conserve son authenticité ». Le danger d'un tel appel au sentiment

---

1 Schleiermacher, *Discours sur la religion à ceux de ses contemporains qui sont des esprits cultivés*, Aubier, Paris, 1944.

2 *Ibid.*, p. 130.

3 *Ibid.*, p. 151.

comme fondement unique de la religiosité tient, comme nous aurons l'occasion d'y revenir plus amplement, à son indétermination constitutive. « Le sentiment pour soi est la subjectivité naturelle, aussi capable d'être bonne que mauvaise, pieuse qu'impie[1] ». Le risque alors est de voir se dissoudre tout contenu objectif devant cette forme inférieure où le fanatisme plonge ses racines, à la manière des exaltés qui, à la suite de Thomas Müntzer, entendaient étancher la « soif de la parole de Dieu » en brisant toutes médiations institutionnelles, ecclésiastiques et politiques, établies entre la volonté naturelle du peuple désormais libéré de toute autorité et la divinité suprême. Et si le sentiment échappe à l'enthousiasme fanatique (*Schwärmerei*) d'une licence autodestructrice, il ne lui reste alors comme détermination à l'égard de la puissance divine que le « sentiment de sa dépendance » dans laquelle le pasteur berlinois veut voir le fin mot de la foi. Hegel raille avec une ironie mordante cette destination du piétisme sentimental lorsqu'il remarque que « le chien serait ainsi le meilleur chrétien, car il le porte au plus en lui et vit surtout dans ce sentiment[2] ». C'est pourquoi cette identité de l'esprit en lui-même qu'est le sentiment doit être ouverte en direction de l'être-autre où la conscience pourra appréhender son essence véritable. C'est la raison pour laquelle aussi le sentiment religieux ne peut d'emblée se donner comme intuition de l'*unio mystica* mais bien plutôt comme le sentiment du manque dont souffre la finitude en son esseulement immédiat. Ce sentiment de souffrance fait ainsi place au besoin de réconciliation. Mais pour s'ouvrir à la conscience de sa destination universelle le sentiment ne doit pas demeurer livré à lui-même. En tant que tel, « le sentiment est la forme qui inclut en soi la subjectivité particulière, l'homme et le vouloir naturels[3] », forme inadéquate à l'appréhension d'un contenu rationnel. Aussi faut-il conduire le sentiment à l'expurgation de la contingence et de la particularité de ses déterminations immédiates.

Le sentiment est donc susceptible de recevoir une appréciation double et apparemment contradictoire. D'une part, il est une forme inadéquate pour la présentation de la vérité universelle. Avec le sentiment, c'est toute la particularité contingente du sujet qui vient au jour. Or l'universel est l'objet de la pensée. « La rationalité effective du cœur et de la volonté ne peuvent avoir lieu que dans

1 *Écrits sur la religion*, *op. cit.*, p. 75.
2 *Ibid.*, p. 76.
3 *Leçons sur la philosophie de la religion*, troisième partie, *op. cit.*, p. 86.

l'universalité de l'intelligence, non pas dans la singularité du sentiment en tant que tel[1] ». C'est par la pensée seulement que l'homme témoigne de sa rationalité et de sa différence d'avec l'animal à l'aune duquel le sentiment le ravale au contraire. Il existe d'ailleurs une ambiguïté de la relation de la raison au sentiment. En dépit de son infériorité de nature, le sentiment peut recevoir pour contenu les « déterminations supérieures » à partir desquelles s'édifie le royaume de l'intelligence. Mais en se transportant sur ce terrain de la subjectivité immédiate et particulière, ces déterminations pâtissent de la forme même du sentiment et perdent ainsi leurs qualités proprement spirituelles, c'est-à-dire médiatisées. « Le sentiment n'est qu'une forme pour ce contenu, qui appartient à un terrain tout différent[2] ». Dans la mesure où la pensée comme forme universelle nécessite l'abrogation (*Aufhebung*) de la particularité, la manière dont le contenu « est dans le sentiment est une manière d'être inadéquate ». Hegel ne peut l'énoncer plus explicitement que lorsqu'il affirme lui-même : « La détermination fondamentale du sentiment est particularité, c'est la particularité de ma subjectivité[3]. » C'est cette qualité idiosyncrasique du sentiment qui le rend impuissant à exprimer la vérité absolument universelle dont est porteuse la religion.

Mais d'autre part, justement parce qu'il constitue la dimension la plus intérieure de l'homme, le sentiment vaut comme ce sanctuaire intime où doit venir se déposer la vérité pour pénétrer et informer véritablement la subjectivité. Au travers du sentiment, le sujet finit par s'identifier entièrement aux déterminations qu'il accueille. « Ce qu'un homme a dans le cœur appartient à l'être de sa personnalité, à son être le plus intérieur[4]. » C'est à ce point que la faiblesse du sentiment révèle son intérêt majeur. Précisément du fait de son indétermination constitutive, « le sentiment est une forme pour tout contenu possible[5] » et, à plus forte raison comme nous l'avons vu, pour le contenu rationnel lui-même. Dans la mesure où l'esprit subjectif contient le sentiment à titre de moment, ce sentiment peut se voir déterminé par ce qui le dépasse, par la pensée elle-même. Si donc le sentiment ne peut constituer en et par lui-même le point de départ

1 *Philosophie de l'esprit*, *op. cit.*,§ 471, Rem., p. 269.
2 *Leçons sur la philosophie de la religion*, première partie, *op. cit.*, p. 168.
3 *Ibid.*, p. 273.
4 *Ibid.*, p. 270.
5 *Ibid.*, p. 166.

de la révélation de la vérité, il ne saurait pour autant être question de l'écarter au profit d'un rationalisme purement abstrait et formel. Certes, cette révélation est l'œuvre de la raison, son activité propre ou son *ergon*, qui accouche d'un rapport véritablement universel où se réalise l'unité différenciée des extrêmes fini et infini. Mais dans la mesure où la foi, dans sa dimension communautaire, c'est-à-dire comme *fides quae*, présuppose la réconciliation accomplie et donc la rationalité du rapport absolu — l'avènement du Royaume de Dieu parmi les hommes — alors le sentiment, formé à l'universalité rationnelle de ce rapport, peut, en tant que *fides qua*, conduire le sujet singulier à se trouver auprès de *Soi* dans la substance spirituelle de la communauté.

L'essentiel consiste donc à ne pas faire du sentiment le critère ou le principe légitimant du vrai, puisqu'en cela la particularité subjective prétend à un droit illimité et destructeur de l'objectivité substantielle. « Si le sentiment est le principe légitimant, la différence entre le bien et le mal tombe » et avec elle toute possibilité d'une détermination éthique universelle. C'est là le fondement du fanatisme religieux aussi bien que politique sur lequel nous aurons à revenir.

En feignant toutefois d'ignorer tout à fait ce sentiment ou en refusant d'y reconnaître un moment nécessaire du mouvement de l'esprit en direction du vrai — comme y conduit la distinction kantienne de la double nature, sensible et intelligible, de l'homme — on s'expose à couper le sujet de lui-même et lui ôter la possibilité de revenir de l'aliénation à laquelle sa naturalité immédiate le voue. Laisser le sentiment subsister à côté d'une pensée indifférente revient à produire une scission au sein de la subjectivité qui poserait en celle-ci une opposition abstraite et irrésolue. C'est pourquoi l'esprit doit bien plutôt s'approprier le sentiment pour le purifier et le délivrer de son ancrage naturel. L'esprit est même défini par Hegel comme ce qui « est dégagé du sentiment, qui combat le sentiment, le purifie et le détermine[1] ». C'est en conduisant le sentiment à cette purification de son contenu contingent que le sujet fini peut atteindre au renoncement de sa particularité et ainsi s'ouvrir au sens du *Soi* infini. Une telle purification consistant en l'éducation à l'objectivité de la conscience finie nécessite que le sentiment soit guidé par l'enseignement et la doctrine extérieure. Ici encore se devine l'importance fondamentale de la communauté comme

1 *Leçons sur la philosophie de la religion*, troisième partie, *op. cit.*, p. 86.

milieu où la subjectivité particulière rentre en contact avec la vérité révélée dans l'annonce chrétienne. Hegel insiste particulièrement et à plusieurs reprises sur le poids d'objectivité qui doit lester la subjectivité trop facilement encline aux débordements de l'enthousiasme de la piété immédiate. La doctrine est en cela incontournable dans la mesure où elle offre au sentiment de se former au contact de la représentation objective qui le soustrait « à l'arbitraire et à la contingence de l'examen » purement subjectif.

La conclusion s'impose d'elle-même : le sentiment doit procéder de la doctrine de la vérité et non l'inverse. Ainsi est-il nécessaire que la vérité se présente à la subjectivité « comme une *loi objective* et cette loi objective vaut ainsi comme *ce qui est premier*, cela seul conférant au sentiment sa position et sa direction véritable[1] ». En tant qu'elle suppose d'emblée l'établissement d'un rapport du sujet à l'objet, la vérité ne peut par conséquent être offerte, en premier lieu, que dans la distance ouverte par la représentation et à la mémoire. Mais cette représentation objective doit, pour prétendre à l'effectivité concrète qui caractérise toute manifestation essentielle, pénétrer l'intériorité du sujet appelé à s'y reconnaître. Ce sera la tâche de la communauté ecclésiale dans sa vocation pédagogique et catéchétique que de disposer ainsi la subjectivité à l'appréhension du vrai. L'Église, néanmoins, ne peut avoir pour seule fin de délivrer une doctrine passivement enregistrée par la conscience. Son rôle est moins dogmatique que phénoménologique. Il s'agit d'éveiller dans la conscience le sentiment de l'union intime avec la communauté recueillie autour d'un même contenu. Autrement dit, l'Église doit veiller à l'aménagement d'un rapport appropriant l'un à l'autre la subjectivité finie et l'objectivité communautaire dont elle tire sa substance.

> *L'activité de l'Église consistera surtout dans l'éducation de l'homme, dans la tâche visant à ce que la vérité, qui ne peut qu'être d'abord donnée à la représentation et à la mémoire, prospère en vue d'une intériorité, à ce que les sentiments en soient imprégnés et traversés et que la conscience de soi ne trouve elle-même sa consistance essentielle que dans cette vérité*[2].

---

1 *Écrits sur la religion*, *op. cit.*, p. 75.

2 *Ibid.*, p. 66.

C'est la force de la communauté religieuse que de produire et tisser ensemble ces deux résultats : la présentation objective de la vérité qui n'existe que dans son mouvement d'apparaître et la formation de la subjectivité en vue de son accueil. Alors seulement le sentiment peut être reconnu comme un « véritable sentiment religieux, moral[1] ».

Dans la compréhension hégélienne de la religion chrétienne comme religion absolue, au point d'intersection de l'apparaître phénoménologique et du mouvement spéculatif, nous voyons donc le sentiment ouvrir l'espace où s'institue un rapport substantiel qui permet à la subjectivité finie de s'élever à l'esprit universel de la communauté. Le sentiment se découvre ainsi comme la modalité essentielle qui appelle la subjectivité particulière à participer, en sa plus extrême intériorité, au processus de révélation de l'esprit. Mais ce sentiment doit être éduqué, formé à l'accueil d'un *Soi* universel. Cette éducation suppose l'œuvre de la culture (*Bildung*) et un façonnement intérieur grâce auquel le sujet, se dessaisissant de sa simple subjectivité immédiate, libère l'objectivité en laquelle il peut se reconnaître.

L'Idée, comme vérité absolue, doit apparaître objectivement pour atteindre son effectivité concrète. En tant qu'unité différenciée devenue pour soi, l'Idée implique le décèlement de la subjectivité et de son contenu immédiat. « À l'intérieur du sujet, cette libération est le dur travail à l'encontre de la simple subjectivité de la conduite, de l'immédiateté du désir, ainsi que de la vanité subjective du sentiment et de l'arbitraire du bon plaisir[2]. » Sans cette éducation, l'Idée ne saurait se produire dans l'effectivité puisque lui ferait justement défaut le moment de son apparaître objectif. « C'est par ce travail de la culture que la volonté subjective acquiert elle-même au-dedans de soi l'objectivité en laquelle seule elle est, pour sa part, digne et capable d'être l'effectivité de l'idée. »

Rivée à sa particularité, la subjectivité est impuissante à se reconnaître dans l'autre, c'est-à-dire à s'élever à la conscience universelle du rapport en lequel s'effectue la manifestation de l'esprit. Il est donc nécessaire que le sujet renonce

---

1 *Ibid.*, p. 76.

2 *Principes de la philosophie du droit*, *op. cit.*, § 187 Rem., p. 284.

à sa particularité bornée pour se déterminer à l'universel. La subjectivité particulière doit se « reconnaître comme quelque chose d'objectif » en se destinant à l'universalité et par là en niant sa propre particularité[1].

Par cette intégration formatrice de la subjectivité au sein de l'universel, le sujet cesse de faire face à un contenu étranger. Le sujet est lui-même ce contenu et, partant, ce contenu est le sien. Alors il se sait être-pour-soi libre dans l'objet.

Dans cette formation, l'objet sur lequel est appelé à se porter le vouloir subjectif lui est nécessairement adéquat dans la mesure où tous deux, sujet et objet, communiquent au sein d'une même forme universelle.

> *Ce que la formation construit, c'est en somme le formel de l'universel. L'homme formé est celui qui sait imprimer le sceau de l'universalité à tout ce qu'il fait, dit et pense, celui qui a renoncé à sa particularité et agit selon des principes universel*[2].

Un tel agir déterminé à l'universalité est un agir dont la naturalité des inclinations et la particularité des désirs sont inhibées et contrecarrées par l'organe même de l'universel, la pensée. « La formation est donc l'activité de l'universel, elle est la forme de la pensée. La formation introduit donc en tout la pensée, l'universel. »

Que le sentiment détienne une importance stratégique dans l'épanouissement de l'esprit ne signifie donc pas pour autant que Hegel sacrifie à cette piété sentimentale qu'il croit découvrir chez des auteurs comme Schleiermacher. Le sentiment vaut en tant que racine de la subjectivité mais à la condition que cette dernière soit déjà élevée au-dessus de l'immédiateté à laquelle la cantonne un sentiment laissé à lui-même. Un sujet qui sait donner à son action le sens de l'universel peut recueillir ce sens au travers d'un sentiment qui le dispose à rencontrer au-dedans de soi la détermination rationnelle qu'il a libérée dans l'objectivité extérieure. C'est bien là ce qui se produit dans le cadre cultuel de la communauté chrétienne. La subjectivité, formée à la doctrine spéculative de la relation infinie, accueille en son intériorité intime ce contenu dont la forme universelle permet à cette subjectivité de s'apparaître comme moment d'une totalité substantielle advenant pour soi à travers la conscience de ses membres.

1 *Leçons sur la philosophie de la religion*, première partie, *op. cit.*, p. 193.
2 *La Philosophie de l'histoire, op. cit.*, p. 143.

La religion manifeste est en cela une religion où l'homme se destine à la rationalité et à la liberté. En ce sens, la religion chrétienne participe et tout aussi bien présuppose l'édification d'un monde de culture en lequel le devenir rationnel de l'homme puisse s'accomplir. « Ce que l'homme est d'abord immédiatement, ce n'est que sa possibilité d'être rationnel et libre, ce n'est que sa destination, son devoir-être. C'est seulement par discipline, éducation et formation culturelle qu'il devient ce qu'il doit être, le rationnel[1]. » Dans la mesure où seule la culture donne à l'homme l'accès à l'universel et donc à la pensée, l'homme ne peut ni ne doit demeurer en son être naturel. « L'esprit naturel est essentiellement ce qu'il ne doit pas être ni demeurer[2]. » Évoquer un esprit naturel semble même une contradiction dans les termes puisque l'esprit n'est autre que le processus au travers duquel la nature est idéalisée, processus où l'esprit se découvre auprès de lui-même dans l'objectivité. L'esprit n'est que pour l'esprit. Autrement dit, l'esprit ne peut aller à la rencontre de lui-même qu'au sein d'un monde lui-même spirituel, d'un monde où l'esprit se donne à saisir à même l'objectivité extérieure. Cette extériorité n'est plus alors celle de la nature immédiate. L'esprit doit se confronter et se conquérir sur le terrain d'une nature qui est sa propre nature, une seconde nature proprement spirituelle et qui constitue le lieu de son affirmation véritable et de la liberté concrète.

1 *La Philosophie de l'histoire*, *op. cit.*, p. 134.
2 *Leçons sur la philosophie de la religion*, troisième partie, *op. cit.*, p. 32.

CHAPITRE 3

LE SACREMENT DE L'EFFECTIVITÉ

La philosophie de la religion, qui pour Hegel atteint son accomplissement dans le christianisme, est phénoménologiquement porteuse d'une théologie esquissant les contours d'une anthropologie. L'absolu, dans l'espace ménagé par l'extension de sa différence, donne site à la finité comme l'autre qu'il appelle au dépassement de sa limite particulière. La conscience de soi s'y déploie en tant que souffrance et besoin de s'unir à l'objet auprès duquel elle se veut *Soi*-même. Ce vouloir-soi dans l'autre, cette aspiration à abroger l'aliénation qui la pose comme telle, qualifie la subjectivité finie dans les termes d'une tendance à aborder l'objectivité comme lieu où elle se trouve. Cette tendance suppose le décèlement et l'extériorisation de l'esprit simplement subjectif. Dans cette extériorisation, l'esprit franchit, et par là même pose, une limite au-delà de laquelle s'ouvre le terrain objectif où confronter sa propre puissance finie. Le surgissement d'un monde à la (re)connaissance duquel la conscience peut se vouer suppose l'extranéation (*Entfremdung*) qui, comme un choc en retour, oppose au sujet la résistance d'une objectivité dont le sens universel reste à conquérir. C'est par le procès de la culture que la subjectivité dépouillée de sa particularité sera apprêtée à cette universalité spirituelle.

Mais l'universalité dont il est question n'est pas simple objet de pensée. La subjectivité ne peut se contenter d'avoir l'universel pour objet, ce qui aurait seulement pour effet de maintenir la division du sujet et de l'objet. Elle doit se réaliser elle-même comme objectivité universelle se sachant. Pour cela, le sujet est non seulement appelé à se connaître, mais encore se vouloir lui-même dans l'objet, comme objet. L'homme, la subjectivité finie, reconnaît Hegel, « est en premier lieu homme voulant, car la volonté comme telle est le fait de décider — ce par quoi l'homme en tant qu'individu est constitué à l'encontre d'autre chose, offre de la résistance, se sépare[1] ». C'est dire que l'homme est fondamentalement volonté, volonté s'objectivant en un monde extérieur. L'homme agit suivant des fins qu'il se donne et c'est par cette résolution pratique que son être devient objet de sa propre détermination. La volonté est principe d'individuation. Par cette dimension pratique, l'esprit s'ouvrant à la relation d'extériorité à l'égard de lui-même acquiert véritablement son effectivité. À ce niveau se joue donc l'affirmation de la liberté véritable de l'esprit pour lequel le monde est *son* monde.

Le sens de la liberté

La subjectivité finie existe concrètement dans la mesure où elle se trouve posée comme activité négatrice à l'égard de l'objet. Ceci advient seulement pour autant que l'Idée se donne son être-là par et dans la volonté.

> *L'Idée apparaît ainsi seulement dans la volonté qui est une volonté finie, mais qui est l'activité de développer celle-là et de poser son contenu se déployant, comme un être-là qui, en qu'être-là de l'Idée, est l'effectivité, — tel est l'esprit objectif*[2].

Cet « apparaître extérieur[3] » de l'Idée absolue, l'esprit objectif, constitue le terrain fondamental où le sujet fini peut faire l'expérience d'une connexion spatio-temporelle en laquelle s'ouvre le champ véritable de son inscription et de son agir. À partir de ce point l'insistance de Hegel quant à l'invention chrétienne du principe de la liberté devient plus compréhensible.

1 *Leçons sur la philosophie de la religion*, troisième partie, *op. cit.*, p. 32.
2 *Philosophie de l'esprit*, *op. cit.*, § 482, p. 278.
3 *Philosophie de l'esprit*, *op. cit.*, § 483, p. 281.

L'homme nouveau

La transition de l'Antiquité au monde moderne se joue essentiellement, selon une affirmation répétée de Hegel, dans l'assomption de la liberté subjective comme d'un moment nécessaire à la révélation de la vérité absolue. Si la religion chrétienne se présente en effet comme la religion accomplie, c'est avant tout dans la mesure où le fini y reçoit le sens d'un moment essentiel de l'auto-exposition de l'esprit infini et divin. La volonté finie est l'apparaître même de l'Idée, la négativité à partir de laquelle son unité simple se trouve scindée et parvient ainsi à l'effectivité. La subjectivité finie se voit de cette manière justifiée spéculativement dans l'économie de la manifestation théophanique. En cela, l'annonce évangélique donne son droit à la subjectivité et échappe à l'abstraction qui affectait encore les religions grecque et judaïque. « Dans son infinité, ce droit a été énoncé dans le christianisme et il a été fait principe effectif universel d'une nouvelle forme du monde[1] ». Le fini, qui dans le judaïsme valait comme un moment sans réalité face à l'universalité abstraite de l'Un exclusif, se découvre reconnu et assumé dans l'amour du Dieu se déterminant à la particularité. L'Incarnation est l'épreuve du négatif à laquelle le principe divin se résout pour s'accomplir comme esprit sans bornes.

Deux conséquences fondamentales vont découler de cette scission interne à l'Idée venant au paraître extérieur. Désormais, « l'individu *comme tel* a une valeur infinie[2] ». La subjectivité particulière et finie est appelée, en tant qu'« objet et but de l'amour de Dieu », à voir l'esprit divin habiter en elle. Dans ce rapport absolu à l'esprit absolu, « l'homme est destiné en soi à la plus haute liberté ». Le sens même de l'existence humaine n'est autre que cette liberté comme être-auprès-de-soi dans son autre. Mais, parce que l'Idée contient la différence du sujet et de l'objet, l'homme qui « sait le rapport à l'esprit absolu comme son essence » découvre, en outre, cette essence « comme entrant dans la sphère de l'existence mondaine ». L'essence divine ne se cantonne par à l'intériorité subjective du sujet humain mais apparaît concrètement « dans la présence », au sein de l'effectivité extérieure à laquelle l'homme se rapporte et se trouve attaché. Les rapports substantiels où vient à s'inscrire la subjectivité finie, « comme la substance de

1 *Principes de la philosophie du droit*, *op. cit.*, § 124 Rem., p. 221.
2 *Philosophie de l'esprit*, *op. cit.*, § 482 Rem., p. 279.

l'État, de la famille... », portent eux-mêmes le sens d'une libre détermination de l'esprit universel et sont le lieu de l'accomplissement de la liberté effective. La sphère de l'existence mondaine est l'être-là de la manifestation divine. La substance de ces sphères mondaines est elle-même l'être manifesté de la bonté et de la sagesse divine où règne une juste providence. Ce n'est donc pas en se coupant de l'objectivité des rapports extérieurs que la subjectivité humaine peut espérer rencontrer l'esprit divin. Ce dernier, dans la mesure où il possède l'existence mondaine, attend tout au contraire de la subjectivité qu'elle trouve sa satisfaction dans la substantialité extérieure. Plus encore, ces rapports constituent la substance même de la subjectivité. Ils sont l'œuvre où son esprit immanent se dépose. Il règne, par conséquent, un accord fondamental entre l'individu et son monde, l'un et l'autre se renvoyant le reflet de leur sens propre.

> *Ces rapports-ci sont élaborés par cet esprit-là et constitués en conformité avec lui, tout autant que la disposition intérieure de la vie éthique devient, grâce à une telle existence, immanente à l'individu singulier, et que lui-même est alors, dans cette sphère de l'existence particulier, du sentiment et vouloir présent, effectivement libre.*

En tant qu'identité différenciée du subjectif et de l'objectif, l'Idée constitue ainsi la structure dynamique de l'existence humaine, son effectivité réelle. L'idéalisme rationnel que manifeste l'actualité du monde humain a le sens d'un réalisme ontologique. L'Idée que portent les hommes dans leur rapport à la réalité mondaine est « non pas l'Idée qu'ils en *ont*, mais celle qu'ils *sont* ». Dans cette sphère de l'esprit objectif, l'Idée apparaît comme l'essence même des rapports en lesquels le sujet fini vient à l'existence.

Mais cet accord, fondé sur la différence des deux pôles objectif et subjectif, doit en même temps être conquis. La liberté comme réconciliation de l'esprit fini avec l'objectivité extérieure suppose l'ouverture de la subjectivité en direction de la substance mondaine. Il faut que le sujet se résolve et se détermine en vue de l'objectivité afin de s'y trouver comme soi. Autrement dit, le sujet fini doit tendre à la réalisation extérieure de son vouloir. La finalité de celui-ci ne peut néanmoins se borner à l'affirmation immédiate des tendances, sans respect pour le donné présent qu'il nierait purement et simplement. C'est à sa propre essence que le sujet s'unit dans le rapport à l'effectivité extérieure. En limitant son vouloir à la forme immédiate du caprice et de l'arbitraire subjectif, le vouloir particulier efface, bien plutôt qu'il ne reconnaît, l'objectivité, dont la réalité articulée dans sa différence d'avec la subjectivité, manifeste la vérité de l'esprit infini. Il est par conséquent nécessaire que le vouloir subjectif trouve son contenu à même la substantialité extérieure. Mais cette substantialité ne peut elle-même s'affirmer dans son unilatéralité immédiate, étouffant extérieurement la subjectivité. Au contraire, c'est son propre vouloir hissé à la puissance de l'universel que le sujet doit pouvoir contempler dans l'objectivité substantielle. Cette substance est le contenu même de la volonté élaborée par et pour elle-même. Toutefois, pour que soit rendue possible la réconciliation du vouloir intérieur et de la volonté universelle, encore faut-il que le premier se soit apprêté et développé à la mesure de la seconde. Le vouloir subjectif doit cesser de s'affirmer à l'encontre de l'effectivité. Il s'agit pour lui de se vouloir comme vouloir universel objectivé à même l'extériorité mondaine et non plus simplement comme égoïsme particulier. C'est donc à la reconnaissance de son *Soi* universel que se destine la subjectivité qui a part à la manifestation de l'effectivité rationnelle.

Comment appréhender la nature de cette volonté qui constitue le levier à partir duquel se dresse un monde donnant présence à l'esprit divin ? Tout l'enjeu de cette question tient dans l'articulation de trois difficultés principielles de la phénoménologie théologico-politique mise en jeu dans la philosophie de l'esprit hégélienne. Premièrement, quel statut accorder au vouloir particulier dans son rapport à l'objectivité extérieure ? Ce vouloir subjectif qui donne à l'individu sa réalité positive a-t-il une valeur en soi-même ou doit-il seulement être considéré comme un moyen au service de l'affirmation de la totalité spirituelle qui se le soumet comme un instrument docile ? De là découle une seconde interrogation directement liée à la précédente mais permettant de souligner l'enjeu politique de cette détermination du vouloir. Comment entendre la liberté du sujet particulier dans la mesure où sa propre position présuppose l'objectivité universelle à laquelle il lui faut s'accorder ? Le terme de liberté ne masque-t-il pas l'aliénation à laquelle le sujet se doit de consentir pour pouvoir prétendre à l'existence mondaine ? Finalement, sur le terrain plus proprement théologique, se décidera si la liberté du vouloir se fonde en elle-même ou si, contre ce qui s'apparente à un pélagianisme moderne, la volonté humaine doit être d'emblée considérée comme ne devant pas être ce qu'elle est. C'est la doctrine de la faute originelle telle que la dogmatique chrétienne l'hérite de la théologie augustinienne qui semble ici indiquer la voie du questionnement : comment justifier l'impuissance de l'homme à se déterminer naturellement au vrai et au bien sans considérer que la condition même qui l'établit comme sujet doué de volonté le tient à distance de l'essence divine ?

La nature de la volonté

Dans la mesure où la volonté vaut comme un moment nécessaire de la production de l'esprit infini, il pourrait être tentant de regarder les impulsions naturelles de l'homme, intérieures à cette volonté, comme nécessaires et légitimes en elles-mêmes. C'est le constat que dresse Hegel : « en tant qu'*immanentes*, et de ce fait en tant que *positives*, les déterminations de la volonté immédiate sont *bonnes ; l'homme* est ainsi nommé *bon par nature* ». C'est pourtant cette naturalité de la volonté immédiate qui fait d'elle une réalité à laquelle il est impossible de s'arrêter.

La liberté constitue l'essence même de l'esprit. En tant que tel, l'esprit n'existe que pour autant qu'il s'arrache à la nature dont il provient. L'esprit se fonde seulement dans le dépassement et l'arrachement à cette naturalité. La nature est la négation et le présupposé à partir desquelles l'esprit conquiert sa liberté et sa vérité propre. L'être immédiat, comme apprend à le considérer la *Logique*, est « bien plutôt la négation, l'être-posé, l'être-médiatisé en général et l'être-présupposé[1] » de ce qui se fonde en lui. Si donc la nature constitue le point de départ nécessaire de l'esprit, ce n'est que dans sa négation que l'esprit trouve à se fonder en elle. C'est pourquoi, « dans la mesure où elles sont des déterminations de la nature », les impulsions « sont ainsi à l'opposé de la liberté et du concept de l'esprit en général ». La conclusion s'impose : parce qu'« elles sont le négatif, elles sont à extirper ; l'homme est ainsi mauvais par nature[2] ».

En elle-même, la nature n'est pas pour autant condamnable. L'exclamation qui ponctue chaque étape de la création au premier chapitre de la *Genèse* l'atteste. Celui qui « a fondé la terre sur ses bases » (Ps 104, 5), qui « prête une existence au

1 *La Science de la logique*, *op. cit.*, § 238, p. 460.
2 *Principes de la philosophie du droit*, *op. cit.*, § 18, p. 131.

moment de son paraître dans lui-même », jouit de la contemplation de sa propre puissance dans l'œuvre de la création. La nature immédiate est l'apparition à partir de laquelle Dieu se manifeste. Mais c'est en tant qu'elle se rapporte à cette essence divine que la nature est apparition et non simple apparence, phénomène (*Erscheinung*) qui n'a pas son être en lui-même mais en cet Autre dont il constitue l'*épiphanie*. C'est à la condition expresse de ne pas se séparer de l'essence qui s'y manifeste, que l'apparition reçoit d'elle « la joie de l'être-là[1] ». En se différenciant en soi-même, Dieu laisse surgir une nature finie. Cette finitisation est essentielle à la détermination du divin se manifestant. L'acosmisme, parfois reproché à Hegel, est en tout point contraire à la visée hégélienne qui consiste, au contraire, à ancrer la divinité suprasensible dans un rapport nécessaire à la nature. Un beau passage des *Leçons sur la philosophie de la religion* montre le lien indissoluble qui se tisse entre nature et Dieu :

> *Le fini est donc un moment essentiel de l'infini, dans la nature de Dieu ; et on peut dire ainsi que c'est Dieu lui-même qui se finitise, qui pose en lui-même des déterminations. Dieu crée un monde, c'est-à-dire : il veut un monde, il pense un monde ; Dieu détermine, et hors de lui il n'y a rien à déterminer ; cela veut dire qu'il se détermine lui-même en se pensant, et il crée un monde, il se pose en face de lui un autre ; il y a là lui et un monde, ils sont deux. Retenu dans ce rapport, il est lui-même le fini face à du fini ; mais ce qui est véritable, c'est que le monde n'est qu'une apparition, se possède lui-même en lui. Sans le moment de la finitude, il n'y a pas de vie, pas de subjectivité, pas de Dieu vivant. Dieu crée, est actif : cela implique la différenciation, et avec celle-ci est posé le moment de la finitude*[2].

1 *La Science de la logique*, § 131, p. 564.
2 *Leçons sur la philosophie de la religion*, première partie, *op. cit.*, p. 199.

C'est dans ce moment où Dieu s'apparaît dans la nature que l'esprit se fait objet pour soi. Mais à ce premier mouvement d'apparaître doit correspondre un second, celui par lequel l'apparaissant fait retour à la puissance qui le manifeste. C'est avec l'apparition d'une nature que l'esprit apprend à se poser comme une conscience face à l'étant en regard duquel il s'expose[1].

Autrement dit, dans l'aller-hors-de-soi divin qui conduit à l'opposition de la nature et de l'esprit surgit la condition de l'élévation du second au-dessus de la première. L'arrachement de l'esprit à l'égard de la nature dans laquelle il apparaît pose la conscience en elle-même. À partir de là, la conscience doit pouvoir s'élever jusqu'au savoir de Dieu comme de l'essence infinie en laquelle elle se sait être auprès d'elle-même.

Voilà la raison pour laquelle l'homme ne peut en demeurer à son existence naturelle. Dans la mesure où l'homme est libre, c'est-à-dire en tant qu'il aspire à la réconciliation de son être fini et de l'essence divine, la véritable nature de l'homme « consiste à abandonner son immédiateté, à la considérer comme un mode dans lequel elle ne doit pas être[2] ». En soi, l'homme est esprit, c'est pourquoi il peut être dit « bon par nature[3] », parce qu'il est destiné à transiter de l'apparaître à l'essence. Mais, parce qu'il n'existe pas immédiatement à la hauteur de son concept, l'homme est mauvais par nature, « il est ainsi tel qu'il ne doit pas être ». La nature immédiate de l'homme n'a de sens positif qu'en tant qu'elle est appelée à se voir abroger (*Aufheben*). C'est là le chemin par lequel l'esprit conquiert sa vérité.

Ces déterminations conceptuelles trouvent une explicitation familière dans le langage de la représentation religieuse. Elles prennent alors la figure d'états subsistants par soi, formant les étapes d'une narration où la progression logique est appréhendée comme « des états de l'existence et une transition d'un état dans l'autre[4] ». C'est cette représentation qui se voit figurée dans l'histoire de la Chute originelle de l'Adam. Celle-ci s'ouvre sur la description de la condition originelle de l'homme, d'un état d'innocence auquel correspond l'immédiate position d'une nature divine bonne en soi. Or, justement du fait de son immédiateté, cette unité

1 *Ibid.*, p. 212.
2 *Leçons sur la philosophie de la religion*, troisième partie, *op. cit.*, p. 131.
3 *Ibid.*, p. 132.
4 *Ibid.*, p. 34.

non scindée de l'essence ne permet pas à l'esprit de se donner l'existence pour soi et de se connaître en lui-même. L'esprit ne peut se savoir et, plus précisément, se savoir libre qu'à la condition de parvenir à la considération de lui-même. Il lui faut devenir être-pour-soi. C'est pourquoi « la liberté comporte en elle-même le moment essentiel de cette séparation[1] ». La liberté de l'esprit suppose donc la position d'une conscience. Cette dernière, s'exposant en sa particularité, engendre la scission qui ouvre l'universalité immédiate à la différence.

Ce surgissement d'un esprit fini qui s'isole de la substance universelle est représenté comme l'acte mauvais par excellence car il rompt la calme et sereine unité du principe premier. « L'innocence, qui de même qu'un voile leur avait dérobé la connaissance du mal, avait disparu[2] », s'exclame Milton au sujet de la transgression qui révèle les premiers hommes à eux-mêmes. La méchanceté n'est, selon Hegel, pas autre chose que cela : « la singularisation qui se sépare de l'universel », séparation en laquelle, dans la distance qu'elle ouvre entre l'esprit subjectif et la substance objective, « prend naissance l'être pour soi ». L'acte même à partir duquel surgit l'opposition d'une conscience et de son objet ménage l'espace de différenciation nécessaire à l'existence de la subjectivité. « Ce n'est donc pas à dire que la considération ait un rapport extérieur au mal : c'est l'acte de considérer lui-même qui est le mal[3]. » Cette séparation a donc pour effet la finitisation de l'esprit. S'amorce alors ce que la représentation saisit dans les termes d'un « devenir-autre, une chute de l'idée divine, de l'image de Dieu[4] », une transition de l'état paradisiaque vers le mal. Par cet acte qui le coupe de l'universel, l'homme parvient à la considération du Bien qu'il était mais ne connaissait pas. Désormais, dans le Mal qu'il est, il peut aspirer au Bien. Tous deux, bien et mal, s'exposent à la conscience comme objets d'une détermination à partir de laquelle la volonté se qualifie elle-même comme bonne ou mauvaise. Le mal n'est pas une réalité positive subsistant par lui-même et étranger à l'homme, mais seulement « son égoïsme, des fins qui sont seulement celles de sa singularité, dans la mesure où elle est opposée à l'universel ». Hegel en cela ne s'écarte pas de la théologie augustinienne :

---

1 *Ibid.*, p. 135.

2 J. Milton, *Le Paradis perdu*, Gallimard, Paris, 1995, p. 261.

3 *Leçons sur la philosophie de la religion*, troisième partie, *op. cit.*, p. 135.

4 *Ibid.*, p. 39.

C'est une fausse grandeur qui, délaissant celui à qui l'âme doit demeurer unie comme à son principe, prétend devenir en quelque sorte son principe à soi-même ; et cela, quand l'âme se complaît trop en soi. Elle se complaît en soi, quand elle se détache de ce bien immuable qui devait être préférablement à elle-même l'unique objet de ses complaisances. Or de détachement est volontaire ; car si la volonté du premier homme fût demeurée stable dans l'amour du bien immuable, lumière de son intelligence, foyer de son cœur, s'en serait-il détourné pour se plaire en soi, pour tomber dans les ténèbres et la froideur[1] *?*

Le mal n'a donc d'autre sens que l'attachement de l'homme à sa réalité immédiate et particulière, séparée de l'universel. Mais en se trouvant lui-même dans la faute qui le pose à distance de la volonté universelle de son créateur, l'Adam découvre sa liberté. Si bien que, paradoxalement, il est possible de dire que l'homme est « honoré par sa faute ». Par celle-ci, « l'apparition de la conscience est ainsi posée » et l'homme inaugure le besoin infini de la réconciliation, le retour de sa volonté dans l'universel. Cette scission à l'égard de ce dernier est tout aussi bien une scission d'avec la nature véritable de l'homme, sa naturelle spirituelle. C'est pourquoi cette conscience « doit être représentée en même temps comme un point de vue qui ne doit pas être ; auquel on ne doit pas rester, qui est à supprimer, car on ne doit pas demeurer dans la scission de l'être pour soi[2] ». Le combat contre la volonté immédiate, naturelle et particulière, doit être mené en vue de supprimer la scission. Le naturel est ce qui ne doit pas être, ce qui doit être supprimé, car il est le moment négatif où la particularité se fait valoir à distance de l'universel qui en constitue la substance véritable. L'homme naturel est le produit d'une séparation dont il doit s'affranchir et qui, de ce fait, porte en germe son devenir-libre.

Pour cette raison, on ne peut conclure que la faute n'aurait pas dû avoir lieu. La différenciation qu'elle constitue est la condition même de l'existence de l'homme comme conscience. C'est à partir de celle-ci qu'il peut se porter à la considération pensante et à la libre détermination en vue de l'universel. Hegel

---

1 Augustin, *La Cité de Dieu*, XIV, 13, *op. cit.*, p. 170.
2 *Ibid.*, p. 136.

rejoint ici Pascal lorsque ce dernier affirme « que l'homme est plus inconcevable sans ce mystère que ce mystère n'est inconcevable à l'homme[1] » et considère finalement à la suite d'Augustin que le péché originel fournit la matrice symbolique nécessaire à l'élucidation de la nature humaine. La représentation de l'humanité originelle unie à « l'idée divine originaire » conduit nécessairement à concevoir la scission d'avec cette idée comme un événement ne devant pas avoir eu lieu. Mais, dans la mesure où c'est par cette rupture d'avec sa nature première qu'est posée la conscience, il paraît impossible de nier cet événement dans lequel s'inaugure « l'histoire éternelle de l'homme ». Autant cet état de scission « doit être supprimé », autant ne se peut-il penser comme ce « qui ne doit pas avoir lieu[2] ».

L'homme est appelé à découvrir que la contradiction entre son vouloir naturel, qui le pose comme individu singulier, et le Bien universel, en lequel il a son être véritable, est *en soi* résolue. Le mal n'a aucune autonomie propre mais n'est que le moment de la différence par laquelle l'esprit peut se porter à la jouissance de lui-même. Hegel retrouve ici l'anthropologie paulinienne lorsqu'il affirme que « l'homme doit naître à deux reprises, d'abord comme homme naturel, puis comme homme éternel[3] ». C'est un enseignement similaire que dispense la première épître aux Corinthiens : « De même que nous avons été à l'image de l'homme terrestre, nous serons aussi à l'image de l'homme céleste » (1Co 15, 49).

L'homme doit s'élever contre la naturalité qu'il abrite en lui-même, cette nature n'étant autre que celle de son inclination immédiate et de son arbitre particulier. Si le sentiment de soi naît bien avec la scission et l'affirmation de la subjectivité particulière, il ne peut demeurer en sa première apparition mais doit proprement être converti en esprit.

> *Le sentiment est la forme qui inclut en soi la subjectivité particulière, l'homme et le vouloir naturels — promiscuité qui retient et maintient tout en un, essentiellement impure, et l'esprit est plutôt*

1 Pascal, *Pensées, œuvres complètes,* éditions du Seuil, Paris, 1963, 131, p. 515.
2 *Leçons sur la philosophie de la religion,* troisième partie, *op. cit.,* p. 44.
3 *Ibid.*, p. 160.

premièrement cette conversion en tant que s'appropriant, ce qui par cette appropriation est dégagé du sentiment, qui combat le sentiment, le purifie et le détermine[1].

Seule la négation de l'être immédiat peut arracher le vouloir à sa particularité et ouvrir la voie de la liberté. C'est cette conversion, cette purification en direction d'une universalité qui l'accueille et le détermine, que se propose d'accomplir l'éducation du vouloir. L'homme doit s'approprier son être véritable, se dépouiller de ce qu'il n'a pas à être et devenir ce qu'il est effectivement.

Cette éducation néanmoins ne peut se présenter comme l'effet d'un simple dressage extérieur qui soumettrait le vouloir particulier par la contrainte. Dans la mesure où le concept est la liberté même, la formation de la subjectivité doit donner son droit à celle-ci en conduisant le particulier à se reconnaître dans l'universel. Seul le façonnement intérieur de la subjectivité permet la libération à l'égard de la naturalité immédiate. Tout le problème consiste dès lors à saisir le point d'articulation où le sujet bascule de son retranchement égoïste vers la conscience des rapports universels qui le lient à une objectivité substantielle où il puisse faire l'expérience du *Soi* effectif.

L'éducation du vouloir

S'il ne peut être question d'éclairer le sens de la liberté chrétienne en prenant pour point de départ l'homme naturel, ce serait succomber à l'abstraction de considérer, à l'inverse, l'homme uniquement en son concept, c'est-à-dire comme être libre. Certes, *en soi*, l'homme est libre et ce caractère justifie l'inaliénabilité des « déterminations substantielles » contribuant à la position de la subjectivité particulière et qui « constituent ma personne la plus propre et l'essence universelle de ma conscience de moi[2] ». La solution au problème de l'esclavage, rencontré par Hegel dans une remarque des *Principes de la philosophie du droit*, qui semble pouvoir se régler sur ce principe conduit néanmoins à l'opposition antinomique de deux points de vue unilatéraux et donc non vrais. D'un côté, considéré selon son *existence* immédiate, l'homme peut bien être déterminé

1 *Ibid.*, p. 86.
2 *Principes de la philosophie du droit, op. cit.*, § 66, p. 172.

« comme être-de-nature en général ». Aussi la violence exercée à l'encontre de son auto-détermination peut se justifier comme « pure et simple *domination* ». D'un autre côté, « l'affirmation selon laquelle l'esclavage est un déni absolu du droit s'en tient en revanche au *concept* de l'homme comme esprit, comme esprit *en soi* libre ». Mais ce dernier point de vue prend comme une donnée immédiate ce qui n'est que le fruit d'un processus engageant l'existence humaine et son sens. Ce que le défenseur irénique de l'autonomie naturelle ne saisit pas, c'est justement que la liberté n'est rien moins que naturelle. L'esprit véritablement libre consiste à ne pas en rester au simple concept en soi mais à « ne se donner l'existence qu'en tant qu'existence sienne, libre[1] ». Est donc libre celui qui se veut libre. C'est ce devenir *pour soi* de la liberté qui suppose la médiation de l'éducation et qui, pour cette raison, ne peut être pris comme un donné de fait. Bien au contraire, un tel devenir libre appelle les conditions institutionnelles de la libération à l'égard du vouloir naturel. L'être-libre de l'homme suppose, par conséquent, une totalité culturelle en laquelle la subjectivité particulière renonce à ses inclinations immédiates et égoïstes.

La subjectivité, dont la phénoménologie religieuse nous a montré qu'elle constituait le terrain d'émergence de la vérité infinie, doit déciller l'intimité de son cœur et, par la purification de sa nature immédiate, s'accomplir objectivement, en tant que vie universelle. Parce qu'à la subjectivité ainsi ouverte doit correspondre un monde prêt à l'informer d'un contenu spirituel effectif, la réconciliation religieuse, réconciliation du cœur et du sentiment, présuppose l'existence d'une réalité mondaine qui exige elle aussi et pour elle-même cette réconciliation. « Dans la religion le cœur est réconcilié. [...] Mais cette réconciliation est en même temps abstraite ; elle a en face d'elle le monde en général ». L'esprit qui conquiert sa liberté dans le sein de la communauté religieuse s'éprouve comme le *Soi* infini dont l'essence est Dieu. Mais dans la mesure où cette essence infinie vient à poser un monde dont l'apparaître objectif constitue la manifestation, la vérité de l'esprit suppose qu'il se produise lui-même dans cette altérité extérieure. L'esprit doit conquérir son objectivité véritable à même la réalité mondaine[2].

---

1 *Ibid.*, § 57 Rem., p. 164.

2 *Leçons sur la philosophie de la religion*, troisième partie, *op. cit.*, p. 253.

La finalité de l'esprit est de se réaliser dans le monde pour que le monde se sache ainsi seulement comme l'effectivité véritable de l'agir divin. Concrètement, c'est sous la forme de la vie éthique que s'engendre cette réalité substantielle où l'esprit siège auprès de lui-même. La purification de la subjectivité, l'éducation du vouloir trouve donc la condition de son accomplissement et la destination de sa formation dans l'effectivité éthique qui lui assure la base de son inscription objective. Hegel résume ainsi ce passage où s'articulent religion et politique :

> *Cette élaboration de la subjectivité, cette purification du cœur de sa naturalité immédiate, quand elle est effectuée à fond et qu'elle crée une condition stable qui correspond à sa fin générale, s'accomplit en tant que vie éthique, et par cette voie la religion passe sur le terrain des mœurs, de l'État*[1].

La destination même de la volonté est de s'épanouir en un règne de la liberté, « le monde de l'esprit produit à partir de l'esprit lui-même, en tant que seconde nature[2] ». Poussée jusqu'à son terme, cette logique de la volonté donne au contenu des déterminations subjectives « une rationalité et objectivité dans laquelle elles sont en tant que rapports nécessaires, droits et devoir[3] ». Autrement dit, la volonté naturelle en perdant l'immédiateté qui est la sienne parvient à se constituer comme le lieu où la liberté acquiert une existence concrète et se réalise comme terrain du *droit* objectif. C'est dire que l'institution de l'effectivité éthique suppose la possibilité du penser comme « cet acte d'abroger et d'élever à l'universel » le contenu d'une conscience jusque-là rivée à son sentiment particulier. En ce sens, il existe une violence légitime contre la nature dans la mesure où la naturalité de la volonté est elle-même une violence à l'encontre de la nature véritable de l'homme en tant qu'esprit.

La violence à l'encontre de la nature de l'homme ou de son concept, comme dans l'esclavage, ne saurait être acceptée car elle contredit la finalité même à laquelle prétend l'esprit et qui consiste à se savoir libre. Mais, dans la mesure où la naturalité formant le contenu immédiat de la volonté attache l'homme à son

1 *Leçons sur la philosophie de la religion*, première partie, *op. cit.*, p. 319.
2 *Principes de la philosophie du droit, op. cit*, § 4, p. 119.
3 *Encyclopédie des sciences philosophiques*, t. III, *Philosophie de l'esprit, op. cit.*, § 474 Rem., p. 273.

instinct, l'homme naturel est d'emblée esclave de ses tendances. À ce point, la violence exercée contre la volonté naturelle, ce que l'on pourrait nommer une « contrainte pédagogique », apparaît non seulement légitime, mais absolument nécessaire pour permettre à l'homme d'exister conformément à son concept. « La volonté seulement naturelle est *en soi* une violence contre l'idée, qui est en soi, de la liberté, laquelle doit être protégée contre une telle volonté inculte et portée en elle à la validité[1] », note Hegel dans une remarque de la *Philosophie du droit*.

Il importe, dès lors, de ne pas confondre deux sens de la notion de nature. La nature d'une chose est premièrement son concept, ce qu'elle doit être pour être ce qu'elle est véritablement. Cette nature est l'*en soi*. De ce point de vue, il est juste, quoique équivoque, de dire que l'homme est libre par nature. En effet, suivant sa nature propre, l'homme est *en soi* libre. Cette nature ne peut lui être ôtée mais doit trouver les conditions de son accomplissement afin que l'homme devienne *pour soi* libre. Mais si, par nature, nous entendons l'immédiat, alors la nature humaine est saisie comme l'ensemble des tendances instinctives d'une nature proprement immature. La naturalité des sentiments à partir desquels l'homme tend à se déterminer immédiatement contredit justement sa nature, en son sens premier, et sa destination véritable. Car l'homme, libre pour autant qu'il est esprit, se présuppose dans l'opposition à son autre qu'est la nature dont il doit dépasser et abroger l'immédiateté pour exister à la hauteur de son concept. En ce sens, l'esprit consiste à « n'être ce qu'il est que par soi-même et en tant que retour infini au-dedans de soi à partir de l'immédiateté naturelle de son être-là[2] ». Comme tel, l'individu doit pouvoir prendre possession de « son essence substantielle » et ainsi seulement se révèle un être dont les déterminations intérieures sont proprement siennes à titre de « capacité juridique » et « morale ». Cette prise de possession a pour effet de soustraire ces déterminations à l'extériorité « qui seule leur donnait la capacité d'être en possession d'un autre ». Si donc la possibilité d'une aliénation de la personnalité est possible dans les faits, si l'individu peut subir « l'esclavage, le servage, l'incapacité à posséder une propriété », cette aliénation ne peut être admise du point de vue du concept

1 *Principes de la philosophie du droit*, *op. cit.*, § 93 Rem., p. 195.
2 *Ibid.*, § 66. Rem., p. 172.

de l'homme comme être *pour soi*. Mais c'est justement du fait de l'opposition possible entre ce « qu'il est seulement *en soi* et non pas aussi *pour soi* » que surgit la « *possibilité* de l'*aliénation* de la *personnalité* et de son être substantiel ». L'homme doit donc être ce qu'il est. Et, dans ce devoir, il convient de ne pas entendre le simple *Sollen*, l'injonction morale au devoir-être dont Hegel n'a de cesse de dénoncer le formalisme abstrait. Ce qu'est l'homme en son concept, il lui faut le réaliser concrètement pour être celui qu'il est essentiellement, l'essence humaine n'ayant de sens que celle de sa manifestation effective. C'est par ce retour à soi à partir de l'extériorité que les déterminations manifestées objectivement sont reconnues et assumées par la subjectivité particulière comme les siennes propres. En se rapportant à l'objectivité éthique l'individu singulier conquiert alors sa propre personnalité.

La particularité finie, en tant que point de départ immédiat, est ainsi niée du fait de son inscription dans la totalité éthique substantielle. Mais cette première négation doit elle-même être niée et la particularité doit, de la sorte, se trouver conservée à titre de moment subjectif dans l'universalité objective. En effet, si pour éviter de la prendre pour fondement, la particularité est purement et simplement évincée, alors la différence ne peut trouver à se réaliser. C'est là ce qui correspond, pour Hegel, au principe oriental suivant lequel la substance indifférenciée règne seule. À une telle représentation fait défaut le principe de l'individualité au travers duquel, comme l'a révélé l'exposition du concept de Dieu, la substance se fait sujet. Ce point de vue de la substance est celui de la nécessité, d'une « relation simple à soi-même » où la médiation apparaît « comme supprimée[1] ». Or, afin de valoir comme libre, cette relation à soi doit intégrer en elle le moment de sa différence conservée et donc offrir son droit à la particularité finie.

L'éducation du vouloir poursuit donc un triple but. La subjectivité particulière doit, tout d'abord, renoncer aux impulsions de sa nature immédiate qui la posent dans l'opposition aux déterminations éthiques. Ce dessaisissement de « l'âme dans sa profondeur » et qui « ne trouve en elle que désir, égoïsme[2] » à l'égard de la « volonté naturelle » conduit, en second lieu, à élever la subjectivité

1 *La Science de la logique*, *op. cit.*, Add. § 147, p. 580.

2 *Leçons sur la philosophie de la religion*, troisième partie, *op. cit.*, p. 138.

finie au savoir et à la capacité de se déterminer en vue de principes universels, c'est-à-dire pensés. À ce point s'affirme l'essence de l'homme en son effectivité vraie puisque « c'est seulement par le connaître que l'homme existe, car il existe seulement par le savoir et la conscience, et sa volonté n'est pas ce qui est sans conscience, elle n'est pas un instinct[1] ». Enfin, les déterminations universelles auxquelles cette subjectivité se rapporte doivent dépasser la simple extériorité. De principes objectifs, il leur faut devenir maximes subjectives.

> *C'est le but que poursuit l'éducation morale : que ces principes soient constamment dans la représentation, mais il faut s'approprier ces principes, il faut les exciter dans le sujet, il ne suffit pas qu'ils soient représentés comme extérieurs à l'élève, car alors tout cela ne vient jamais à lui que sous la forme d'un être extérieur*[2].

Ces principes doivent donc pouvoir façonner l'intériorité de la subjectivité et à cette fin se produire dans le sentiment, un sentiment qui néanmoins n'est plus celui de l'immédiateté du moi égoïste et borné mais qui octroie au contraire au sujet de reconnaître dans l'objectivité universelle sa propre substance. Le sentiment a ainsi toute sa place dans la subjectivité éthique, à la condition toutefois qu'il soit formé au contact d'une « loi objective » elle-même universelle et raisonnable.

> *La religion, comme le devoir et le droit, deviennent et doivent aussi devenir l'affaire du sentiment et entrer dans le cœur, de même que la liberté en général s'abaisse à être sentiment et devient en l'homme un sentiment de la liberté. Mais c'est tout autre chose lorsqu'un contenu tel que Dieu, la vérité, la liberté est puisé dans le sentiment ou lorsqu'à l'inverse, un tel contenu objectif, valant en et pour soi, entre seulement dans le cœur et le sentiment, et que les sentiments obtiennent bien plutôt seulement de lui à la fois leur contenu et leur détermination, leur correction et leur norme. Tout revient à* cette différence de position.

---

1 *Ibid.*, p. 41.

2 *Leçons sur le droit naturel et la science de l'État*, *op. cit.*,§ 53, p. 103.

Le sentiment, en effet, est « pour soi indéterminé », « il peut avoir tout contenu en soi[1] ».

> *Il n'y a rien qui ne puisse être senti et ne soit senti. Dieu, la vérité, le devoir sont sentis, tout autant que le mal, le mensonge, l'injustice ; toutes les situations et tous les rapports humains sont sentis ; toutes les représentations de leur propre rapport aux choses spirituelles et naturelles deviennent des sentiments.*

Il n'y a donc pas à s'étonner que le sentiment puisse valoir comme l'opposition particulière, qui dans son immédiateté finie, sape les fondements de l'universalité concrète se manifestant dans l'objectivité des droits et des devoirs. C'est à une telle opposition que conduit l'illuminisme d'un Carlstadt ou d'un Müntzer dont la théocratie populaire fraya la voie aux guerres paysannes du XVIe siècle. L'objectivité que se donne ce Moi purement abstrait n'est dès lors pas une objectivité concrète, adéquate à l'effectivité manifeste de l'esprit présent à lui-même. Cette objectivité doit être « l'essence universelle[2] » en laquelle la subjectivité finie se découvre auprès d'elle-même.

Si, néanmoins, le sentiment ne peut valoir comme la détermination première à partir duquel le contenu de la volonté doit venir à l'existence objective, ce sentiment ne peut pas ne pas être reconnu comme le milieu où la subjectivité vient à trouver la satisfaction. Afin donc d'échapper à la soumission brutale de la subjectivité à l'objectivité des institutions politiques, le contenu objectif de ces dernières est appelé à emplir le sentiment comme son propre contenu. La liberté manifestée dans les institutions objectives n'existe qu'à la condition de valoir comme liberté du sujet parvenant en elles à se sentir auprès de soi. Le sentiment que l'individu a de sa liberté dans la réalité éthique est un moment nécessaire de la rationalité de celle-ci. Nous voici conduits une fois encore au constat de cette ambivalence du sentiment, à la fois principe de corruption et moyen pour le sujet fini de se saisir de sa liberté.

Toute la force du sentiment, comme son danger, tient aux racines qui conduisent son contenu à s'inscrire au plus profond de l'intériorité. Ce qui touche le sentiment devient une part de l'intimité subjective. C'est ainsi qu'en prenant

1 *Écrits sur la religion*, *op. cit.*, p. 77.
2 *Leçons sur la philosophie de la religion*, troisième partie, *op. cit.*, p. 138.

pour objet les déterminations éthiques, le sentiment nourri « aux mamelles de la communauté[1] » élève la subjectivité particulière à une conscience de soi non plus particulière mais universelle. À terme, l'éducation et la formation intérieure du vouloir au sens de l'universel doivent permettre au sujet de se déterminer en fonction de cette raison objective qu'est la loi, et non plus à partir de sa nature immédiate et instinctive. Alors est atteint ce point où la particularité des sentiments se trouve inhibée sans pour autant que la subjectivité particulière elle-même ait à souffrir de se voir évincée. La différence extérieure qui oppose la loi objective et la subjectivé abstraite est ainsi abrogée. Cependant, cette formation ne touche pas encore au contenu mais à la forme seule du vouloir.

> *C'est cela que signifie la formation en général : elle concerne l'élément formel et ne détermine rien encore sur le contenu. Ce que la formation construit, c'est en somme le formel de l'universel. L'homme formé est celui qui sait imprimer le sceau de l'universalité à tout ce qu'il fait, dit et pense, celui qui a renoncé à sa particularité et agit selon des principes universels. La formation est donc l'activité de l'universel, elle est la forme de la pensée. La formation introduit donc en tout la pensée, l'universel. Plus précisément, nous constatons que la pensée, l'universalité formelle, sait inhiber le particulier, que l'homme n'agit donc pas seulement selon ses inclinations, ses désirs, selon le particulier, mais s'inhibe, se rassemble en soi-même et donc, face à soi, rend l'objet plus libre*[2].

Le contenu lui-même est fourni par les déterminations éthiques relatives à l'esprit particulier de la communauté à laquelle l'individu appartient. Mais il va de soi qu'un peuple qui ignorerait la possibilité de la satisfaction subjective ne saurait conduire à une formation véritablement rationnelle, c'est-à-dire en laquelle l'esprit trouve à affirmer sa liberté essentielle. C'est pourquoi la sphère de la moralité subjective se présente comme un moment essentiel de la constitution de l'effectivité éthique.

1 *Le Droit naturel*, *op. cit.*, p. 142.
2 *La Philosophie de l'histoire*, *op. cit.*, p. 143.

Morale et liberté

La philosophie hégélienne est une philosophie de la liberté, liberté du sens se ménageant l'espace de sa propre manifestation, liberté de l'esprit se découvrant à lui-même sa dynamique originairement créatrice, liberté de l'homme appelée à se faire monde effectif. Et c'est dans l'approfondissement du concept de liberté que Hegel est amené à évaluer à nouveau frais la détermination morale. La place que lui dévoue l'héritage kantien conduirait aisément la subjectivité à s'enfler jusqu'aux dimensions d'une autarcie acosmique si la densité de l'effectivité objective ne la tenait inscrite au creux de la réalité mondaine. Certes, « le terrain de la liberté » s'élabore véritablement au niveau de la moralité. Mais la volonté subjective qui trouve à s'y affirmer n'existe à la hauteur de son concept qu'en tant qu'elle « se détermine à être tout aussi bien objective, et ainsi véritablement concrète ». Autrement dit, la liberté morale ne consiste en rien moins qu'en ce superbe dédain affiché à l'égard du monde par l'âme refermée sur l'écrin qu'elle est à elle-même. La position de la subjectivité morale épouse le mouvement de son idéalisation consistant

> *à abroger, d'après cette différence en laquelle elle s'enfonce au-dedans de soi, la volonté qui n'est tout d'abord que pour soi, laquelle, immédiatement, n'est qu'*en soi *identique à la volonté qui est* en soi *ou à la volonté universelle, et à la poser pour soi comme* identique *à la volonté qui est en soi*[1].

La liberté concrète doit donc s'entendre comme la possibilité pour la subjectivité particulière de se reconnaître comme soi dans l'objectivité éthique. Or, l'idée hégélienne selon laquelle la liberté du sujet s'affirme dans la reconnaissance de l'objectivité éthique semble aller à l'encontre de la définition commune du libre-arbitre. À s'en tenir à cette représentation familière, la liberté, considérée comme détermination à partir de soi, prend pour forme l'arbitre particulier. D'un point de vue logique, cette compréhension se découvre alors étroitement liée à la catégorie de possibilité.

1 *Principes de la philosophie du droit*, *op. cit.*, § 106 Rem., p. 208.

Le possible et l'effectif

Est possible ce qui n'est pas nécessaire et offre par conséquent à l'arbitre particulier le choix de sa détermination. Une volonté parfaitement déterminée serait une volonté bornée par la détermination à laquelle elle se soumet et donc une volonté non libre. Ainsi comprise la volonté libre serait « cette *possibilité absolue* de pouvoir *faire abstraction* de toute détermination dans laquelle je me trouve ou que j'ai posée en moi[1] ». Mais, selon Hegel, derrière cette « liberté *négative* » ne se dresse rien d'autre que « la liberté de l'entendement », « la liberté du vide » qui n'atteint la conscience de soi qu'à la condition de se défaire de toute identification à un contenu qui vaudrait pour elle comme nécessaire.

Il convient donc de cerner les présupposés de cette catégorie de la possibilité à laquelle semble se ramener pour l'entendement abstrait l'essence de la volonté. Du point de vue logique, la possibilité (*Möglichkeit*), nous dit Hegel, est « l'être seulement intérieur de l'effectivité[2] », l'effectivité en tant qu'identité[3]. C'est donc en direction de l'effectivité (*Wirklichkeit*) qu'il nous faut regarder si nous voulons saisir l'essence du possible. L'effectivité se définit comme l'identité de l'intérieur et de l'extérieur, d'un intérieur se médiatisant pleinement dans son extériorisation et d'un extérieur tout entier pénétré de cette sienne intériorité. En tant que tel, l'effectif se détermine comme la médiation réfléchie en elle-même et dont l'être-là n'est que « la *manifestation de lui-même*, non d'un Autre ». « L'effectif est l'*être-posé* de cette unité » au sein de laquelle « l'*intérieur* et l'*extérieur* sont *en et pour soi* identiques[4] », « le Rapport devenu identique avec soi[5] ». Parce qu'il contient son propre moment autre au-dedans de soi, l'effectif existe comme une identité concrète où la différence n'apparaît plus comme le passage en autre chose mais comme le développement au-dedans de lui-même de moments posés par soi.

Considéré en tant que tel, le possible, qui n'est que la simple intériorité de cette relation, vaut seulement comme l'effectivité séparée d'elle-même. Puisque cette dernière n'apparaît dès lors pas comme la pleine et entière manifestation de

1 *Principes de la philosophie du droit*, *op. cit.*, § 5 Rem., p. 121.
2 *La Science de la logique*, *op. cit.*, Add. § 145, p. 577.
3 *Ibid.*, § 143, p. 394.
4 *Ibid.*, § 141, p. 392.
5 *Ibid.*, § 142 Rem., p. 393.

soi, sa réalité n'a de profondeur que celle de l'abstraction. Pour parvenir à isoler l'intériorité de la relation essentielle où elle vient à s'extérioriser, l'intervention de la réflexion d'entendement est par conséquent requise. L'œuvre propre de cette considération subjective consiste à séparer l'effectif de sa manifestation.

> *En fait, la possibilité est l'abstraction vide de la réflexion en soi, ce qui précédemment s'appelait intérieur, sauf qu'il est maintenant déterminé comme l'intérieur supprimé, seulement posé, extérieur, et ainsi assurément est aussi posé comme simple modalité, comme abstraction insuffisante et, pris de façon plus concrète, comme appartenant seulement à la pensée subjective*[1].

Toute la contradiction de cette démarche d'entendement tient en ceci que la position de l'identité intérieure considérée pour elle-même présuppose le rapport à la différence réfléchie au sein du rapport total. Le ressort de l'opération doit se comprendre comme un déplacement du regard porté sur cette différence.

À s'en tenir au point de vue de la simple possibilité, de la simple identité intérieure, l'entendement installe une différence au sein de l'effectif qui, se présentant de la sorte réellement différent de la possibilité, conduit à juger cet effectif dans sa seule extériorité. Dans son pur être-là extérieur, l'effectif est alors regardé comme *contingence.* « L'effectif », constate Hegel,

> *dans sa différence d'avec la possibilité en tant qu'elle est la réflexion-en-soi, est lui-même seulement le Concret* extérieur, *l'Immédiat* inessentiel. *Ou bien, immédiatement, dans la mesure où il est tout d'abord comme l'unité simple, elle-même immédiate, de l'intérieur et de l'extérieur, il est en tant qu'Extérieur* inessentiel, *et il est ainsi en même temps ce qui est* seulement *intérieur, l'abstraction de la réflexion-en-soi ; il est par conséquent lui-même déterminé comme quelque chose de* seulement *possible. Avec cette valeur d'une simple possibilité, l'effectif est un* contingent, *et inversement la possibilité est la simple* contingence *elle-même*[2].

---

1 *Ibid.*, § 143 Rem., p. 394.
2 *Ibid.*, § 144, p. 395.

Le contingent est donc l'extériorité immédiatement présente qui a le fondement de son être dans la possibilité comprise comme différente de cette extériorité. De ce point de vue, le contingent pourrait ne pas être, ou pourrait être autre si la possibilité qui le détermine s'avérait différente. Aussi la représentation regarde-t-elle la seule effectivité comme une détermination moins riche que la possibilité dans la mesure où cette dernière semble contenir davantage que la manifestation extérieure en laquelle l'effectif apparaît. Si l'effectivité manifeste sa propre possibilité, il semble que la possibilité quant à elle comprenne bien davantage que l'effectif seul. Si bien que la réflexion d'entendement peut affirmer que *tout est possible*. Mais pour s'affirmer si riche en contenu, la possibilité doit faire abstraction du seul contenu véritablement concret, celui de l'effectivité s'épuisant dans la manifestation d'elle-même.

En séparant ainsi l'effectif de la réalisation qu'il accomplit de lui-même, l'entendement se rapporte à la simple extériorité dont l'être-là immédiat ne laisse pas apercevoir l'être-posé. « Cette extériorité de l'effectivité [...] est ainsi un *présupposé* dont l'être-là immédiat est en même temps une *possibilité* et a la détermination d'être supprimé, — d'être la possibilité d'un Autre, — la *condition*[1]. » L'« extériorité qui est là » n'a pas de véritable valeur pour soi. Elle est simplement possibilité d'un autre qui l'appelle, en tant que condition, à se supprimer pour lui ménager l'espace de son propre être-là. Ainsi l'effectif immédiat apparaît médiatisé par un Autre. En se limitant à cette médiation extérieure, l'entendement réfléchissant ne conçoit pas la nécessité attachée à la totalité effective de la manifestation mais demeure pris dans le rapport à un élément séparé de cette totalité qui, dans son abstraction, se présente comme pouvant ne pas être.

> *Les conditions qui se sacrifient, qui vont au fondement et sont consommées, ne font que se joindre à elles-mêmes dans l'autre effectivité. D'une telle espèce est bien en général le processus de l'effectivité. Celle-ci n'est pas simplement un étant en son immédiateté, mais, en tant qu'elle est l'être essentiel, elle est suppression de sa propre immédiateté et par là elle se médiatise avec elle-même*[2].

1 *Ibid.*, § 146, p. 396.
2 *Ibid.*, Add. § 146, p. 580.

Ainsi, si l'effectivité est la médiation au-dedans de soi-même, le rapport extérieur de l'étant-là et de sa condition est supprimé au sein de l'effectivité concrète. Celle-ci se donne par conséquent comme relation simple en laquelle l'être conditionné par autre chose est contenu et disparaît tout aussi bien. « Les circonstances immédiates vont au fondement en tant que conditions, mais sont aussi en même temps conservées en tant que contenu de la Chose[1]. » L'effectif est dès lors nécessaire. C'est la *Chose*, c'est-à-dire la manifestation totale, qui constitue la transposition dynamique « de l'intérieur dans l'extérieur et de l'extérieur dans l'intérieur[2] ». Du fait de l'abrogation de l'extériorité des conditions à l'égard du conditionné, cette manifestation active de la Chose se présente comme « auto-mouvement ». La Chose se définit ainsi comme le cercle des conditions. Toutefois, quant à la pure phénoménalité de la Chose, ces conditions elles-mêmes sont supprimées en tant que conditions. La condition est présupposée par l'existence effective de la Chose. Comme telle, la condition vaut pour elle-même et « existe sans référence à la Chose[3] » à l'égard de laquelle elle n'est qu'une circonstance extérieure et par là contingente. Toutefois, la Chose elle-même est tout aussi bien présupposée par la condition qui y trouve son existence extérieure. La condition présupposée suppose un poser effectif de la Chose. Le terme ultime en lequel se résorbe cette contradiction n'est autre que l'*activité* (*Tätigkeit*) de la Chose comme mouvement de transposition des conditions en la Chose et de la Chose en ses conditions, relation réciproque de l'intérieur et de l'extérieur. Au final c'est donc la processualité dynamique immanente à l'effectivité qui explique l'engendrement de la présence à soi du réel. La clé de compréhension du procès spéculatif se trouve là : la relation des éléments en rapport prime sur l'apparente autonomie de ces derniers. Chaque terme de cette relation acquiert ainsi la figure d'une « existence subsistante-par-soi[4] ». Mais dans leur identité, ceux-ci s'exposent comme moments différenciés de la communication de l'intérieur et de l'extérieur. À ce point, la Chose se rassemble avec elle-même en une effectivité faisant retour sur soi. Parce qu'elle contient la condition comme un moment posé et supprimé au-dedans de soi,

---

1 *Ibid.*, Add. § 147, p. 581.
2 *Ibid.*, § 147, p. 396.
3 *Ibid.*, § 148, p. 397.
4 *Ibid.*, p. 398.

la Chose existe comme « effectivité inconditionnée[1] ». « *Médiatisé* par un cercle de circonstances », l'effectif, *ce qui* est tel qu'il *est*, est nécessaire. Mais dans la mesure où ces conditions valent comme l'être intérieur de l'effectif, ce dernier, dans la relation simple à soi, est non médiatisé : « Il est ainsi parce qu'il est. » Aucune autre sanction de la phénoménalité n'apparaît que sa pure présence telle qu'elle se produit à même l'actualité de sa manifestation.

Liberté vide et liberté pleine

Revenons-en à la figure que forge d'elle-même la volonté qui se représente comme *possibilité absolue*. À partir de la liaison conceptuelle dégagée par Hegel, il devient clair que cette définition de la liberté s'abîme dans la contingence qu'elle présuppose en se séparant des conditions concrètes de son effectivité.

Le libre arbitre ne peut en effet se maintenir comme terrain du tout possible qu'à la condition d'entretenir à l'égard de l'effectivité extérieure un rapport d'opposition permanente. En se considérant ainsi comme pure possibilité, la volonté rentre dans un rapport de contradiction avec une effectivité qui, parce qu'elle déchoit de sa nécessité essentielle, ne peut se présenter que sous la forme de la contingence extérieure. Hegel expose clairement, dans une remarque de la *Philosophie du droit*, la nature de ce vouloir indéterminé qui s'affirme seulement dans la négation du donné effectif :

> *Quand le premier aspect de la volonté, ici déterminé, à savoir cette* possibilité absolue *de pouvoir* faire abstraction *de toute détermination dans laquelle je me trouve ou que j'ai posée en moi, quand la fuite hors de tout contenu, en tant qu'il serait une borne, est ce à quoi la volonté se détermine, ou bien est ce qui, pour soi, est tenu-fermement par la représentation pour la liberté, c'est la liberté* négative *ou la liberté de l'entendement.*

Une telle volonté refuse de se donner un quelconque contenu dans la mesure où ce serait aussitôt nier le pur possible qui la caractérise. Cette volonté n'a dès lors le sentiment de son être-là qu'en tant qu'elle s'oppose à l'effectivité. « C'est la liberté du vide. » À ce point se laisse apercevoir le fondement commun

1 *Ibid.*, § 149, p. 399.

du fanatisme religieux, purement théorique ou représentationnel, et le fanatisme politique et pratique. « C'est seulement lorsqu'elle détruit quelque chose que cette volonté négative a le sentiment de son être-là ».

Seule cette destruction peut produire la transfiguration de l'effectif en contingence, en laquelle cette liberté purement négative se présuppose comme possibilité absolue. Tout le paradoxe de cette liberté s'épuisant dans la négation est de ne s'affirmer comme absolue qu'à partir d'une néantisation acosmique qui lui ôte tout ancrage actuel et concret. Nous touchons ici au plus extrême subjectivisme, celui de l'Un brahmanique qui absorbe en lui toute différence et défait l'épaisseur phénoménale, celui aussi de la révolte sociale d'un Müntzer et des prophètes qui soulevés par l'enthousiasme intérieur se veulent séparés de l'ordre temporel présent auquel ils finissent par opposer le feu et l'épée. La Confession anabaptiste de *Schleitheim* de 1527 en fournit un bel exemple :

> *L'injonction du Seigneur nous est donc révélée, dans laquelle il nous appelle à être et à devenir séparés du mal, afin qu'Il veuille être notre Dieu et que nous devenions Ses fils et Ses filles. De plus, il nous exhorte à sortir de Babylone et de l'Égypte terrestres afin de ne pas prendre part au tourment et à la souffrance que le Seigneur va entraîner sur elle*[1].

Cette possibilité de faire abstraction de toute détermination et de tout contenu confine le libre-arbitre dans une effectivité contradictoire, formelle et abstraite car jamais réalisée. L'erreur de cette volonté fanatique, acharnée à détruire toute objectivité, tient en ceci qu'elle se croit subsistante par elle-même, avant sa détermination. Mais s'affirmer comme volonté n'est possible qu'en se résolvant à un contenu quelconque. Les paysans d'Allemagne durent se déterminer à rédiger douze articles présentant les *Revendications de toute la paysannerie* auxquels purent dès lors s'opposer les revendications concurrentes de la noblesse et de Luther en faveur de l'ordre social traditionnel. En tant que la volonté s'attache à la définition d'elle-même comme d'un pur possible libre de toute nécessité objective, son contenu, quel qu'il soit, ne peut lui-même ne se donner que comme contingent. Mais ce contingent suppose alors la possibilité

1 http://www.bienenberg.ch/biblioanab/Biblioanab/Confession_de_Schleitheim.html.

de s'y déterminer et dépend ainsi du libre-arbitre comme de sa condition. Inversement, la condition, la volonté comme possibilité, ne peut se réaliser que dans la détermination d'une telle réalité. Possibilité et contingence ne sont au final que les moments disjoints d'une *activité* médiatisée au-dedans d'elle-même. Cette *Tätigkeit*, Hegel nous l'a montré, constitue la vérité de la *Chose* entendue comme l'effectivité manifestée. Ici cette activité est celle d'une *Chose* libre dont la conscience de soi constitue la détermination originelle. Il s'agit autrement dit de la volonté *en* et *pour soi*. C'est pour cette raison que Hegel peut dire de la volonté qu'elle n'est ni un sujet ni un substrat mais « l'activité qui se médiatise au-dedans de soi et ce retour au-dedans de soi[1]. La volonté est effective, concrètement existante et conforme à son concept, en tant qu'elle est l'identité nécessaire des moments qu'elle contient, l'intériorité subjective et l'extériorité objective. Dans le concept universel de la volonté, le vouloir fini est posé dans son rapport à une extériorité elle-même finie. C'est ce rapport qui, comme totalité effective, réalise véritablement le concept de volonté. Il convient d'être attentif au déplacement de sens qu'opère Hegel quant à la signification de ce concept. La volonté en sa vérité est un universel concret qui contient la particularité à titre de moment. Il faut donc se prémunir contre toute conception qui hisserait la particularité immédiate au rang de fondement universel de l'effectivité. La liberté consiste précisément dans la médiation de l'intérieur et de l'extérieur que le concept, en tant qu'unité différenciée, réalise *en* et *pour soi*.

C'est uniquement à la condition de s'effectuer comme le concept véritable de la liberté que la subjectivité se porte à l'existence concrètement morale. En demeurant attaché à sa simple particularité subjective, l'agent n'est justement pas libre mais se trouve livré au hasard capricieux de son libre-arbitre. Pour ne pas en demeurer à cette abstraction, la volonté subjective est appelée à faire se répondre sa propre détermination intérieure et l'effectivité extérieure. En d'autres termes, la liberté consiste pour le sujet fini à trouver sa satisfaction dans l'objectivité universelle en laquelle il se trouve inscrit. La volonté subjective se connaît concrètement comme subjectivité morale dès lors qu'elle reconnaît comme sienne cette objectivité et non pas lorsqu'elle s'en détourne en se repliant sur sa seule intériorité. En voulant l'objet, la volonté subjective se veut en même temps

1 *Principes de la philosophie du droit*, *op. cit.*, § 7 Rem., p. 124.

elle-même, et ce jusqu'au point de se reconnaître pleinement par la médiation de l'extériorité. Ainsi poursuit-elle « la détermination de ce qu'elle reconnaît dans son objet comme sien jusqu'à ce qu'il soit son véritable concept, l'objectif au sens de son universalité[1] ». Le droit de la volonté subjective ne saurait se confondre avec la prétention de faire valoir comme seule effective sa propre inclination immédiate. Il s'ensuit que l'intention morale, entendue comme la disposition purement intérieure du vouloir particulier, ne peut en aucun cas justifier « une action contraire au droit ». « Encore moins en a-t-elle fait un devoir[2] », comme s'en persuade trop aisément le fanatique qui, au nom d'une conception abstraite de la justice — abstraite car seulement possible — se résout à l'opposition brutale et purement négative à l'égard de l'effectivité présente.

C'est au contraire dans la coïncidence du droit objectif et de la disposition morale intérieure que la subjectivité parvient à éprouver sa liberté réelle. Donner l'avantage à l'un de ces deux moments au détriment de l'autre conduirait en quelque sorte à déréaliser l'effectivité, c'est-à-dire à rompre l'équilibre qu'elle présuppose. Il convient en ce sens d'être averti de ce que la domination unilatérale de l'un sur l'autre pourrait avoir de pernicieux pour la totalité éthique. Cette dernière doit pouvoir se prémunir contre les velléités arbitraires d'une subjectivité élevant en un contenu prétendument universel sa propre détermination immédiate et contingente. Mais il lui faut tout aussi bien veiller au danger représenté par un ordre juridique étouffant la subjectivité, une substance non animée par la subjectivité des acteurs qu'elle abrite en son sein. La conservation de la médiation de l'intériorité et de l'extériorité produit alors la libération de la subjectivité particulière. Cette libération n'est pas une fuite hors du donné mais « consiste à avoir, dans l'autre effectif avec lequel l'effectif est lié par la puissance de la nécessité, non pas soi en tant qu'autre, mais son propre être et poser[3] ». La subjectivité s'inscrit dans le rapport à une altérité objective dont le sens lui est non-étranger puisqu'elle le pose en s'y portant. Ce mouvement offre au sujet fini de s'éprouver comme *Soi* dans une totalité qui apparaît de la sorte comme esprit libre. Autrement dit, la subjectivité se découvre comme moment d'une universalité concrète contenant sa propre particularité. De ce point de

1 *Ibid.*, § 107 Rem., p. 209.
2 *Leçons sur le droit naturel et la science de l'État*, *op. cit.*, § 62, p. 112.
3 *La Science de la logique*, *op. cit.*, § 159 Rem., p. 405.

vue, la destination finale que la subjectivité morale se donne, le Bien qu'elle cherche à atteindre, n'est pas à situer au-delà de l'effectivité présente. Ce Bien est toujours déjà réalisé à même la substance éthique dont la subjectivité tire sa détermination. Plus encore, le Bien n'est pas autre chose que l'effectivité elle-même comprise comme l'unité manifestée de l'intérieur et de l'extérieur. Aussi faut-il comprendre qu'il ne revient pas à la subjectivité d'atteindre l'esprit à partir de sa propre nature immédiate. Son office est bien plutôt négatif, dialectiquement parlant, et consiste à se défaire de cette sienne naturalité pour reconnaître en l'universalité extérieure sa propre détermination intérieure. Hegel indique clairement la destination que la nature du Bien réserve à la volonté lorsqu'il souligne, dans les *Leçons sur le droit naturel* de 1818, au sujet de la conception qu'il convient d'en avoir :

> *Ce n'est pas le point de vue selon lequel le Bien ne serait pas présent, au contraire la substance est éternellement présente ; n'est produit que ce qui est déjà présent. Ce n'est pas la naturalité de la subjectivité qui doit atteindre l'esprit. C'est la volonté libre qui est purifiée en universalité*[1].

Il devient alors possible de parler de l'infinité de la subjectivité dans la mesure où celle-ci n'est autre que le rapport intériorisé à une universalité objective qui par là même perd son caractère d'extériorité. C'est dans un même mouvement que s'abrogent la particularité d'une subjectivité coupée de l'objectivité et une universalité se présentant comme extérieure à la subjectivité. La subjectivité se révélant le sens universel dont elle est porteuse atteint au rapport de liberté définie comme l'être auprès de soi dans l'autre. Cet arrachement au moi particulier présuppose, tout autant qu'il réalise, la condition d'avènement de la subjectivité libre.

> *Je dois être la subjectivité particulière supprimée en fait ; je dois ainsi reconnaître quelque chose d'objectif, qui est l'étant en et pour soi, qui vaut en fait pour moi comme élément vrai, qui est reconnu comme l'affirmatif posé pour moi — dans lequel je suis nié en tant que ce Moi-ci, mais où je suis en même temps contenu*

1 *Leçons sur le droit naturel et la science de l'État*, *op. cit.*, p. 122.

comme élément libre, ma liberté étant en même temps conservé par cet élément objectif. Cela requiert que je sois déterminé comme universel, que je sois maintenu comme universel et que je ne vaille pour moi que comme universel en général[1].

Ce principe de la particularité est ainsi un « moment de l'opposition » mais un moment seulement qui doit être à la fois reconnu pour lui-même et rapporté à l'universalité qu'il présuppose en se posant à son encontre. « Il est tout d'abord du moins *aussi bien* identique à l'universel que distinct de lui[2] ». La réalisation du concept de liberté suppose par conséquent aussi bien la reconnaissance du droit à la satisfaction subjective, « le droit du sujet à trouver sa satisfaction dans l'action[3] », que le dépassement de la différence qui oppose la particularité subjective et l'objectivité universelle. Il faut tenir grief à « la réflexion abstraite » de fixer « ce moment dans sa différence et dans son opposition avec l'universel », et produire « ainsi un point de vue sur la moralité d'après lequel celle-ci ne peut se perpétuer que comme un combat hostile contre la satisfaction propre, — c'est l'exigence de faire avec aversion ce que produit l'obligation ». C'est bien entendu le point de vue de l'autonomie kantienne qui est visé et son appréhension antinomique de la sensibilité particulière et de la légalité universelle. L'erreur principielle consiste ici à saisir la volonté de l'individu particulier comme le concept vrai de la volonté. De cette mécompréhension, déjà présente chez Rousseau, découle l'impossibilité de saisir la rationalité immanente à son concept. En posant l'arbitre particulier et ses tendances comme une réalité subsistante par elle-même, nous sommes contraints de regarder l'universel et donc la loi, et notamment la loi morale, comme une restriction de l'arbitre, une « détermination *négative*, celle de la restriction. » Selon ce point de vue, seule la volonté de l'individu particulier et son arbitre singulier constitue « l'assise substantielle et le terme-premier ». Par là, l'universalité de la loi s'entend uniquement dans les termes d'une restriction extérieure et non plus « comme ce qui est rationnel de façon immanente[4] ».

---

1 *Le Droit naturel, op. cit.*, p. 193.
2 *Ibid.* § 124 Rem., p. 220.
3 *Principes de la philosophie du droit, op. cit.*, § 121, p. 219.
4 *Principes de la philosophie du droit, op. cit.*, § 29 Rem., p. 138.

L'autonomie de la subjectivité pratique couve en son sein une hétéronomie des ordres de détermination qui se livrent bataille pour permettre ou empêcher l'affirmation de cette subjectivité. À ce point, la loi rationnelle se donne nécessairement comme étrangère à l'arbitre particulier et comme une certaine violence exercée à l'encontre de la volonté subjective. Ce point de vue antinomique de l'obligation et de la satisfaction propre peut conduire alors à renforcer le centrement égoïque de la volonté subjective légitimement appelée à se penser comme subsistante par elle-même dans la contradiction qui l'oppose à la loi. Dans sa prétention à valoir seulement pour soi comme singularité séparée de l'universel, la subjectivité atteignant à « la certitude de soi-même qui est pour soi, qui sait et qui décide pour soi » et n'ayant d'autre contenu que la simple forme de son vouloir subjectif est « sur le point de se renverser en Mal[1] ».

On ne peut que penser ici au *Michel Kolhaas* de Kleist et au maquignon qui, injustement débouté dans l'affaire l'opposant, au sujet de deux chevaux, au Junker von Tronka, s'autoproclame « lieutenant de l'archange Saint Michel, venu pour châtier par le fer et le feu [...] la perversité où le monde entier était plongé[2] ». Replié dans le fort de sa subjectivité humiliée, Kolhaas, « du fond de sa douleur de voir le monde dans un si monstrueux désordre » éprouve « la satisfaction secrète de sentir l'ordre régner désormais dans son cœur[3] ». Contemporain des jacqueries qui, quinze années plutôt, enflammèrent le Saint Empire romain germanique, mais se distinguant des paysans illuminés de Müntzer par son statut de bourgeois confortablement doté, Kolhaas lève une troupe avec laquelle il attaque la place de Wittenberg. Luther lui-même prend le parti de l'objectivité éthique contre la violence de la particularité érigée en juge suprême. S'en tenant à l'enseignement paulinien à propos de l'obéissance due aux autorités, le « docteur Luther » intervient auprès de Kolhass pour rappeler aux ordres de la providence divine le justicier vindicatif que « ni les lois divines ni les lois humaines n'autorisaient à exercer une vengeance personnelle aussi monstrueuse que celle qu'il s'était permise[4] ». Acceptant néanmoins de mener la médiation entre le maquignon et le Prince-Électeur de Saxe, Luther obtient

1 *Ibid.*, § 139, p. 234.
2 H. V. Kleist, *Michel Kohlaas*, Flammarion, Paris, 1992, p. 88.
3 *Ibid.*, p. 65.
4 *Ibid.*, p. 100.

qu'une nouvelle instruction de son procès soit ouverte. Après avoir dispersé ses hommes de main, Kolhaas se soumet finalement à l'ordre de la justice temporelle qui lui reconnaît le droit de se présenter devant un tribunal impartial. Mais un des valets du maquignon, appâté par les perspectives qu'offrent le pillage et la dévastation, argue faussement que son maître a été trahi. Accompagné d'une troupe d'hommes de guerre, le valet se lance dans la poursuite de la révolte initiée par Kolhaas et ce contre les protestations de ce dernier. L'idéal de justice qui avait porté Kolhaas à maltraiter l'ordre civil est tout à fait étranger aux visées du valet Nagelschmidt. Mais, aux yeux de l'effectivité temporelle, les motivations subjectives du premier n'excusent pas plus le premier que le second. Tous deux ont élevé en maxime de leur action leur propre vouloir particulier. Si les requêtes du marchand de cheval, appréciées à l'aune d'une justice parfaite *en soi*, peuvent paraître légitimes, la déroute du droit qui découle de sa résolution à produire un ordre conforme à son sens moral témoigne que l'objectivité substantielle souffre pareillement des prétentions de la subjectivité érigée en juge absolu, que cette dernière soit bonne ou mauvaise. Cette résolution subjective à faire triompher l'ordre du cœur conduit certes à sympathiser avec la détermination et la hardiesse de Kolhass. Mais son entêtement à piétiner l'ordre éthique, non seulement au regard de l'obéissance civique, mais aussi de l'amour familial et de la propriété, pousse finalement à douter du sens de sa démarche. Ruinant son patrimoine laborieusement acquis, voyant mourir sa femme, laissant ses enfants orphelins, se livrant au déchaînement du pillage en compagnie d'une soldatesque composée de mercenaires, de valets de fermes et de marginaux, Kolhaas, « libéré de l'Empire et du monde, soumis à Dieu seul[1] », renverse l'ordre universel de l'éthicité pour deux chevaux maltraités. « Son vœu le plus cher » qui, au terme de son procès se verra satisfait alors même qu'est proclamée sa condamnation à mort, n'est autre que de palper « l'encolure dodue » des bêtes rétablies en leur état premier. C'est son propre orgueil que Kolhass flatte alors, au travers de la caresse qu'il applique à ses chevaux ragaillardis. Au moment dernier où il monte sur le billot, alors qu'un secret confié sur un bout de parchemin par une vieille bohémienne pourrait lui sauver la vie, Kolhass brave l'Électeur de Saxe prêt à tout pour récupérer ce papier sur lequel est inscrit l'avenir de sa maison. « Il

1 *Ibid.*, p. 81.

le mit dans sa bouche et l'avala ». À l'instant où l'effectivité éthique fait valoir son droit, Kolhass, absorbant le signe objectif du rôle politique qu'il pourrait jouer dans l'ordre temporel, témoigne que sa particularité subjective englobe et engloutit toute détermination étrangère à la règle qu'il s'est lui-même fixée.

Contre les conséquences de cette disjonction du particulier et de l'universel, l'effort hégélien vise au contraire à maintenir ferme le rapport d'inhérence de l'un à l'autre. La rationalité du concept de volonté exige alors de tenir en équilibre deux points de vue apparemment exclusifs. Il s'agit de reconnaître son droit à la particularité tout en s'assurant que la substance ne sombre pas dans la subjectivité. En d'autres termes, Hegel nous propose d'éviter et la dissolution de la subjectivité particulière dans la substantialité éthique et le naufrage des rapports éthiques dans le caprice de l'arbitre subjectif. La solution de ce dilemme suppose de parvenir à articuler le particulier et l'universel. L'entendement s'accommode aisément d'une simple mise au point quantitative consistant à laisser la subjectivité particulière être ce qu'elle est, une somme de tendances immédiates et de caprices, jusqu'au point où l'autorité extérieure de la loi viendrait à la briser. Mais nous avons vu en quelle mesure la raison exige davantage que cette rencontre frontale. La possibilité d'une médiation de l'intériorité subjectivité et de l'objectivité substantielle suppose un dessaisissement progressif du vouloir immédiat et son ouverture à la médiation. C'est là ce que Hegel nous montre être le chemin de la culture. En faisant de l'extérieur un intérieur, l'éducation de la subjectivité, sa formation et son façonnement, doivent lui permettre de se reconnaître comme *Soi* dans la loi qui s'impose à elle. Cette abrogation de l'extériorité, à travers l'éducation, permet de concevoir la totalité éthique comme véritablement effective dans la transposition de l'extérieur dans l'intérieur et de l'intérieur dans l'extérieur. Au contraire,

> *le défaut ou l'imperfection d'un objet consiste en ce qu'il est seulement quelque chose d'intérieur et par là en même temps seulement quelque chose d'extérieur, ou, ce qui est la même chose, seulement quelque chose d'extérieur et par là seulement quelque chose d'intérieur*[1].

1 *La Science de la logique*, *op. cit.*, Add. § 140, p. 572.

Le sens de l'éducation est de conduire l'*en soi* de l'enfant, c'est-à-dire sa capacité rationnelle, à l'existence *pour soi*. L'enfant devenu adulte cesse d'agir sous l'impulsion de ses penchants intérieurs mais aussi sous la menace de l'autorité extérieure. Le Moi formé découvre alors que sa propre volonté est réalisée extérieurement dans le droit objectif ou, en d'autres termes, que la volonté universelle l'habite intérieurement à titre de détermination morale. Toute l'œuvre de la culture consiste à faire pénétrer l'objectivité au cœur même de la subjectivité ou, tout aussi bien, à amener le sujet à reconnaître dans les institutions du droit universel sa propre volonté. Le processus de formation culturelle permet d'informer la subjectivité finie à partir de l'universalité substantielle des rapports éthiques. La culture voue, en ce sens, la subjectivité à s'ouvrir à la substance éthique « qui n'est plus immédiate, naturelle, mais au contraire spirituelle[1] ».

En renonçant à son vouloir immédiat et naturel, la subjectivité apprend à se découvrir auprès de soi dans l'objectivité déployée comme l'être-là de sa liberté. Ainsi seulement la volonté peut-elle être *en* et *pour soi*.

La différenciation de la volonté ou la bipolarité éthique

C'est dans l'éthicité, dans la vie de la communauté éthique (*sittlichkeit*) que se réalise concrètement le concept de la volonté dont l'articulation de l'*en soi* et du *pour soi* produit la distinction de deux faces, objective et subjective, s'appelant réciproquement. C'est de la médiation de ces deux moments qu'émerge la rationalité même de l'État entendue au sens large d'« effectivité de l'idée éthique[2] ». Ainsi la totalité éthique s'engendre comme l'objectivité substantielle différenciée au-dedans de soi en système de droits et de devoirs réalisé dans les institutions. Mais elle existe, d'autre part, en tant que détermination subjective qui, comme volonté, reconnaît son propre vouloir dans ces institutions. De cette communication de l'objectif et du subjectif, il ressort que

1 *Principes de la philosophie du droit*, *op. cit.*, § 187 Rem., p. 284.
2 *Ibid.*, § 257, p. 333.

l'éthicité est l'idée de la liberté en tant que Bien vivant qui a dans la conscience de soi son savoir, son vouloir, et grâce à l'agir de celle-ci, son effectivité, de même que la conscience de soi a, à même l'être éthique, son assise qui est en soi et pour soi et sa fin motrice, — l'éthicité est le concept de la liberté devenu monde présent-là et nature de la conscience de soi[1].

Dans la mesure où se trouvent réunis en elle le moment de l'identité à soi du vouloir et son être-hors-de-soi substantiel, l'éthicité se détermine comme le Bien concret. De par l'ancrage objectif du vouloir dans les institutions juridiques et politiques, nous échappons à l'abstraction qui caractérisait la moralité formelle de la subjectivité close sur soi. À la place de l'abstraction du Bien simplement formel vient à émerger la substance concrète animée par « la subjectivité en tant que forme infinie ». Cette substance contient ainsi la différence en elle-même comme un moment nécessaire de sa propre actualité vivante.

De la sorte, le concept de volonté se réalise en une unité différenciée s'attestant aussi bien comme le savoir qu'a le sujet de sa propre liberté que comme l'objectivité déterminée en laquelle ce sujet trouve sa finalité. La rationalité de la sphère éthique repose tout entière sur la différence immanente à l'unité du vouloir libre.

La moralité comme terrain de la liberté

La conscience de soi du sujet dans l'objectivité éthique, le vouloir fini reconnaissant dans les institutions son essence même, se présente sous la forme de la disposition d'esprit (*Gesinnung*), notion fondamentale pour saisir ce que Hegel entend nommer sous le terme d'*effectivité* de l'esprit objectif. L'effectivité est l'extériorisation de l'essence épuisant la manifestation de son intériorité dans cet apparaître extérieur. Sans le renoncement de la subjectivité finie à son être immédiat, une opposition fixe et rigide sépare intérieur et extérieur, sujet et objet. C'est alors la médiation comme apparaître de soi de l'Idée qui s'évanouit. C'est donc en vue de cette disposition d'esprit accordée à l'objectivité éthique que s'accomplissent discipline et culture du vouloir subjectif. La disposition d'esprit

1 *Ibid.*, *op. cit.*, § 142, p. 251.

éthique se produit dès lors comme un « vouloir devenu habitude », vouloir porté vers la réalisation des fins de l'État comme des siennes propres. Au travers de cette disposition, la particularité subjective et l'universalité objective s'unissent en une singularité libre. C'est par la disposition d'esprit que les institutions reçoivent leur animation subjective et ce sont en même temps ces institutions qui offrent le terrain de sa réalisation objective à une volonté jusque-là seulement formelle. Au travers de la disposition d'esprit, la conscience sait son intérêt contenu dans la conscience qu'elle a de cet autre qu'est pour elle l'État et qui n'est dès lors « pas un autre pour moi, et en quoi je suis libre dans cette conscience[1] ».

Cet élément éthique, en tant qu'il pénètre jusqu'au sentiment et forme la conscience des individus, constitue l'effectivité de leur vouloir et agir quotidien comme *coutume éthique* (*Sitte*). À la volonté immédiate et arbitraire s'est substitué l'esprit valant comme une seconde nature immanente à la subjectivité et dont l'esprit vivant se donne comme substance mondaine concrète[2].

La disposition d'esprit éthique élevée à la conscience de soi a son pendant objectif dans la substance organique de l'État, dans la *constitution* (*Verfassung*) qui s'établit à titre de détermination universelle se faisant valoir comme loi. La constitution élève à l'universalité du penser réfléchi la rationalité présente *en soi* à même la coutume éthique. De la coutume à la loi, il n'y a donc pas rupture ou opposition mais bien plutôt continuité, la seconde posant *pour* la conscience subjective ce que la première intègre *en* celle-ci.

> *Cette unité de la volonté rationnelle avec la volonté singulière, laquelle est l'élément immédiat et propre de la manifestation active de la première constitue l'effectivité de la liberté. Comme elle-même et son contenu appartiennent à la pensée et sont ce qui est en soi universel, le contenu a sa déterminité vraie seulement dans la forme de l'universalité. Lorsque, dans celle-ci, il est posé pour la conscience de l'intelligence avec la détermination d'être une puissance qui se fait valoir, il est la loi ; — lorsque le contenu est libéré de l'impureté et de la contingence qu'il a dans le sentiment pratique ainsi que dans la tendance, et qu'il est également, non plus dans la forme de ceux-ci, mais dans son universalité, intégré*

1 *Ibid.*, § 268, p. 350.
2 *Ibid.*, *op. cit.*, § 151, p. 257.

de façon formatrice à la volonté subjective comme son habitude, sa disposition intérieure et son caractère, il est en tant que coutume éthique[1].

Ainsi la différenciation de la volonté en ces deux moments, objectif et subjectif, extérieur et intérieur, universel et particulier, moments qui sont tout aussi bien identiques, produit l'infinité et la rationalité de la volonté libre en et pour soi.

La seule satisfaction qui puisse par conséquent avoir une valeur pour la particularité subjective est celle de sa réconciliation avec l'objet universel. « Comme la liberté n'est essentiellement que l'identité absolue à travers sa négativité absolue[2] », cet objet ne peut pas ne pas comporter le moment de l'être-autre vis-à-vis du sujet. Cette extériorité ne doit valoir néanmoins elle-même que comme un simple apparaître (*erscheinen*) et non comme une altérité radicale. Autrement dit, l'objectivité à laquelle se rapporte le vouloir subjectif a le sens d'une substance idéelle dont la détermination se trouve au-dedans de la subjectivité même. C'est pourquoi l'État peut être considéré comme l'effectivité véritable. Entendu comme la volonté *en* et *pour soi*, il contient à titre d'unité différenciée les déterminations objectives du droit et la subjectivité morale. Par conséquent, « c'est en lui que la volonté véritable, que la volonté éthique vient à l'effectivité, et que l'esprit vit dans son authenticité », car il est justement l'unité de l'intérieur et de l'extérieur dont nous avons pu observer qu'elle caractérisait l'essence même de la manifestation.

Conclure de cette différenciation de l'intérieur et de l'extérieur, du subjectif et de l'objectif, de la morale et du droit à une opposition rigide et fixe serait succomber à un contre sens fatal à la compréhension de l'effectivité éthique. Seule une mauvaise compréhension d'entendement — dont l'abstraction « consiste à se fixer de vive force à *une* déterminité, à s'efforcer d'obscurcir et d'éloigner la conscience de l'autre déterminité qui se trouve dans cet objet[3] » — peut s'attacher à une détermination sans considération de l'autre. Si opposition il peut y avoir, elle se résout dans la vie de l'esprit se distinguant de soi dans les moments de

1 *Philosophie de l'esprit*, *op. cit.*, § 485, p. 282.
2 *Leçons sur le droit naturel et la science de l'État*, *op. cit.*, § 9, p. 53.
3 *La Science de la logique*, *op. cit.*, § 89, Rem., p. 355.

son devenir. La compréhension spéculative de l'effectivité éthique évitera tout autant de s'en tenir à la simple identité de ces deux moments maintenus en l'unité immédiate d'une substance non développée, que de les saisir en termes de différence radicale et d'opposition abstraite.

Dans le cas d'une séparation radicale de l'intérieur et de l'extérieur notamment, l'essence est fixée comme un autre. Située au-delà de la relation qui lie les termes en rapport, l'essence cesse d'exister comme sa propre manifestation. Ce qui apparaît alors n'est que simple apparence (*Schein*) et ne vaut pas en lui-même. C'est pourquoi l'État, en tant qu'effectivité de la volonté *en* et *pour* soi, ne peut se comprendre dans une telle opposition. L'élévation du particulier à l'universalité, élévation où le premier se conserve en tant que tel tout en renonçant à sa position immédiate et apparemment subsistante, fournit seule la clé d'intelligibilité de la rationalité éthique. Pour être effectivement rationnel, l'État doit apparaître comme l'unité de la volonté subjective et de la volonté universelle.

Notons d'ailleurs que « par là, déjà, est écartée la représentation selon laquelle le libre arbitre de l'individu singulier devrait constituer le principe de l'État[1] ». Force est, par conséquent, de renoncer à la représentation libérale qui voit dans l'État un moyen pour les individus de satisfaire leur intérêt particulier. Se faisant nous concevons le rapport de l'un à l'autre comme une relation de pure extériorité. C'est pourquoi

> *il ne faut pas dire que les individus sont la fin et l'État le moyen. Le rapport de moyen à fin n'est pas adéquat. Car l'État n'est pas l'être abstrait qui fait face aux citoyens, mais ceux-ci sont le moment essentiel, la conscience du tout lui-même.*

Certes, le particulier doit trouver sa satisfaction dans l'universalité de l'État. Mais cette universalité demeure formelle et purement extérieure tant que la conscience ne s'est pas élevée au savoir du droit objectif comme de l'être-là de sa liberté. Tant que la volonté se conçoit uniquement comme libre-arbitre, l'effectivité ne peut qu'apparaître dans sa contingence et de la sorte contredire son propre concept. C'est cette mécompréhension de la nature de l'effectivité qui empêche de saisir la différence du droit objectif et de la morale subjective

1 *La Philosophie de l'histoire*, *op. cit.*, p. 172.

autrement que comme une pure disjonction. À l'inverse, la compréhension de la nature véritable de l'effectivité doit conduire à renoncer à la représentation de l'opposition abstraite entre l'intériorité du vouloir immédiat et l'extériorité du donné présent. L'effectivité véritable suppose leur identité différenciée, ce qui revient à dire que droit et morale ne valent que comme les moments du tout qu'est l'État. « Le droit et la moralité ne sont que des moments idéels, leur existence est d'abord l'éthicité. La moralité effective n'est que la moralité du tout, dans l'éthicité[1]. » C'est pourquoi la subjectivité particulière ne peut en rester au rapport immédiat à un positif reçu extérieurement mais doit faire sien ce donné. Il s'ensuit que la volonté particulière ne peut se trouver exclue de l'État comme un moment inessentiel et lui-même contingent.

Le droit de la particularité

De même que l'État ne peut être saisi comme une détermination offerte à la possibilité illimitée de l'arbitre, l'individu ne peut être un simple moyen d'affirmation de la puissance publique. Si « le droit de l'État est que son idée soit reconnue et rendue effective[2] », il faut reconnaître à la volonté particulière un droit absolu à la satisfaction. C'est pourquoi il convient d'entendre correctement ce droit de l'État à l'effectivité. L'unité de l'intérieur et de l'extérieur suppose aussi bien le rapport que la distinction de ces deux moments. Le principe de la liberté subjective ne peut pas ne pas être reconnu si le concept de la volonté *en* et *pour soi* doit se réaliser véritablement. On ne saurait donc faire de la détermination morale l'objet d'un commandement, ce qui reviendrait à supprimer purement et simplement la libre auto-détermination de la volonté subjective. Hegel n'a de cesse de dénoncer une telle confusion des sphères juridique et moral, symptomatique du despotisme oriental. La *Philosophie de l'histoire* insiste tout particulièrement sur ce point.

> *Le juridique n'a pas à pénétrer dans la disposition d'esprit. Si quelque chose de moral fait l'objet d'un commandement, les lois peuvent bien résonner excellemment, elles peuvent être des*

---

1 *Leçons sur le droit naturel et la science de l'État*, *op. cit.*, § 69, p. 121.
2 *Ibid.*, § 124, p. 203.

décrets de Salomon, il n'en demeure pas moins que du despotisme est intervenu, et un despotisme d'autant plus grand que la loi résonnait comme plus excellente. Dans l'État chinois, ce qui est éthique est transformé en quelque chose de juridique. Ce qui n'a de valeur que comme disposition d'esprit doit compter comme objet de l'élément juridique. Est donc commandé par les lois ce qui, par sa nature même, est moral, ce qui appartient à l'autodétermination intérieure[1].

Nonobstant le fait qu'il détruise toute capacité morale, un tel gouvernement ruine tout aussi bien la possibilité pour le vouloir subjectif d'y trouver sa propre essence. « Lorsque les gouvernements font de l'élément moral leur principe, alors il n'est plus reconnu dans les sujets, il n'est plus présent comme ce qui est propre au sujet particulier[2] ». C'est pourquoi la Grèce elle-même, qui ignorait ce principe de la liberté subjective et où « l'homme n'a pas encore l'exigence que tout doive se justifier dans son intériorité[3] », nous empêche, nous autres modernes, de trouver une satisfaction totale dans l'organisation de la *Polis*.

Nous nous sentirons certes éternellement attirés par la Grèce, mais l'esprit ne peut pas trouver en elle sa satisfaction suprême ; il manque un moment essentiel à l'absolu objectif, qui a la forme de la beauté : c'est la vérité ; et il manque encore ici au droit, à l'éthicité, la liberté supérieure issue de l'unité subjective de la conscience de soi[4].

Le pivot de la modernité est au contraire l'intérêt que l'individu peut trouver dans l'accomplissement de son devoir à l'égard de l'État. Pour que l'éthicité atteigne son effectivité, il est requis que « la chose universelle » devienne pour l'individu « sa propre chose particulière[5] ». Ce « droit du sujet à trouver sa satisfaction dans l'action[6] » naît avec la représentation chrétienne de l'homme comme esprit libre et dont la subjectivité finie doit être appréhendée comme un moment contenu

1 *La Philosophie de l'histoire, op. cit.*, p. 226.
2 *Ibid.*, p. 227.
3 *Ibid.*, p. 399.
4 *Ibid.*, p. 415.
5 *Principes de la philosophie du droit, op. cit.*, § 229 Rem., p. 308.
6 *Ibid.*, § 121, p. 219.

dans l'idée divine elle-même. En tant qu'elle est le lieu où s'articulent et s'unissent la subjectivité intérieure et la volonté universelle, la conscience morale est le principe même de l'éthicité moderne, principe révélé en la religion accomplie. En ce sens, la conscience morale est un « sanctuaire » auquel on ne saurait porter atteinte sans « sacrilège ». C'est au sein de la conscience morale que le droit et l'obligation sont sus comme la vérité à laquelle cette conscience aspire.

Mais ce sanctuaire n'est effectivement divin que pour autant qu'il s'accorde avec la réalisation de l'effectivité éthique et donc de la volonté en et pour soi. Toute l'ambiguïté de la conscience morale réside dans le fait que, présupposée par l'identité concrète de la subjectivité et de l'objectivité éthique, elle s'arrache, dans son autodétermination, à la condition qui la pose pour se donner le titre de volonté *en* et *pour soi*. De moment, la conscience morale peut élever la prétention à valoir comme totalité et c'est là ce qui ne doit pas être. En ce cas, l'intérieur et l'extérieur tombent en effet l'un en dehors de l'autre et la contingence se substitue à l'effectivité.

C'est pourquoi il convient d'insister encore sur l'ambivalence de cette conscience morale. Car si l'on considère celle-ci en son aspect formel, en tant qu'elle est « dépourvue de ce contenu objectif », elle se présente à elle-même comme la pure certitude de soi, certitude qui est celle de « ce sujet-ci[1] » et de son libre arbitre particulier. Une alternative pourrait alors consister pour le sujet à évacuer tout intérêt particulier déterminant sa volonté et se proposer pour maxime de son action la pure forme du vouloir universel comme y invite la morale kantienne. Mais si l'obligation suppose la libre auto-détermination de la volonté subjective, et ce dans la mesure où « la volonté est libre parce qu'elle n'est en relation à rien d'autre, n'est en relation au contraire, comme négativité absolue, qu'avec soi-même », il faut être attentif cependant au risque que peut faire courir le formalisme d'une morale fondée sur l'autodétermination inconditionnée de la volonté. Se donner par elle-même un contenu universel ne signifie pas pour la volonté subjective supprimer son intérêt particulier, ni concevoir cet universel comme la pure loi de la raison coïncidant avec elle-même. Ce dernier cas conduit en effet à ne trouver aucun autre contenu de la détermination morale que la pure forme du Moi. L'obligation voulue pour elle-même en tant qu'obligation

1 *Ibid.*, § 137, p. 232.

est une obligation simplement formelle et exclut tout contenu, ce qui anéantit l'effectivité de la totalité éthique. Or, le contenu que la libre volonté se donne n'est ni sa particularité contingente ni la pure forme universelle du vouloir, mais le contenu objectif des déterminations éthiques. Il est donc nécessaire que la subjectivité particulière passe de la certitude de soi simplement subjective au savoir de l'obligation objective comme de sa volonté.

Trois écueils sont dès lors à éviter afin de garantir l'effectivité de la totalité éthique : imposer la détermination juridique à la place de la détermination morale ; faire du contenu de la volonté immédiate le principe de la détermination subjective ; renoncer à tout contenu de la volonté particulière pour se livrer à l'abstraction d'un universel formel. Si nous considérons au contraire le point de vue de l'effectivité elle-même, c'est-à-dire de l'essence s'épuisant dans la manifestation d'elle-même, « ce qui est intérieur est aussi présent extérieurement, et inversement ». Dans la mesure où, d'un point de vue logique, « l'apparition ne montre rien qui ne soit dans l'essence », parce qu'en outre « dans l'essence, il n'y a rien qui ne soit manifesté[1] », le contenu éthique substantiel doit apparaître dans la conscience subjective et la conscience doit se trouver dans ce contenu universel. Ceci revient à attendre de la conscience particulière qu'elle se découvre dans sa négation. Mais l'universel, qui est la négation du particulier, doit lui-même se nier en se particularisant. Ainsi seulement se réalise l'identité concrète de l'État comme sphère éthique.

> *L'État est l'effectivité de l'esprit éthique en tant qu'il est la volonté universelle manifeste, claire à elle-même, qui accède au savoir et s'accomplit dans l'être-là immédiat de la coutume éthique à même la conscience de soi singulière ; dans le savoir et l'activité de celle-ci, il a son effectivité médiate, de même qu'il revient à cette dernière, à travers sa disposition d'esprit, de le savoir comme sa substance, la fin et le produit de son activité, qu'elle a en lui sa liberté*[2].

1 *La Science de la logique*, *op. cit.*, § 139, p. 391.
2 *Leçons sur le droit naturel et la science de l'État*, *op. cit.*, § 123, p. 202.

Si, par conséquent, l'État, en tant qu'« effectivité de la liberté concrète », ne peut admettre l'auto-détermination abstraite de la subjectivité fanatique qui, au nom de son inspiration intérieure, menace l'objectivité juridique, il ne peut pas ne pas accorder son droit à la conscience morale comme condition de l'effectivité du Bien qu'il est.

> *Cette subjectivité, en tant qu'autodétermination abstraite et pure certitude d'elle-même seulement,* met en déroute *toute* déterminité *du droit, de l'obligation et de l'être-là au-dedans de soi, tout comme elle est la puissance* judicative *de déterminer à partir d'elle seule quelle sorte de contenu est bon, et est en même temps la puissance à laquelle le Bien, qui tout d'abord n'est que représenté et qui* doit *être, est redevable d'avoir une* effectivité [1].

Ce Bien n'est autre que la totalité éthique dont l'État, au sens strictement politique, constitue le savoir universel. Ce savoir, exprimé dans la constitution et les lois, désigne la conscience de soi la plus élevée à laquelle un peuple puisse parvenir. De ce point de vue, l'éthique ne peut valoir comme la simple détermination d'un individu isolé. Au contraire, l'éthique est nécessairement une éthique collective. Hegel, dans son article sur *Le Droit naturel*, texte de jeunesse qui conserve néanmoins son intérêt en cette matière, va jusqu'à écrire qu'elle est même « si essentiellement l'éthique de tous qu'on ne peut pas dire qu'on en trouve une image spéculaire fidèle dans l'individu[2] ». D'emblée l'éthique est porteuse d'une réalité universelle. Elle n'existe au niveau individuel qu'en tant que principe architectonique et informant. « Elle ne peut pas s'exprimer dans l'individu si elle n'est pas son âme et elle ne peut l'être que si elle est quelque chose d'universel et l'esprit pur d'un peuple ». Cet enracinement de l'universalité éthique au sein de l'âme individuelle se voit d'ailleurs exprimé par le terme de *moral*, pour peu qu'on sache y discerner un sens plus originel que celui de la moralité purement subjective. L'éthique (*sittlichkeit*) véritablement universelle est constituée par les

1 *Principes de la philosophie du droit, op. cit.*, § 138, p. 233.
2 *Le Droit naturel, op. cit.*, p. 139.

mœurs (*sitten*), c'est-à-dire par la coutume éthique. À défaut de pouvoir effacer totalement l'origine communautaire du terme, les défenseurs de la subjectivité abstraite sont obligés d'utiliser un autre terme, celui de moralité (*Moralität*).

Nous apercevons ici un indice linguistique en général récusé mais pleinement justifié par ce qui précède : il est dans la nature de l'éthique absolue d'être un universel en tant qu'elle est constituée par des mœurs (*sitten – ethê*). C'est ce qu'exprime le mot grec qui signifie *Sittlichkeit*, aussi excellemment que le mot allemand.

Du fait qu'elle est la certitude d'elle-même en soi et pour soi, la conscience morale peut être disposition d'esprit éthique ou principe subjectif du Bien mais tout autant principe du Mal, c'est-à-dire pure volonté égoïste. En tant qu'elle décide de « s'accrocher à sa particularité propre et pose en celle-ci l'idée du Bien[1] », la conscience morale va plus loin encore lorsque, avertie de la disjonction de son intention propre et de l'obligation universelle, elle trompe son monde en faisant de sa détermination particulière le critère du vouloir universel. Cette « *subjectivité qui s'affirme* comme *l'absolu* » se fait alors championne de l'hypocrisie[2]. Pour ne pas succomber aux conséquences de cette ambiguïté constitutive, la volonté subjective doit, nous l'avons vu, être conduite à s'opposer à sa naturalité immédiate et ne pas demeurer fixée dans sa différence. C'est pour cette raison que la conscience morale doit trouver la possibilité de s'accorder à l'« universalité et l'objectivité » de déterminations substantielles[3].

C'est dans l'identité concrète de l'éthicité, où s'intègrent les deux totalités déjà achevées en soi de la substance éthique et de la volonté subjective, que s'efface l'abstraction du bien auquel prétend la conscience morale. Cette identité concrète de la totalité éthique se détermine plus précisément en lois et institutions valant pour la conscience subjective comme le savoir de sa propre volonté universelle. L'élément éthique est ainsi le résultat auquel parviennent le droit objectif et la conscience morale subjective, résultat qui est tout aussi bien fondement de leur distinction. Le rapport négatif de ces deux totalités apparaît comme la médiation posée au-dedans de soi par le concept de volonté en et pour soi. Dès lors, considérés en eux-mêmes, ces deux moments se présentent nécessairement en leur

1 *Leçons sur le droit naturel et la science de l'État*, *op. cit.*, § 67, p. 117.
2 *Principes de la philosophie du droit*, *op. cit.*, § 140, p. 235.
3 *Ibid.*, § 141, p. 248.

unilatéralité et leur finité bornée. Mais dans la mesure où ils sont les moments du concept, leur opposition s'abroge et se reconduit à l'unité d'une « substance qui est *concrète* grâce à la subjectivité *en tant que forme infinie*[1] ».

1 *Ibid.*, § 144, p. 251.

CHAPITRE 4

LA NATURE RESTAURÉE

La disposition d'esprit éthique a cet incontournable avantage de permettre au sujet de se trouver *Soi* dans la substance éthique et dans ses lois. Par là les déterminations de l'esprit objectif « ne sont pas quelque chose d'*étranger* au sujet, celui-ci donne au contraire à leur propos le *témoignage de l'esprit,* selon lequel elles sont *son essence propre*, en laquelle il a son *sentiment de soi* et vit comme dans un élément non distinct de lui[1] ». Dans le rapport à cette essence qui n'est pas un simple au-delà abstrait mais l'effectivité en laquelle la subjectivité se déploie, cette dernière possède le sentiment de soi par où elle « est en relation avec ces déterminations qui sont les siennes[2] ». La disposition d'esprit assure ainsi au sujet un rapport immédiat et non réfléchi à un extérieur qui, d'emblée, lui apparaît comme lui-même. Elle est « une mise à distance de la réflexion qui est toujours sur le point de sortir de la substance universelle pour aller dans le particulier[3] ». En ce sens, le sentiment de soi se révèle être la garantie de l'idéalisation des déterminations extérieures à la subjectivité. En tant que moment antérieur à celui de la conscience, le sentiment de soi immédiat se présente pour la réflexion comme inférieur et est appelé à être dépassé par la pensée concevante. Mais loin de voir en cette immédiateté un défaut, il faut y reconnaître au contraire la condition même de la vitalité éthique animée par la subjectivité. Parce que la réflexion suppose précisément une différenciation du sujet et de l'objet, un premier

1 *Ibid.*, § 147, p. 253.
2 *Philosophie de l'esprit, op. cit.*, § 407, p. 210.
3 *Leçons sur le droit naturel et la science de l'État, op. cit.*, § 70, p. 123.

moment d'identité non médiatisée paraît nécessaire pour enraciner l'esprit dans son rapport à lui-même. Sans ce premier moment, les déterminations éthiques ne vaudraient que dans leur extériorité et se trouveraient à la merci d'une réflexion dissolvante. À l'inverse, ancrées au plus profond de l'être subjectif, la réflexion peut faire retour sur ces déterminations. C'est sur la base de « cette identité dépourvue de rapport » que la réflexion trouvera alors à s'exercer[1].

Tout l'intérêt de la primauté du sentiment est de permettre à ce discernement de se déployer sur le terrain de la totalité effective et non pas dans la séparation des ordres subjectifs et objectifs. Ce n'est donc pas la ratiocination qui conduit la subjectivité à reconnaître l'idéalité des déterminations éthiques. Même la croyance et la confiance, quoique antérieures à la réflexion, se révéleraient inadéquates à produire cette inscription dans la mesure où elles présupposent déjà une différence d'avec l'objet qu'elles ont en vue. Du fait de l'idéalisation produite dans le sentiment de soi éthique la conscience de ces déterminations devient au contraire possible.

Racines de l'éthicité

Pour nous aider à saisir cette différence du *sentiment de soi* et de la *croyance* et l'intentionnalité qui anime déjà cette dernière, Hegel use d'un exemple simple : « Il est différent de croire à la religion païenne et d'être païen. » Dans le premier cas, la croyance se présente comme détermination subjective à l'égard d'un objet qu'elle suppose séparé bien qu'elle vise à s'unir à lui en esprit. Dans le second, la détermination est inhérente à l'identité du sujet et pour cette raison ne peut s'en détacher sans que celui-ci ne subisse une modification de son essence même.

L'intériorisation des déterminations éthiques, ou tout aussi bien l'inconscience de leur extériorité, assure ainsi la libération de la subjectivité dans la mesure où, ignorant sa différence finie, elle ressent l'obligation universelle non comme une « restriction » mais comme sa volonté même. Certes, ce rapport immédiat est appelé à se développer dans et pour la représentation, car si en cette immédiateté le sujet se trouve lui-même en son autre, il ne se sait pas ainsi déterminé. Toutefois, du fait de sa fonction intégrative, la disposition d'esprit est

1 *Principes de la philosophie du droit*, *op. cit.*, § 147 Rem., p. 253.

bel et bien incontournable pour la formation de la subjectivité éthique qui parvient grâce à elle à une triple libération : à l'égard de sa volonté immédiate et naturelle, à l'égard de la ratiocination de libre-arbitre et à l'égard de l'indétermination de la subjectivité formelle prisonnière de son ineffectivité. Éduquée à l'universalité du vouloir objectif, effective car laissant son intérieur apparaître comme extérieur, la subjectivité découvre sa liberté véritable comme « liberté substantielle[1] » et non plus seulement subjective. Par là, le sujet trouve dans l'effectivité extérieure son propre être intérieur. Cette unité immédiate de l'esprit avec lui-même constitue pour le sujet son propre être, sa véritable nature, mais une nature qui n'a de naturelle que cette immédiateté du sentiment, d'une naturalité conquise par l'esprit dans le dépassement qu'il accomplit des déterminations abstraites de la volonté encore enfoncée dans son impulsivité instinctive.

Piété familiale

Dans l'unité de la subjectivité et de l'esprit « présent-là en tant que monde », le sujet ne vaut pas d'emblée en sa particularité mais se découvre lui-même dans l'esprit de la communauté en laquelle il s'inscrit. Le sentiment qu'il a de soi est le sentiment universel des membres de la communauté à former une totalité. C'est pourquoi la position de cette substance ne s'accomplit pas par une décision réfléchie qui supposerait la subsistance par soi des différents moi singuliers.

Cette unité substantielle des différentes subjectivités est proprement ce que vise à réaliser la communauté eucharistique dans l'élévation du particulier à l'universel que se propose le culte chrétien. Mais c'est à l'articulation de la nature et de l'éthicité que se donne à voir cette « identification des personnalités » sur la base de laquelle se développe le sentiment du Soi universel. En liant dès l'abord ses membres au travers du sentiment d'amour réciproque, la famille apparaît ainsi comme le sein premier auquel se nourrit d'emblée la subjectivité. C'est sans doute la raison pour laquelle la famille acquiert, pour la représentation, une signification religieuse. Le lien d'amour qui s'y déploie semble constituer le modèle structurel de la communion cultuelle où chacun se sait soi dans

1 *Principes de la philosophie du droit*, *op. cit.*, § 149, p. 254.

l'autre. Le culte que la religion païenne rend aux Pénates témoigne en faveur de la dimension substantielle attachée à la famille comme lieu de l'enracinement universel de la subjectivité[1].

Remarquons d'ailleurs ce que nous apporte ce lien de la famille et du culte religieux quant à la compréhension du concept divin. Nous y voyons le divin se manifester à même la substance des rapports éthiques et non pas dans un au-delà fixé dans son opposition à l'effectivité. Cette opposition, caractéristique de l'ascèse monastique et de son idéal du célibat se détournant de l'amour terrestre pour nourrir un amour céleste, conduit à séparer l'effectif de son extériorité qui résiste alors d'autant plus en son abstraction qu'elle n'est pas reconnue comme l'intérieur véritable. L'amour « fallacieusement nommé platonique » consiste uniquement en un rapport négatif à la vie comme union véritablement substantielle.

Si la théologie hégélienne est inséparable d'une phénoménologie et d'une anthropologie, c'est que, pour Hegel, l'esprit ne révèle son infinité qu'en animant le monde auquel il donne vie. Renoncer à la communication spéculative de l'intérieur et de l'extérieur, au rapport infini de la subjectivité et de la substance, reviendrait à laisser sombrer la réalité phénoménale en sa finitude privée d'esprit.

La fusion impossible

Bien que la substantialité familiale offre au sujet le sentiment de son identité d'avec le *Soi* universel et constitue ainsi le fondement de l'éthicité, il n'apparaît néanmoins pas possible pour l'esprit de demeurer fixé à un tel rapport immédiat. Le devenir du sujet appelle en effet le principe de l'individualité pour soi. Le sujet doit conquérir sa libre subjectivité et, à partir de l'opposition ainsi développée, se connaître véritablement, et non plus seulement se sentir, être-auprès-de-soi dans l'autre. L'éducation doit certes affranchir la volonté de sa particularité naturelle, ce qui est la condition pour que se réalise l'union des membres de la famille dans le sentiment d'amour. Mais il lui est tout aussi nécessaire de conduire l'enfant jusqu'à l'affirmation de sa propre subsistance par soi. L'éducation n'a pas d'autre « destination positive » que d'ancrer l'éthicité au cœur du sentiment immédiat tout en préparant, dans sa « destination négative », la rupture à l'égard de cette immédiateté naturelle[2].

---

1 *Ibid.*, § 163 Rem., p. 263.
2 *Ibid.*, § 175, p. 271.

C'est pourquoi il faut savoir gré au christianisme d'avoir laissé pénétrer l'opposition au sein de la substantialité éthique immédiate. On connaît la fameuse invective de Jésus :

> *Pensez-vous que ce soit la paix que je suis venu mettre sur la terre ? Non, je vous le dis, mais plutôt la division. Car désormais, s'il y a cinq personnes dans une maison : elles seront divisées : trois contre deux et deux contre trois. On se divisera père contre fils et fils contre père, mère contre fille et fille contre mère, belle-mère contre belle-fille et belle-fille contre belle-mère.*
>
> (Lc 12, 51-53)

Par là s'amorce la reconnaissance « de la personnalité infinie au-dedans de soi ». Le christianisme entend ainsi élever au rang de détermination nécessaire le passage de l'amour à la liberté, de la fusion à la division ou de l'identité à la différence. La liberté suppose en effet la scission et ce dans la mesure où elle réclame la position d'un soi différencié. C'est dans l'opposition à un autre face auquel elle s'affirme que la subjectivité découvre la possibilité de valoir pour soi. C'est d'ailleurs cette inscription d'un principe négatif au cœur de la pleine affirmation de la substance qui conduit à la corruption de la belle unité qui caractérisait la *polis* grecque.

En accord avec la détermination de sa propre coutume éthique dont il radicalise le sens, Platon condamne ainsi toutes les manifestations de la personnalité libre. Ainsi exclut-il de sa *callipolis* tous les caractères par lesquels la particularité subjective s'affirme en sa subsistance par soi. La propriété privée notamment, en tant qu'elle suppose l'existence du droit et par conséquent la reconnaissance de la personnalité, est rejetée. La libre autodétermination de l'individu choisissant son état apparaît elle aussi incompatible avec l'effacement du particulier face à l'universel. Mais plus surprenant apparaît le rejet platonicien de la famille, rejet qui toutefois s'explique si l'on voit en celle-ci le premier lieu d'une différenciation interne à la communauté. La famille en s'instaurant comme réalité par soi constituerait le modèle de la séparation dont la volonté individuelle pousse la logique jusqu'à son plein accomplissement[1].

---

1 *Ibid.*, § 185 Rem., p. 281.

C'est en évacuant la détermination intérieure du vouloir subjectif que Platon entend réaliser l'Idée du vrai, mais en rompant avec les conditions de l'effectivité concrète, sa Cité idéale se condamne à demeurer telle. La rationalité de l'État moderne consiste au contraire à garantir la possibilité d'une médiation de l'intérieur et de l'extérieur, de la liberté subjective et de la loi objective. Cet État ne peut donc se donner comme l'unité indifférenciée et substantielle engloutissant la subjectivité particulière. Au contraire, l'État moderne est un État de la liberté reconnue et accomplie. Or, l'essence de la liberté n'est autre que l'approfondissement par l'esprit de sa propre négation. C'est pourquoi, d'un point de vue logique, l'universel laisse aller hors de soi le particulier, ce qui du point de vue éthique correspond au décèlement de la substance immédiate et au surgissement de la libre individualité.

Le creuset de l'effectivité

Peut-on néanmoins espérer penser l'effectivité de l'État à partir de la liberté subjective ? C'est, on le sait, le point de départ du *jusnaturalisme* dans sa tentative de fondation de l'édifice politique. Quelles sont alors les conséquences de la position de la volonté particulière au principe de l'État ?

Un contre Uns

En prenant pour base de la réalité éthique la différence considérée pour soi se présente d'emblée la question de savoir par quel *medium terminis* les multiples arbitres seront amenés à se rencontrer. La totalité éthique, pensée à partir de la liberté subjective, rentre dans le champ du possible et du vouloir arbitraire dont elle tire seule sa réalité. Force est alors de renoncer à saisir la nécessité de l'idée éthique. Seule la particularité des besoins et des penchants individuels pourra justifier l'articulation des différents arbitres. Éclairée sous un angle logique, cette conception atomistique consiste à considérer l'individu se déterminant pour soi à partir de son vouloir immédiat comme un *Un*. En effet, « l'être-pour-soi, en tant que relation à soi-même, est *immédiateté*, et cette immédiateté, en tant que relation du négatif à soi-même, est l'étant-pour-soi ou l'*Un*[1] ». En tant qu'un tel *Un*, l'individu se pose comme exclusif des autres *Uns* qui, dès lors, sont plusieurs.

> *La relation du négatif à soi-même est une relation* négative, *l'absolue* répulsion *de l'Un, c'est-à-dire une position de* plusieurs Uns. *Suivant l'*immédiateté *de l'étant pour soi, ces Plusieurs sont des* étants, *et la répulsion des Uns est, dans cette mesure, leur répulsion les* uns à l'égard des autres *en tant que réalités présentes ; ou une* exclusion *réciproque*[2].

Cette répulsion des multiples Uns se comprend par référence à l'égoïsme de l'homme naturel, impuissant à atteindre par lui-même la satisfaction de ses désirs, mais tout aussi incapable de supporter la proximité de ses semblables avec lesquels il ne peut rentrer qu'en conflit. Cette répulsion introduit, tout autant qu'elle suppose, une relation des *Uns* à l'égard des autres à laquelle l'*Un* ne peut échapper.

> *Mais les Plusieurs sont l'un ce qu'est l'autre, ils sont par conséquent une seule et même chose. Ou bien, si la répulsion est considérée en elle-même, elle est, en tant que* comportement *négatif des plusieurs Uns les uns à l'égard des autres, aussi bien essentiellement leur* relation *les uns aux autres ; comme ceux auxquels l'Un se rapporte en son acte de repousser sont des Uns, en eux il se rapporte à lui-même. La répulsion est par suite aussi bien essentiellement* attraction *; et l'Un exclusif ou l'être-pour-soi se supprime*[3].

Il y a donc bien convergence et détermination réciproque de ces multiples *Uns* mais une convergence s'accomplissant extérieurement dans la mesure où l'*Un* demeure fixé en sa particularité *Une*. La rencontre des plusieurs *Uns* se produit finalement hors de l'universalité concrète en laquelle la médiation des membres de la relation serait posée. C'est sur le fond d'un vide éthique et sur la base d'un hasard sans pensée que la sociabilité, dite naturelle, des vouloirs particuliers trouve à se réaliser. Ce hasard sans nécessité qui préside au choc de

---

1 *La Science de la logique*, *op. cit.*, § 49, p. 208.
2 *Ibid.*, § 50, p. 209.
3 *Ibid.*, § 51, p. 209.

ces arbitres immédiats correspond à la contingence dont la volonté naturelle et égoïste est porteuse.

> *La philosophie* atomistique *est ce point de vue à l'intérieur duquel l'absolu se détermine comme être-pour-soi, comme Un et comme plusieurs Uns. Comme leur force fondamentale, c'est aussi la répulsion qui se montre dans le concept de l'Un, qui a été admise ; cependant, ce n'est pas de même l'attraction, mais le* hasard, *c'est-à-dire ce qui est sans pensée, qui doit les réunir. En tant que l'Un est fixé comme Un, sa rencontre avec d'autres est assurément à regarder comme quelque chose de tout à fait extérieur. — Le* vide, *qui est admis comme l'autre principe venant s'ajouter à l'atome, est la répulsion elle-même, représentée comme le néant qui est, situé entre les atomes*[1].

De la sorte, les atomes sociaux demeurent pris dans une relation d'indifférence. La volonté universelle qui doit incarner le désir de chacun de vivre sous un régime légal n'apparaît que comme le fruit de l'initiative privée et particulière. L'universalité du contrat présentée comme moyen d'échapper à la brutalité de l'état naturel demeure de ce fait une universalité purement extérieure, simplement formelle et non pensée, et pour tout dire, non véritablement universelle. La volonté qui préside au contrat est celle de l'arbitraire subjectif et forme avec l'autre partie contractante une simple « volonté *commune* », « *une volonté posée par elles* » et non pas « une volonté en et pour soi » dont le concept universel s'engendre à partir de sa propre différenciation interne. Il s'ensuit qu'à l'objet du contrat fait défaut la détermination de l'essence intériorisée. Cet objet n'est qu' « une Chose *extérieure singulière*[2] ».

La possibilité d'une telle configuration atomistique semble, de toute façon, difficile à envisager. Le contrat par lequel les individus s'engagent au respect d'une loi universelle suppose en lui-même une reconnaissance réciproque des uns à l'égard des autres. Par là est déjà sous-entendu que l'homme à l'état naturel sait imprimer à ses actions le sceau d'une certaine forme d'universalité. Or, la particularité du vouloir subjectif sur lequel se fonde l'édifice du droit

1 *Ibid.*, § 51. Rem, p. 209.

2 *Principes de la philosophie du droit*, *op. cit.*, § 75, p. 180.

naturel exclut en principe la préexistence d'un tel universel. Nous sommes par conséquent forcés d'avouer que l'homme naturel si cher au *jusnaturalisme* est rien moins que naturel. Loin de livrer le fondement le plus concret du droit, une telle représentation relève, au contraire, de la plus grande abstraction dans la mesure où elle considère l'homme en sa qualité d'agent privé. Mais les rapports de propriété privée, dont le contrat fait partie, n'acquièrent d'effectivité qu'en fonction de l'existence d'une administration du droit et d'une législation universelle. Partir du droit privé pour penser le droit public conduit donc à renverser l'ordre des déterminations conceptuelles en prenant pour fondement ce qui en réalité n'est que fondé. C'est de l'État que les rapports de droit privé tirent leur possibilité. Il est donc impossible d'imaginer que ce soit de la sphère du droit privé qu'émerge l'État.

Il est d'ailleurs intéressant de voir Hegel renvoyer l'une à l'autre la représentation féodale d'un droit public immédiatement fondé sur la propriété privée héréditaire et la conception moderne d'un contrat social légitimant les limites du pouvoir de l'État et du prince sur la base des droits subjectifs. Dans ces deux cas, « les déterminations de la propriété privée » sont transférées « à une sphère qui est toute autre[1] ».

La séparation immédiate des individus singuliers ne fournit pas un modèle permettant de penser la substance de l'éthicité. Il semble au contraire nécessaire de renverser cette perspective et considérer la manière dont l'universalité éthique concrète se réalise à même la singularité des subjectivités individuelles. Autrement dit, c'est l'unité différenciée du concept de volonté *en* et *pour soi* qui doit nous acheminer vers une claire compréhension du rapport des individus à l'État. Toute la question consiste dès lors à déterminer les modalités suivant lesquelles la libre particularité vient à s'inscrire dans la totalité éthique.

Le risque de la liberté

L'inscription éthique ne peut se satisfaire d'une inclusion immédiate des sujets dans le *Soi* universel de la famille. La naturalité du sentiment joue là contre la liberté censée caractériser la personnalité infinie pour soi. L'inscription

1 *Ibid.*, § 75 Rem., p. 180.

laisse au contraire entendre une séparation première à l'égard de la substance, séparation que la différenciation des personnes subsistantes permet de considérer comme un moment négatif. Ce surgissement de la division au sein de la substance éthique peut être interprété comme le risque suprême auquel cette dernière se voit exposée. L'éthicité en vient, au travers de ce moment négatif, à se perdre dans l'arbitraire de la volonté subjective. C'est pourtant cette négativité faisant irruption au cœur de la substance qui conditionne et garantit l'apparaître de la liberté en son sens phénoménal tout autant que spéculatif. La substance universelle laisse aller hors de soi la particularité qui s'affirme dès lors libre pour elle-même. L'opposition de la particularité reconduite à l'universalité substantielle institue, au travers de ce moment négatif, la médiation de la totalité éthique à elle-même. Dans ce processus, la substantialité éthique s'approfondit en sa liberté et se constitue comme sujet autonome de son propre devenir. Liberté de l'individu et liberté de la communauté éthique vont ainsi de pair dans l'avènement de l'État rationnel moderne.

Au cœur de cet aménagement, où le particulier et l'universel se déploient dans leur médiation réciproque, l'impulsion du négatif qui les pose tous deux dans leur opposition abstraite est à chercher dans cette « société civile » (*Die Bürlgerliche Gesellschaft*) caractérisée par Hegel comme « le système de l'éthicité perdue dans ses extrêmes[1] » où la fin égoïste de l'individu singulier se donne comme l'essentiel. Si donc la liberté particulière vient à s'affirmer en son droit propre dans la sphère de la société civile, ne faut-il pas reporter à ce lieu l'analyse repoussée plus haut de l'état de nature ?

Une différence fondamentale intervient néanmoins dans l'appréhension concrète que Hegel présente d'une telle situation. À rebours de l'état de nature qui se présente comme un état pré-éthique où la naturalité de la volonté particulière se déchaîne à plein, la société civile suppose le travail de la culture par laquelle le vouloir s'élève à la possibilité d'une activité médiatisée par l'universel. Non seulement la société civile n'est pas une réalité immédiate, puisqu'elle développe sa différence sur la base de la substance familiale, mais elle présuppose, en outre, l'existence d'une propriété privée et des cadres institutionnels — l'administration

1 *Ibid.*, § 184, p. 280.

du droit notamment — qui garantissent l'existence juridique de ses membres. Seule « une puissance effective », le tribunal, est à même d'opposer à l'opinion particulière et à son intérêt personnel l'objectivité du droit[1].

C'est dire que la société civile est grosse de la reconnaissance de l'universalité objective qui en fonde la possibilité. Plus spécifiquement encore, la position même de l'arbitre singulier, tel qu'il se détermine dans la société civile, manifeste en sa négativité originaire l'articulation du particulier et de l'universel et appelle en ce sens le dépassement de leur opposition. Le principe de la société civile est en effet le droit de la particularité octroyé au travers de la valorisation moderne de la libre individualité. L'intérêt particulier, toutefois, trouve uniquement à se satisfaire par le biais des intérêts égoïstes des autres acteurs de l'échange. Cet intérêt, qui attend sa satisfaction du rapport aux autres membres de la société civile, inaugure une médiation prenant la forme d'un universel. Ce dernier, non recherché pour lui-même, ne paraît aux yeux de la fin égoïste qu'un moyen pour la satisfaction personnelle. Néanmoins, au moment même où cet universel « apparaît » comme un tel moyen pour la subjectivité singulière, celle-ci s'expose au sein de la connexion universelle des besoins et des intérêts comme sur le terrain de son propre intérêt intérieur.

Pour cette raison, l'individualité particulière ne peut pénétrer la société civile en tant que pur arbitraire mais doit être disposée et formée au sens de l'universel. Le citoyen de l'État hégélien est avant tout une personne privée ayant « pour fin » son « intérêt propre ». Mais c'est justement dans la mesure où l'individu doit, pour satisfaire sa fin, user de l'universalité comme d'un moyen qu'il ne peut pas ne pas se faire « *maillon* de la chaîne » qui l'inscrit dans une connexion proprement supérieure à sa simple visée subjective. Sans qu'ils en prennent explicitement conscience, les individus s'intègrent nécessairement au « *procès* qui consiste, grâce à la nécessité naturelle ainsi qu'à l'arbitraire des besoins » à élever la subjectivité à la dimension d'un savoir et d'un vouloir universel, quoique formel[2].

1 *Ibid.*, § 219, p. 308.
2 *Ibid.*, § 187, p. 282.

Pour pouvoir ainsi se déterminer de manière universelle, les individus ont besoin de se doter d'un savoir prenant en vue la connexion des intérêts, leur vouloir s'attachant à la reconnaissance des autres vouloirs et leur œuvre trouvant son sens au sein de l'universalité des besoins. « En tant qu'être-là réel, les besoins et les moyens deviennent un *être* pour *autrui*, par les besoins et le travail de qui la satisfaction de chacun est réciproquement conditionnée[1]. » L'universel ainsi mis en œuvre demeure cependant formel dans la mesure où les acteurs de l'échange, qui restent attachés à la prise en vue de leur particularité, sont incapables de le reconnaître comme leur propre détermination intérieure. Mais cette particularité elle-même, pour rentrer sur le terrain de la reconnaissance universelle, se trouve conduite à perdre, comme par une ruse de la raison, son autonomie subsistante.

La société civile est ainsi le lieu de la corruption de la substantialité éthique aussi bien que son remède, dans la mesure où la libre individualité et la satisfaction universelle sont amenées à s'y rencontrer. Le problème posé par l'autonomie de la particularité se résout dans l'articulation des rapports civils puisqu'en eux s'affirment aussi bien la liberté individuelle que la connexion universelle des sujets. La société civile promeut tout à la fois la reconnaissance de l'homme dans le « tout concret de sa particularité », mais aussi l'émergence d'une universalité déployée, sans toutefois être sue comme telle, par l'activité des acteurs sociaux. Pour se hisser à la possibilité d'un tel rapport universel formel, il est requis de la subjectivité qu'elle se défasse de son « ingénuité naturelle », de l'immédiateté du savoir et du vouloir, et qu'elle se rende capable de « l'intelligibilité d'entendement ». Cette intelligibilité nous fait quitter le terrain du sentiment pour pénétrer sur celui de la représentation, d'une représentation qui ne sait pas s'élever au savoir de l'universel *en* et *pour soi* mais qui se doit d'envisager l'inscription de son activité dans la connexion universelle dont elle use comme d'un moyen. Dans cette mesure, la subjectivité ne demeure pas repliée sur son vouloir intime et naturel, mais découvre sa satisfaction au sein de l'universalité des rapports objectifs qui se tissent par l'activité des acteurs sociaux dont elle est un moment. Cette extériorité perd de ce fait son caractère étranger pour devenir le lieu même où se réalise sa liberté. Ce processus où la subjectivité particulière

1 *Ibid.*, § 192, p. 287.

se rend apte à imprimer la forme de l'universalité à son arbitre et son activité correspond à l'œuvre de la culture. C'est à cette dernière qu'il revient d'assurer la libération à l'égard d'une immédiateté qui, si elle se maintenait, ne permettrait pas la rencontre de la particularité subjective et de l'universalité formelle. En faisant de la connexion universelle et objective le terrain de sa propre satisfaction, l'arbitre singulier se découvre auprès de soi dans l'objet universel qu'est la médiation des besoins et de leur satisfaction réciproque. La « valeur infinie » de la culture consiste dans « le dur travail » auquel doit se soumettre la subjectivité immédiate pour s'arracher à son sentiment arbitraire et se déterminer objectivement, se rendant par là « digne et capable d'être l'*effectivité* » de l'idée. En se découvrant sa destination universelle, la particularité s'inscrit « dans l'éthicité en tant que subjectivité libre[1] ».

La société civile n'est donc pas le lieu du désir naturel et purement égoïste qui servait de modèle aux théoriciens du droit naturel mais le terrain où l'individualité trouve à s'affirmer tout en s'élevant au-dessus de sa pure immédiateté. Si donc la société civile apparaît bien comme moment de la différence où la substantialité éthique se perd dans la particularité, cette dernière s'enrichit en même temps de la subjectivité par laquelle le droit objectif atteint son actualité concrète. Parallèlement, la subjectivité finie obtient son droit propre. Sa propre particularité immédiate peut dès lors chercher sa satisfaction légitime, pour autant qu'elle ménage, par-devers elle, l'espace d'une communication universelle.

> *Cette sphère en laquelle l'homme fait son entrée comme le tout concret de sa particularité et de ses besoins et les prend pour fin, est le moment nécessaire de la différence qui consiste en ce que la subjectivité particulière, l'arbitraire et son activité, toute la contingence de la nature et du bonheur obtiennent leur plein droit*[2].

La satisfaction des acteurs sociaux suppose la médiation institutionnelle d'une puissance effective permettant de trancher les litiges touchant à la détermination de la propriété. C'est là l'office du *tribunal* qui garantit au droit « ayant pénétré dans l'être-là sous la forme de la loi » qu'il pourra « se faire valoir en

1 *Ibid.*, § 187, Rem., p. 282.
2 *Leçons sur le droit naturel et la science de l'État, op. cit.*, § 90, p. 151.

tant qu'*universel*[1] ». Il apparaît donc bien que la possibilité de la satisfaction particulière repose avant tout sur l'objectivité de la législation universelle et non sur le seul libre-arbitre du vouloir poursuivant son intérêt propre. De ce fait, l'universalité juridique devient l'objet même de la subjectivité particulière qui s'y découvre libre, assujettie et protégée, possédant des droits et des devoirs. C'est « l'administration du droit » qui permet à l'universalité substantielle de reconquérir l'unité dont la différenciation à l'œuvre au sein de la société civile l'avait privé mais qui lui revient enrichit de ce moment négatif, particulier et subjectif[2].

L'obligation juridique à laquelle le sujet doit se résoudre constitue la garantie même de la satisfaction qu'il est autorisé à retirer de son activité. Aussi peut-on considérer qu'en laissant surgir la particularité en son sein, l'universalité éthique se pose en tant que subjectivité substantielle. Au travers de cette scission, la substance éthique apparaît comme une totalité différenciée qui laisse la subjectivité du vouloir singulier s'affirmer comme un moment essentiel. Chaque membre de la société civile se représente comme « personne juridique » dans la mesure où sa position même au sein de la médiation universelle des échanges s'accompagne de la reconnaissance mutuelle des subjectivités engagées dans la communication sociale.

La formation à l'universel que suppose la médiation des arbitres singuliers dans la société civile nécessite plus précisément trois facteurs essentiels dans la culture de la subjectivité. Ces trois déterminations, liées entre elle, permettent à la subjectivité particulière de s'arracher à son intériorité immédiate comme à la naturalité de son vouloir et se présentent donc comme autant de conditions de la satisfaction réciproque des besoins au sein de la société civile. Il s'agit de la reconnaissance, du langage et du travail.

Les voies de la culture

Au chapitre IV de la *Phénoménologie de l'esprit*, Hegel conduisait son lecteur à considérer la reconnaissance comme le préalable nécessaire à la formation d'une conscience de soi universelle. Cette reconnaissance avait pour condition

---

1 *Principes de la philosophie du droit*, *op. cit.*, § 219, p. 308.
2 *Ibid.* § 229, p. 315.

l'abrogation du désir immédiat et naturel. À ceux qui voudraient s'inspirer du thème de la lutte pour la reconnaissance pour penser une quelconque positivité historique, Hegel ne manquera certes pas de rappeler que cette lutte ne représente que le « commencement dans le phénomène des États[1] ». En outre, ce modèle d'intelligibilité ne semble pas trouver d'usage au niveau de la société civile où chacun pénètre déjà en tant que personnalité valant pour soi. Il n'empêche toutefois que la position du serviteur au sortir de la lutte nous permet d'illustrer, sinon de comprendre, la modification qui s'opère dans la conscience de soi lorsque cette dernière s'inscrit dans l'échange social. Tout comme le serviteur, le bourgeois de la société civile ne travaille pas pour sa satisfaction immédiate mais se livre à une activité où l'autre vient s'interposer entre l'œuvre et son fruit. De la sorte, « il supprime l'immédiateté de son désir ». Une différence apparaît néanmoins dans le fait que la relation unilatérale entretenue par le maître à l'égard du serviteur tombe dans la société civile. Il est alors bien plutôt question d'une « conscience de soi universelle », où l'identité des sujets singuliers et libres est médiatisée par la reconnaissance universelle :

> *La* conscience de soi universelle *est le savoir affirmatif de soi-même dans l'autre Soi, chacun des Soi ayant, comme libre singularité, une* absolue subsistance-par-soi, *tandis que, grâce à la négation de son immédiateté, de son désir, il ne se différencie pas de l'autre, est un Soi universel, est objectif, et a l'universalité réelle comme réciprocité autant qu'il se sait reconnu dans l'autre qui est libre, et il sait cela dans la mesure où il reconnaît l'autre et le sait libre*[2].

C'est d'une telle réciprocité, posant l'identité différenciée des subjectivités libres, qu'émerge la possibilité d'un échange réciproque et d'une satisfaction de soi par la médiation de l'autre.

Mais « cet apparaître alterné universel de la conscience de soi » qui est « la forme de la conscience de la *substance* de toute spiritualité essentielle[3] » suppose elle-même le langage comme médium à travers lequel la représentation est possible. La représentation du mien et du tien, la propriété et le transfert de propriété

1 *Philosophie de l'esprit*, *op. cit.*, § 433, Rem., p. 231.
2 *Ibid.*, § 436, p. 232.
3 *Ibid.*, § 436 Rem., p. 233.

impliquent « la stipulation » par laquelle la cession comme l'acquisition d'une propriété devient possible. C'est dans la stipulation que s'affirme proprement la volonté subjective engagée dans l'échange. C'est pourquoi du point de vue de « l'élément juridique », elle constitue le « substantiel » dans la mesure où la possession n'a pas encore connu de transfert de propriété. Seule la stipulation témoigne de la réalité du contrat[1].

Or, la stipulation elle-même, comme énonciation du contrat, présume nécessairement la possibilité de nommer la chose et témoigne du procès de culture présupposé en elle. La nomination comme extériorisation de la « suprême intériorité » nécessite en effet que soit déjà réalisée une différenciation de la subjectivité se donnant la forme de l'objectivité.

> *Nous n'avons savoir de nos pensées — nous n'avons des pensées déterminées, effectives — que quand nous leur donnons la forme de l'*objectivité, *de l'*être-différencié *d'avec notre* intériorité, *donc la figure de l'*extériorité, *et, à la vérité, d'une extériorité* telle *qu'elle porte, en même temps, l'empreinte de la suprême* intériorité. *Un extérieur ainsi intérieur, seul l'est le* son articulé, *le* mot[2].

De ce fait, la conscience singulière témoigne de son arrachement à l'immédiateté purement intérieure, sentante et ressentante, et se découvre comme une volonté préalablement tournée vers une objectivité empreinte de subjectivité. Cette possibilité de la représentation de la chose au travers du nom appelle ainsi la formation de l'entendement et de la réflexion. « La culture de l'entendement en général et aussi, en cela, celle du langage[3]. »

Le langage constitue donc bien le médium nécessaire de l'échange intersubjectif et donc d'une « conscience de soi universelle ». L'échange au sein de la société civile présuppose bien en cela la culture de l'entendement et partant de la subjectivité.

> *Ainsi une fois de plus nous voyons le langage se manifester comme l'être-là de l'esprit. Le langage est la conscience de soi, qui est* pour les autres, *qui est* présente *immédiatement* comme telle *et qui*

1 *Principes de la philosophie du droit, op. cit.*, § 79, p. 184.
2 *Philosophie de l'esprit, op. cit.*, Add. § 462, p. 560.
3 *Principes de la philosophie du droit, op. cit.*, § 197, p. 290.

comme cette conscience de soi-ci est conscience de soi universelle. Il est le Soi qui se sépare soi-même de soi, se devient objectif comme pur : Moi = Moi et qui, dans une telle objectivité, se maintient comme ce Soi-ci, *et en même temps fusionne immédiatement avec les autres et est* leur conscience *de soi. Le Soi s'entend soi-même aussi bien qu'il est entendu par les autres, et le fait de même aussi bien qu'il est entendu par les autres, et le fait de l'entendre est justement l'*être-là devenu Soi[1].

Pas davantage qu'en sa dimension théorique, la subjectivité, quant à la culture pratique, c'est-à-dire en ce qui concerne la discipline du vouloir ne peut être considérée en sa pure naturalité immédiate. Dans le travail, la prise en considération de l'avenir est nécessaire.

À la place de la destruction grossière de l'objet immédiat viennent l'acquisition, la conservation, et le façonnement de cet objet comme du facteur médiatisant où s'enchaînent les deux extrêmes de la subsistance par soi et de la non-subsistance par soi ; — la forme de l'universalité dans la satisfaction du besoin est un moyen durable, *et une prévoyance qui prend en considération et assure l'avenir*[2].

En tant que telle, la « prévoyance » implique dès l'abord l'abrogation de la satisfaction immédiate du désir. Nous reconnaissons là la transformation qui s'accomplit dans la prise en vue d'un objet non plus directement consommé mais conservé dans le procès de l'œuvre se déployant dans la durée. La *Phénoménologie* nous a habitués à voir le vouloir servile s'éduquer dans la frustration qu'il lui faut assumer face au maître et s'élever ainsi au-dessus de ses propres tendances immédiates et égoïstes.

Mais celui-ci, l'esclave, dans le service du maître, s'use, à force de travail, la volonté, comme volonté singulière et volonté propre à lui, il supprime l'immédiateté intérieure du désir et il produit, dans cette aliénation et la crainte du maître, le commencement de la sagesse, — le passage à la conscience de soi universelle.

---

1 *Phénoménologie de l'esprit, op. cit.*, t. II, p. 184.
2 *Philosophie de l'esprit, op. cit.*, § 434, p. 232.

Le vouloir naturel finit de la sorte par s'émousser. Aussi cet assujettissement de l'égoïsme forme-t-il « le commencement véritable de la liberté de l'homme[1] ». Comme nous l'avons vu, dans la mesure où le caprice du vouloir égoïste condamne ce dernier à subir le joug des déterminations naturelles, supprimer cet égoïsme revient à libérer l'esprit de sa servitude à l'égard de la nature. Cette soumission du vouloir exige discipline, sacrifice de la tendance immédiate et souci de l'objectivité universelle[2].

En fixant son attention et sa force sur une tâche particulière, l'individu concentre sa puissance en vue d'une fin unique à laquelle se soumettent et participent ses différentes facultés. Il prend de la sorte possession de lui-même et en tout premier lieu de son propre corps. En ce sens, plutôt que se perdre en une détermination singulière contingente, l'homme se rapporte à lui-même comme à une forme universelle. Cette habitude permet en outre au sujet de façonner l'objectivité en lui imprimant la marque de son propre vouloir intérieur.

> *Tandis, en effet, que, dans le cas de la simple sensation, tantôt ceci, tantôt cela m'affecte de façon contingente, et que, alors, l'âme est encore* plongée *en son contenu, s'y* perd, *ne sent pas son Soi concret, — par contre, dans l'habitude, l'homme ne se rapporte pas à une sensation, à une représentation, un désir, etc.*, singuliers contingents, *mais* à lui-même, *à une* manière universelle *de l'agir, qui constitue son individualité, est posée par lui-même, et lui est devenue* propre, *et c'est précisément pourquoi il apparaît comme* libre[3].

Ce sont donc les conditions mêmes de l'institution de la société civile qui conduisent la subjectivité particulière à s'arracher à son intimité naturelle et immédiate. Au travers du procès de la culture, l'individu particulier en vient à former sa subjectivité au sens de l'universalité requise pour pénétrer cette sphère sociale d'échange. Grâce à la reconnaissance, au langage et au travail, l'esprit

1 *Ibid.*, Add. § 435, p. 535.
2 *Principes de la philosophie du droit, op. cit.*, § 197, p. 290.
3 *Philosophie de l'esprit, op. cit.*, Add. § 410, p. 511.

se découvre « *à demeure* et *auprès de soi* dans cette *extériorité* en tant que telle ». C'est ainsi que le libre déploiement de l'esprit se fixe dans l'objectivité et acquiert « un être-là » manifeste.

> *L'esprit n'a l'effectivité qui est la sienne que grâce au fait qu'il se scinde au-dedans de lui-même, qu'il se donne cette borne et cette finité dans les besoins naturels et dans le contexte de cette nécessité externe, et que, en cela même qu'il* se cultive en pénétrant en elle, *il la surpasse et acquiert en cela son être-là* objectif. *De ce fait, la fin de la raison n'est ni cette ingénuité de mœurs-là, ni, au cours du développement de la particularité, les jouissances telles qu'elles sont atteintes par la culture ; elle est au contraire que l'*ingénuité naturelle, *c'est-à-dire pour part la passive privation de soi, pour part la grossièreté du savoir et du vouloir, c'est-à-dire l'*immédiateté *et la* singularité *dans laquelle l'esprit est plongé, soit retravaillée, et tout d'abord que cette extériorité qui est la sienne reçoive la rationalité* dont elle est susceptible, *à savoir* la forme de l'universalité, l'intelligibilité d'entendement.

Nous voyons donc qu'en ce moment négatif où l'éthicité se perd dans ses extrêmes, la société civile se présente comme un creuset où viennent se précipiter les différentes déterminations au travers desquelles l'État rationnel et effectif déploie son existence concrète. La satisfaction réciproque des besoins qui s'y joue suppose le devenir pour autrui des besoins particuliers. En dépit de ses limites, et notamment la misère qu'elle secrète en son sein, la société civile produit un rapport universel liant les sujets dans leur autonomie subsistante.

Logique du monde social

Il est toutefois impossible de nier l'abstraction de ce moment négatif de la société civile. La médiation par laquelle les individus trouvent à se satisfaire n'est, en effet, pas sue par eux comme le fondement dont ils tirent leur détermination. Dans la mesure où elle apparaît comme une totalité médiatisée par la suppression de la médiation, la société civile se nourrit du fantasme de son auto-suffisance. La logique de l'essence doit nous permettre, une fois encore, de cerner le sens de ce rapport. Un tel « monde de dépendance réciproque et fait d'une connexion infinie de fondements et de réalités fondées » s'y voit compris sous la catégorie d'*existence.*

> *L'existence est l'unité immédiate de la réflexion en soi et de la réflexion en autre chose. Elle est par conséquent la multitude indéterminée de réalités existantes en tant que réalités réfléchies en soi, qui en même temps tout autant paraissent dans autre chose, sont* relatives *et forment un* monde *de dépendance réciproque et fait d'une connexion infinie de fondements et de réalités fondées*[1].

La réalité existante particulière contient en elle-même sa connexion multiforme avec d'autres existants. C'est ainsi qu'elle se réfléchit à la fois en elle-même et en autre chose. Par là elle existe comme fondement et contribue à la position d'une *Chose* (Ding), c'est-à-dire d'une « totalité en tant qu'elle est le développement posé en une unité des déterminations du fondement et de l'existence[2] ». Plus précisément, la chose consiste en l'unité négative d'une forme et d'une matière, « chacun de ces éléments étant la totalité de la choséité et étant subsistant-par-soi pour lui-même », matière et forme étant « en soi la même chose ».

Dans le cas de la société civile, la matière est fournie par les individualités singulières qui se présentent comme autant de réalités subsistantes par soi mais qui n'ont d'existence que dans le rapport universel qui les pose dans leur dépendance mutuelle. La médiation universelle vaut donc comme le fondement de leur position. Toutefois, cette universalité formelle, puisque non reconnue et non visée pour elle-même, se fonde tout aussi bien elle-même à partir des individus qui en composent la matière. De la sorte, il faut considérer que la subsistance par soi des individus est à la fois affirmée et niée dans l'universalité formelle de la satisfaction réciproque. La Chose, l'universel social lui-même, est cette contradiction qui consiste à être une existence essentielle « comme une existence se supprimant dans elle-même », c'est-à-dire qui se nie comme unité du fait de la subsistance par soi des matières.

1 *La Science de la logique*, *op. cit.*, § 123, p. 381.
2 *Ibid.*, § 125, p. 382.

> *La chose, en tant qu'elle est cette totalité, est la contradiction, d'être, suivant son unité négative, la* forme, *dans laquelle la matière est déterminée et rabaissée à des* propriétés, *et en même temps de* consister *en des* matières *qui, dans la réflexion en soi de la chose, sont en même temps aussi bien subsistantes que niées. La chose a ainsi pour être, d'être l'existence essentielle comme une existence se supprimant dans elle-même, elle est apparition*[1].

Cette contradiction de l'existence qui se supprime en tant qu'elle se pose constitue le moment où l'essence *apparaît.* C'est cet apparaître qui nous met en chemin vers l'effectivité véritable où l'identité différenciée de l'intérieur et de l'extérieur s'accomplit dans la manifestation. Aussi peut-on juger combien l'émergence de la société civile est essentielle à l'institution de l'État moderne. C'est par cette sphère de la scission que se réalise à proprement parler le principe de la libre particularité dont la reconnaissance objective atteste de la rationalité immanente à la totalité éthique. Or, reste justement à conquérir l'identité de la subjectivité et de la substance, pour l'instant perdue, dans la différenciation extrême de l'intérêt particulier et de l'universalité extérieure.

La vocation universelle

Nous l'avons vu, selon Hegel, c'est la disposition d'esprit éthique qui permet à la subjectivité intérieure de se trouver comme auprès de soi dans l'universalité objective. Dans le développement de la société civile, la disposition d'esprit concrète consiste dans le respect par l'individu de la place occupée dans le procès de production où son labeur contribue à la satisfaction universelle des besoins. « La disposition d'esprit éthique est ce système la *droiture* et *l'honneur attaché à l'état*[2]. » Cet attachement, tout en affirmant la particularité pour soi de l'individu, lie ce dernier à l'universalité des médiations sociales. De ce fait, l'émergence de la particularité apparaît comme un moment de l'universalité différenciée au-dedans de soi. L'individu ne vaut plus désormais comme être naturel mais comme être social. Et, dans la mesure où le particulier trouve sa satisfaction dans le rapport à une universalité dont il est un moment et une

1 *Ibid.*, § 130, p. 384.
2 *Principes de la philosophie du droit, op. cit.*, § 207, p. 297.

différence, s'établit un rapport d'identité médiatisée entre la volonté particulière et la totalité objective. L'universel acquiert par conséquent un être-là dans la médiation qui se fait jour par la position différenciée des acteurs sociaux. En ce sens, l'activité de l'individu fait consister une universalité qui apparaît à même la position de la particularité, universalité dont l'individualité subjective constitue en même temps l'être-là extérieur.

L'individu qui, au contraire, refuse de s'inscrire dans une position particulière s'attache à la pure possibilité universelle de son être-là et ne se résout finalement qu'à l'abstraction et l'ineffectivité. C'est seulement en se faisant être-là du concept se particularisant que l'individu acquiert « une effectivité et objectivité éthique » car, encore une fois, l'effectivité n'est autre que l'unité médiatisée de l'intérieur et de l'extérieur. À s'en tenir à sa seule intériorité subjective, l'individu laisse l'extériorité s'imposer à lui comme un ordre étranger et contingent. En se faisant moment de l'effectivité, il découvre à l'inverse la nécessité de sa propre vocation inscrite au cœur de la configuration objective. Ce qui pour la subjectivité à peine sortie de la substantialité familiale constitue « une restriction de sa destination universelle » contribue en réalité à l'affirmation effective de l'individualité existant pour soi dans l'objectivité éthique. Refuser cette détermination revient à préférer l'ineffectivité abstraite du tout possible à la réalisation concrète et nécessaire de soi[1].

Il manque toutefois encore à cette nécessité de s'affirmer comme liberté. C'est là ce à quoi la subjectivité doit pouvoir prétendre au travers de la conscience qu'elle atteint d'elle-même dans le vouloir effectif de l'État.

L'État ou la puissance du rationnel

Parce qu'il reconnaît aux personnes le droit de satisfaire leurs intérêts particuliers, l'État rationnel se présente comme le garant de la liberté subjective. Mais en tant qu'il est l'universel qui vaut pour les sujets comme la « fin ultime », il est en même temps la substance en laquelle la subjectivité particulière acquiert le savoir de soi comme un moment de la totalité universelle. L'État laisse ainsi

1 *Ibid.*, § 207 Rem., p. 297.

s'approfondir au-dedans de soi la différence jusqu'au point d'offrir à « la particularité personnelle » d'atteindre « l'extrême subsistant par soi » et reconduit cette particularité dans « l'unité substantielle ». C'est en ce sens seulement que « l'État est l'effectivité de la liberté concrète ». Cette dernière suppose l'activité de la subjectivité particulière en direction de l'universelle médiation qui lui offre en retour sa reconnaissance juridique. L'individu ne peut atteindre la satisfaction de son intérêt sans poser et reconnaître dans « l'intérêt de l'universel » son « propre esprit substantiel[1] ».

Ce n'est donc qu'en se plaçant dans l'horizon du vouloir universel présentifié dans les institutions politiques de l'État que peut être compris l'ensemble des déterminations dont ce dernier semble tenir sa réalité effective. La famille et la société civile, la substance éthique et la libre particularité, ne trouvent le terrain de leur émergence et de leur articulation essentielle qu'à même cette totalité que toutes deux présupposent et qui réfléchit leur position en une universalité pensée comme telle.

La condition des conditions

D'un certain point de vue, l'État vaut comme une puissance qui surplombe la famille et la société civile, les dépasse, les encadre et à laquelle celles-ci se voient subordonnées. Mais l'État ne se donne pas pour autant comme une fin étrangère à ces sphères. Au contraire, la rationalité de l'État consiste en ceci que sa fin ultime est posée comme la « fin immanente » des individus qui trouvent à satisfaire leur propre intérêt particulier dans l'accomplissement des devoirs qui leur incombent. L'obligation à laquelle l'État soumet l'individu apparaît pour une part comme « une nécessité *extérieure* » et une puissance qui s'impose à l'encontre « du droit privé et du bien-être privé, de la famille et de la société civile ». Mais dans la mesure où il est la condition à partir de laquelle « l'intérêt particulier des individus » trouve à s'affirmer et à se maintenir, l'État constitue le lieu universel de la sauvegarde de leurs fins[2].

1 *Ibid.*, § 260, p. 344.
2 *Ibid.*, § 261, p. 345.

La réciprocité des droits et des devoirs auxquels se rapportent les bourgeois-citoyens peut ainsi se comprendre comme institutionnalisation du rapport différencié de l'unité substantielle et de la subjectivité singulière. Dans son principe, cette réciprocité implique l'égalité abstraite des sujets de droits. « Ce qui est droit pour l'un doit aussi être droit pour l'autre, et *ce qui* est obligation pour l'un doit aussi être obligation pour l'autre[1]. » Mais ce n'est là que l'égale identité d'un contenu tout à fait universel et donc encore abstrait. Du fait de la diversité relative des places occupées par chacun au sein de la totalité éthique, il est nécessaire que les déterminations du droit, en acquérant un être-là concret, développent les différences de contenus correspondant à cette configuration sociopolitique. « Le citoyen n'a pas des droits *de même contenu* que les obligations qu'il a envers le prince et le gouvernement ». Si le citoyen se doit d'acquitter l'impôt, par exemple, il ne s'ensuit pas que l'État lui doive le versement d'une rente. Mais le citoyen est néanmoins en droit d'attendre que ce prélèvement remplisse une destination universelle en laquelle son propre intérêt se verra sauvegardé et satisfait. Le droit de l'individu consiste alors à trouver sa satisfaction particulière dans l'accomplissement de son obligation, car c'est là la condition pour que « la Chose universelle » devienne « sa propre Chose particulière ». « Il faut qu'un droit résulte pour lui de sa situation dans l'État[2]. »

L'État se déploie donc dans une double direction : la protection de l'individualité subjective et la conservation du droit universel. Tout en accordant son droit propre à la satisfaction particulière, l'État maintient cet intérêt à même la totalité éthique qu'il faut préserver du risque permanent de dislocation que cette liberté subjective lui fait encourir. L'État comme « le rationnel de la volonté » a la nécessité de « faire du *droit* une effectivité nécessaire » et ainsi concourir au « *bien propre* » auquel chacun est, de prime abord, intéressé. Mais contre la tendance centrifuge de l'individualité subjective, il revient à la sphère étatique de ramener la particularité « dans la vie de la substance universelle » en conservant les sphères qui lui sont subordonnées dans son immanence.

1 *Ibid.*, § 261 Rem., p. 345.
2 *Ibid.*, § 261 Rem., p. 346.

Les lois, qui paraissent à l'arbitre comme autant de bornes opposées à son vouloir immédiat, constituent en réalité la production universelle de la substance éthique différenciée au-dedans de soi en divers états sociaux formant les corporations. En ce sens, « les *lois* expriment les déterminations de contenu de la liberté objective[1] ». Dans les institutions politico-juridiques, les individus voient donc leur intérêt personnel inséré dans l'articulation universelle des autres intérêts divers des membres de l'État. Par là, tous peuvent atteindre une conscience claire de leur intérêt propre et véritable car manifestant concrètement ses conditions nécessaires d'effectuation. De ce fait, les institutions de l'État sont rationnelles, car, en elles, la singularité pour soi s'élève à la conscience universelle de sa fin, et se détermine rationnellement, alors même que l'universel accueille l'intérêt particulier comme son moment essentiel. L'État assure aux « individus composant la multitude » la sauvegarde de leur nature spirituelle en tant qu'il les dirige, dans leur singularité « qui sait et qui veut *pour soi* », vers « l'extrême de l'universalité qui sait et qui veut le substantiel ». Dans cette mesure, l'État accorde aussi bien la possibilité aux individus d'exister « comme personnes privées que comme personnes substantielles ». Parce qu'il leur offre d'avoir « leur conscience de soi essentielle dans les institutions », l'État assure l'effectivité de la personnalité libre notamment en accordant aux individus, « au sein de la corporation, une besogne et une activité orientées vers une fin universelle[2] ».

Si, par conséquent, l'État offre aux personnes de se savoir déterminées dans la totalité éthique comme membres d'un organisme substantiel, c'est à la condition que les sujets du droit trouvent leur intérêt maintenu et effectivement garanti dans les institutions universelles du droit et de la législation. Pour n'être pas libéral en son principe, l'État hégélien, qui refuse de se fonder à même la particularité immédiate, n'en est pas moins un État au sein duquel la liberté des acteurs individuels s'affirme au-delà même de la conscience explicite que ces derniers savent atteindre.

---

1 *Ibid.*, § 538, p. 312.

2 *Principes de la philosophie du droit*, *op. cit.*, § 264, p. 347.

Constitution de l'État

L'État est une totalité universelle articulée en ses différences, totalité produite à même l'activité des sphères particulières qui le réalisent comme leur résultat. Plus concrètement, la puissance étatique se présentifie dans la constitution l'articulation des différences contenues en son sein.

> *L'État, en tant qu'esprit vivant, n'est absolument que comme un tout organisé, différencié dans les activités efficientes particulières qui, procédant du concept un (encore que non su comme concept) de la volonté rationnelle, produisent continuellement celui-ci comme leur résultat. La* constitution *est cette articulation de la* puissance étatique. *Elle contient les déterminations suivant lesquelles la volonté rationnelle, pour autant qu'elle est, dans les individus, seulement* en soi *la volonté universelle, pour une part peut accéder à la conscience et à l'intelligence d'elle-même et être* trouvée, *pour une autre part peut-être, moyennant l'activité efficiente du gouvernement et de ses branches particulières, posée dans l'effectivité et y être conservée, et peut être protégée aussi bien contre leur subjectivité contingente que contre celle des individus singuliers. Elle est la* justice *existante, en tant que l'effectivité de la* liberté *dans le développement de toutes ses déterminations rationnelles*[1].

La constitution, en tant qu'organisation ou plutôt « organisme » de l'État, représente la substantialité objective des institutions où la nécessité de l'ordonnance universelle parvient à la conscience des individus tout en réalisant leur liberté. En elle, la volonté rationnelle atteint, en effet, à la conscience de soi et est « trouvée » par les individus qui y reconnaissent leur propre volonté. Posée par « l'activité efficiente du gouvernement et de ses branches particulières », la constitution est soustraite à l'arbitraire des individus singuliers. Mais parce qu'elle constitue la totalité objective inscrivant la liberté des sujets à titre de détermination fondamentale, elle se voit tout aussi bien protégée contre « la subjectivité contingente » des membres du gouvernement. Ainsi la constitution,

1 *Philosophie de l'esprit, op. cit.*,§ 539, p. 313.

en tant qu'organisme développé de la liberté, se produit avec nécessité comme volonté universelle. C'est à cette condition seulement que la liberté se manifeste effectivement.

> *Pour que la volonté libre en et pour soi soit, il faut notamment qu'elle se produise avec nécessité. Il faut que la liberté soit, non pas au sens du hasard, mais au contraire au sens de la nécessité. Qu'elle soit effective, c'est là son organisation au-dedans d'elle-même.* [...] *La constitution est qu'il faut que la volonté universelle soit produite*[1].

L'institution de la liberté subjective n'est, du point de vue de la totalité éthique, qu'un moment, celui de la différence, au travers duquel c'est cette totalité elle-même qui parvient par la « relation négative à soi » à s'engendrer comme « substance spirituelle », vivante et libre, « le se produire-soi-même » dont « l'activité organique à l'intérieur d'elle-même[2] » lui octroie de se poser comme sujet de son propre advenir. Cette relation à soi négative de l'organisme politique repose sur la différenciation intérieure des pouvoirs en lesquels se répartissent les divers ordres de détermination de la puissance étatique. C'est à cette condition que la liberté jouit d'une effectivité concrète. « Pour que la liberté existe comme droit, il faut qu'elle se donne une extériorité immédiate. Cette liberté universelle n'accède à un être-là dans soi, à un être-pour-autre-chose, que par différenciation et détermination[3]. »

Cette différenciation interne de la liberté universelle aboutit à une triple détermination qui s'affirme comme le pouvoir de déterminer l'universel ou *pouvoir législatif*, comme subsomption des cas particuliers sous l'universel ou *pouvoir gouvernemental* et comme ultime décision de la volonté ou *pouvoir princier*. Mais ces différentes sphères de pouvoir valant pour soi ne tirent leur position que de la totalité universelle dont elles forment les moments idéels et ne subsistent donc pas de manière indifférente les unes à l'égard des autres. C'est seulement « pour autant que l'État *différencie* et détermine au-dedans de soi son activité efficiente *selon la nature du concept* » que l'État peut être dit

---

1 *Leçons sur le droit naturel et la science de l'État, op. cit.*, § 127 Rem., p. 207.
2 *Ibid.*, § 130, p. 210.
3 *Ibid.*, § 132 Rem., p. 213.

rationnel. Autrement dit, l'État comme unité différenciée assure à chacun des pouvoirs qui le constituent de subsister comme une sphère autonome tout en les rattachant à la totalité individuelle de l'organisme politique dont ils sont autant de moments idéaux[1].

La nature monarchique de l'État hégélien a été suffisamment discutée et critiquée mais il semble bien que, au-delà d'une configuration constitutionnelle particulière, Hegel cherche à penser la condition symbolique présidant à l'institution de la réalité éthique comme totalité autonome et réfléchie au-dedans de soi. La subjectivité princière, où culmine l'articulation des pouvoirs de l'État, vaut davantage en tant que point de mire où se concentre l'identité différenciée de l'organisme éthique que comme foyer réel d'une puissance s'affirmant *pour soi,* indépendamment des structures publiques sur lesquelles elle repose et dont elle tire sa légitimité.

La liberté rationnelle

La différenciation organique des pouvoirs internes de l'État semble toutefois susceptible d'essuyer un reproche, celui d'introduire une inégalité insupportable entre ses membres. Mais loin de remettre en cause la liberté d'une partie des membres du corps politique, « cette inégalité concrète des individus », présupposée par la répartition des pouvoirs en différentes branches, assure, selon Hegel, la rationalité des lois et ainsi « réalise une liberté d'autant plus grande et plus fondée[2] ». Afin de ne pas méconnaître le sens à donner au concept de liberté, il n'est pas inutile de rappeler à l'individu particulier que sa liberté véritable ne consiste pas à se déterminer arbitrairement, à égalité avec tous les autres arbitres, mais au contraire en la production d'une législation universelle réalisant et protégeant les intérêts des sujets du droit. « Elle est la *justice* existante, en tant que l'effectivité de la *liberté* dans le développement de toutes ses déterminations rationnelles[3]. » C'est seulement pour la liberté « prise dans sa naturalité » que l'organisation intérieure de l'État se présente comme un frein objecté à la tendance immédiate.

1 *Principes de la philosophie du droit, op. cit.*, § 272, p. 364.
2 *Philosophie de l'esprit, op. cit.*, § 539 Rem., p. 315.
3 *Ibid.*, § 539, p. 313.

> *Cette sphère est alors, il est vrai, en même temps, le champ des limitations, parce que la liberté est prise dans la naturalité, le bon plaisir et l'arbitraire, et a donc à se limiter, et cela, sans aucun doute, aussi suivant la naturalité, le bon plaisir et l'arbitraire des autres, mais principalement et essentiellement suivant la liberté rationnelle*[1].

Une telle liberté rationnelle sait trouver dans l'objet universel le moment et la réalisation de son propre but. C'est cette rationalité qui s'expose dans la disposition d'esprit politique accordée à la constitution. Dans le vouloir devenu habitude, la disposition d'esprit conduit la subjectivité particulière à se déterminer en « confiance » à l'égard des institutions, confiance dont la constitution apparaît comme la contrepartie objective et auprès de laquelle le sujet atteint le savoir de sa propre nature universelle.

> *La* garantie *d'une constitution, c'est-à-dire la nécessité que les lois soient rationnelles et que leur réalisation effective soit assurée, réside dans l'esprit de l'ensemble du peuple, c'est-à-dire dans la déterminité selon laquelle celui-ci a la conscience de soi de sa raison (la religion est cette conscience en sa substantialité absolue), — et, ensuite, en même temps dans l'*organisation effective, *conforme à cette conscience de soi, en tant que* développement *d'un tel principe. La constitution présuppose une telle conscience de l'esprit, et, inversement, l'esprit présuppose la constitution, car l'esprit effectif n'a lui-même la conscience déterminée de ses principes que dans la mesure où ceux-ci sont présents pour lui comme existants*[2].

Que l'arbitre particulier de tout un chacun se voit exclu de l'administration des affaires de l'État n'a pas, aux yeux de Hegel, le sens d'une soumission brutale de la subjectivité à l'autorité d'un ordre extérieur et despotique. Au contraire, c'est de la conscience que le sujet a du maintien de son propre intérêt dans la production d'une législation universelle que la constitution tire seule son effectivité, effectivité qui suppose et exige la médiation différenciée de l'intérieur et de l'extérieur, de la subjectivité et de l'objectivité.

---

1 *Ibid.*, § 539 Rem., p. 316.
2 *Ibid.*, § 540, p. 317.

Les fonctionnaires de l'État eux-mêmes, jusqu'aux membres du gouvernement, n'entrent pas dans leur charge en tant qu'individus particuliers mais comme agents porteurs de la rationalité exprimée dans l'organisation de l'ensemble politique. « Par conséquent, les affaires et les pouvoirs de l'État ne peuvent être une *propriété privée* ». Ce sont les « qualités universelles et objectives » qui désignent les individus ayant en charge l'administration quotidienne des affaires politiques et non pas « leur personnalité particulière comme telle », laquelle ne se voit octroyée par suite aucun privilège spécifique[1].

Le monarque lui-même, bien que faisant irruption en sa naturalité, apparaît seulement comme la cime subjective à partir de laquelle la souveraineté intérieure de l'État développée en différences atteint l'unité d'un *Soi* idéal. « Le pouvoir princier présuppose dans cette mesure les autres moments, comme chacun d'entre eux le présuppose[2]. »

Cette médiation interne du concept un différencié en lui-même constitue proprement le déploiement effectif de la volonté parvenue à son développement rationnel. Dans la communication de la disposition d'esprit subjective et de la constitution universelle et objective, la liberté atteint son effectivité véritable.

Hors l'État point de salut

La rationalité de l'esprit, qui est de se vouloir soi comme objet, « qui a son essence pour détermination et pour but[3] », suppose la position d'une volonté finie se déterminant par rapport à son contenu déployé en un être-là. Cet être-là que la conscience singulière intuitionne se présente dès l'abord sous une forme positive et lui parvient sur un mode extérieur, « dans l'éducation, dans l'instruction, dans la doctrine ». Cette positivité ou extériorité est en même temps l'extériorisation de l'esprit qui se donne le moment de la différence et de l'apparaître. « La positivité n'enlève absolument rien au caractère qu'elle a d'être rationnelle, et donc nôtre[4]. » C'est au contraire la distinction des sujets singuliers et de l'universel, des lois, qui détermine la rationalité de l'État. Dans cette opposition, les individus

---

1 *Principes de la philosophie du droit*, *op. cit.*, § 277, p. 373.

2 *Ibid.*, § 285, p. 384.

3 *Philosophie de l'esprit*, *op. cit.*, § 482, p. 278.

4 *Leçons sur la philosophie de la religion*, troisième partie, *op. cit.*, p. 176.

acquièrent « leur subsistance par soi » et voient leur volonté se réfléchir au travers de la coutume éthique, dans l'universalité des lois. L'État peut à partir de là être considéré comme un « tout concret » car développé en ses différences.

> *Ce qui est posé face à eux, c'est l'universel, les lois. De ces lois, ils sont séparés. En tant que singuliers, ils font face à l'universel. La subsistance-par-soi des individus constitue, dans l'État, l'élément de la séparation ou de l'opposition. Tel est le moment de la rationalité, et cela fait de l'État un tout concret*[1].

Mais cette opposition trouve à se résoudre dans l'habitude prise par la volonté subjective de donner une confirmation morale aux lois de l'État auquel elle appartient et qui valent comme sa propre substance. Du fait de l'universalité dont sont porteuses ses institutions, l'État conduit la volonté particulière à l'universalité pensée. « Ce qui vaut dans l'État, c'est l'habitude d'agir selon une volonté générale et de savoir un but général, d'en faire sa fin. L'État est donc le savoir du général ou de l'universel qui advient sur un mode extérieur ». Au travers de la loi, l'individu se rapporte à son propre vouloir, vouloir élevé au savoir, savoir de sa liberté et de son objectivité. À ce point, la simple forme du sentiment se trouve abrogée. L'individu se sait libre dans l'universalité de la loi car cette universalité vaut comme la substance d'où il tire sa détermination. Ainsi « la vie éthique constitue le centre où la liberté se donne une objectivité, se conserve et vit dans la jouissance de soi. Ce tout éthique est l'unité de ces deux extrêmes-là de la liberté et de l'objectivité[2]. » Alors la réconciliation que le sujet fini intuitionne sous une forme encore abstraite dans la communauté religieuse — abstraite car distincte de la sphère mondaine — se réalise concrètement dans l'État. La réconciliation de la volonté particulière et de l'objectivité substantielle dans la totalité éthique conduit la liberté à pénétrer dans le monde.

Dans la communauté religieuse fait encore défaut ce paraître de l'Idée dans l'extériorité, manque encore l'effectivité mondaine. L'éthique accomplit cette réconciliation de la vérité manifestée dans la religion chrétienne et de

---

1 *La Philosophie de l'histoire*, *op. cit.*, p. 170.
2 *Ibid.*, p. 166.

l'effectivité où paraît l'extériorité de l'esprit. « Ainsi c'est dans l'éthique que se trouve présente et accomplie la réconciliation de la religion avec la mondanité, l'effectivité[1]. »

La religion est, en effet, « le savoir de la vérité suprême, et cette vérité est l'esprit libre ». C'est cette vérité de l'être-auprès-de-soi dans l'autre qui amène l'esprit fini à la réconciliation de son être et de son essence. Or cette inclusion du particulier dans l'universel pose à la fois le particulier en tant que tel et le libère en direction de son *Soi* véritable où la scission est idéalisée. En reconnaissant la volonté suprême comme la sienne propre, il s'affirme comme cette liberté même de l'esprit dans le jeu de l'amour avec lui-même. Le culte supprime la scission du fini et de l'infini et réinstalle le fini comme le passage où l'infini vient à se manifester. L'État, lui, est la liberté dans le monde, liberté manifestée dans le contenu de la religion révélée. L'État réalise le concept de liberté en le portant jusqu'à l'effectivité. Mais il importe de comprendre toutefois qu'« il n'y a qu'un seul concept de la liberté dans la religion et dans l'État ». C'est pourquoi ce n'est qu'avec l'avènement de la religion chrétienne que la liberté fait son entrée dans le monde. S'étant élevé au concept véritable de Dieu, l'homme connaît son essence comme la liberté dont l'État constitue l'effectivité historique. Inversement, les peuples qui ne sont pas élevés jusqu'à ce concept de Dieu comme vérité et liberté ne peuvent pas se voir donner des lois à travers lesquelles ils sauront se reconnaître libres. « Le peuple qui a un mauvais concept de Dieu a aussi un mauvais État, un mauvais gouvernement, de mauvaises lois[2]. »

C'est dire qu'il existe une connexion intime entre religion et État. Cette connexion est même « nécessaire » dans la mesure où la religion donne à l'individu la représentation de sa liberté, liberté qui devient objet et but de la conscience finie. La subjectivité doit appartenir à l'essence divine pour être reconnue et pénétrer dans le monde, de sorte que le principe même de l'État, la liberté, est révélée en sa vérité dans la religion chrétienne, « dans une universalité inconditionnée ». « Il ne peut y avoir de liberté consciente que là où l'individualité est sue comme appartenant positivement au divin ; ce qui signifie que la subjectivité est intuitionnée dans l'essence divine ». C'est la raison pour laquelle « on a dit à juste titre

1 *Leçons sur la philosophie de la religion*, troisième partie, *op. cit.*, p. 255.
2 *Leçons sur la philosophie de la religion*, première partie, *op. cit.*, p. 319.

que l'État repose sur la religion ». En effet, c'est dans la religion chrétienne que le principe de l'État comme liberté est légitimé. Toute autre légitimation, partant des intérêts finis, risquerait de conduire à une relativisation de ce principe. Mais dans la mesure où ce dernier apparaît comme « une détermination de la nature divine elle-même », la liberté acquiert une légitimation absolue[1]. La religion chrétienne fournit à l'État rationnel son fondement sacré.

Le sacre du droit

Il n'est pas anodin d'entendre Hegel qualifier le droit comme « quelque chose de *sacré* ». Mais il convient de comprendre ici le droit en son sens le plus général, droit de l'esprit objectif, « l'être-là du concept absolu, de la liberté consciente de soi[2] » et non pas seulement au sens du droit juridique, formel, dont le développement ne recouvre qu'une dimension de la réalité éthique. La subsistance par soi du droit, la position du droit objectif, ne représente qu'un moment séparé de la totalité du concept de liberté.

> *Le droit est* de façon générale *quelque chose de* sacré, *par cela seul qu'il est l'être-là du concept absolu, de la liberté consciente de soi. Mais le* formalisme *du droit (et en outre celui de l'obligation) naît de la différence de développement du concept de liberté. À l'encontre d'un droit plus formel, c'est-à-dire* plus abstrait *et, pour cette raison, plus restreint, la sphère et le degré auquel l'esprit a porté au-dedans de soi les moments suivants contenus dans son idée en vue de leur détermination et de leur effectivité, cette sphère, en tant que* plus concrète, *plus riche au-dedans de soi et plus véritablement universelle, a par là même aussi un droit plus élevé.*

La processualité spéculative de l'esprit implique que ce dernier se scinde au-dedans de soi et fasse de lui-même un être-autre auquel il retourne par un mouvement d'idéalisation. L'être-là correspond de ce point de vue au moment de l'arrachement à soi de l'esprit et à sa manifestation extérieure. L'objectivation de l'esprit est le droit qu'il se donne à devenir et s'intuitionner pour soi. C'est pourquoi aussi le droit est l'être-là « de la liberté conscience de soi » car libre,

---

1 *La Philosophie de l'histoire*, *op. cit.*, p. 179.
2 *Principes de la philosophie du droit*, *op. cit.*, § 30, p. 139.

l'esprit l'est pour autant qu'il fait retour à soi à partir de la différence qu'il pose, différence qui constitue la distinction des sphères subjective et objective à partir de laquelle la conscience apparaît.

C'est dans le développement libre de l'esprit que se trouve inclus le moment objectif où s'ancre l'effectivité des déterminations à partir desquelles il se connaît et se reconnaît comme lui-même. Ce développement consiste ainsi en une différenciation interne et suppose le rapport négatif de l'esprit lui-même. C'est donc que cette négativité est la condition de la perte de l'esprit et sa découverte dans l'objectivité extérieure. Cette perte étant nécessaire au retour à soi et à l'affirmation de la liberté de l'esprit apparaît comme un moment essentiel, mais un moment qui, pour être compris en sa vérité, doit se voir ressaisi à titre de moment et non pas demeurer en sa subsistance autonome.

Par conséquent, le droit objectif, dans le même temps où il est posé en propre, appelle son dépassement dans le droit plus élevé de l'esprit conquérant son identité au travers de la différence qu'il engendre. Ainsi la sphère du droit juridique demeure-t-elle abstraite dans la mesure où elle est conçue indépendamment du mouvement de l'esprit. Ce n'est qu'en se reliant aux médiations qu'il suppose que le droit juridique peut perdre son caractère séparé et abstrait et se donner comme un moment d'une totalité véritablement concrète. Ainsi le droit se détermine d'autant plus concrètement qu'il épouse le développement de l'idée de liberté. Il convient en ce sens de reconnaître à chaque degré du développement de la liberté « son droit propre », degré essentiel à l'effectuation de ce développement. Réserver le terme de droit à la seule compétence juridique de la personnalité abstraite serait une erreur. Chaque moment du développement de l'idée de liberté a son droit propre en tant qu'un tel moment. C'est à ce point qu'il peut y avoir conflit des différentes sphères de la liberté, du droit juridique, de la morale, de l'éthicité. Mais ce conflit n'advient que pour autant que ces droits sont considérés chacun en eux-mêmes, indépendamment de la fin de l'esprit s'instaurant comme unité négative et différenciée au-dedans de soi. Finalement, c'est l'esprit, ou l'idée de liberté, qui possède le droit suprême et qui se présuppose dans les sphères antérieures du droit. S'il y a conflit c'est que ces moments acquièrent nécessairement une figure autonome et par là se limitent. Mais, dans le droit absolu, ces bornes apparaissent pour ce qu'elles sont, des limitations intérieures à cette idée, limitations idéalisées dans la totalité articulée qu'est l'esprit du monde où les droits des peuples particuliers se voient médiatisés en une Histoire une, celle de l'avènement de l'idée de liberté qui est tout autant le développement libre de l'esprit.

C'est en se plaçant ainsi au point de vue de l'universel concret, celui de l'esprit libre, que nous pouvons comprendre à la fois l'inscription du droit dans la sphère juridique et sa limitation intrinsèque. En effet, en tant qu'un tel universel concret, le concept de la volonté *en* et *pour soi* implique le moment de la différence et par conséquent l'inscription objective. La reconnaissance de ce droit objectif, d'une capacité juridique universellement partagée par les individus et d'une valeur en soi de la personne, se dessine dans le droit romain et se réalise seulement dans le christianisme qui reconnaît le droit de la personnalité infinie pour soi.

La liberté de la volonté constitue la détermination même de l'essence de Dieu. En sa pure liberté, Dieu se connaît et se présuppose en son autre, en la particularité finie. Cette particularité se connaît elle-même en l'universalité de l'amour divin qui la pose. Partant, la particularité acquiert son droit infini et la reconnaissance de sa propre liberté comme une détermination inaliénable. Ainsi, du fait qu'il repose sur la liberté de la volonté, le droit est sacré car la liberté est manifestation même de Dieu. « Le droit est sacré parce qu'il repose sur la liberté de la volonté, ce qui est aussi dans la détermination fondamentale de l'essence de Dieu. L'être libre, le pur esprit est le concept fondamental de Dieu[1]. »

Dans la totalité éthique devenue consciente de soi, dans la volonté en et pour soi de l'État, s'unissent l'intérieur et l'extérieur, la volonté subjective et le droit universel. Cette sphère peut bien alors être considérée comme le lieu de la manifestation divine car ici se croisent et se médiatisent, et, par conséquent, s'accomplissent effectivement, les déterminations éthiques universelles, particulières et singulières. En tant qu'il décèle la substantialité immédiate de la famille par l'inscription de la subjectivité personnelle dans la société civile, en tant qu'il ouvre la possibilité d'une satisfaction universelle des intérêts particuliers, en

---

1 G. W. F. Hegel, *Leçons sur le droit naturel et la science de l'État*, Vrin, Paris, 2002, § 8, p. 52.

tant qu'il arrache le vouloir à son existence purement naturelle, l'État moderne semble bien réaliser la promesse d'une libération de la subjectivité, promesse dont est porteuse la religion accomplie. S'il est ainsi la manifestation effective de la liberté, l'État se donne alors comme le paraître essentiel de la volonté divine, d'une volonté qui, dans l'arrachement à soi, laisse surgir une nature dont l'État assure la transfiguration spirituelle en tant que l'objectivation de l'esprit se donnant figure par son activité propre.

Les passages où Hegel affirme que l'État est *le divin sur la terre* sont en cela nombreux et explicites. Parmi les textes où est avancée l'idée d'un lien intrinsèque et fondamental entre religion et politique, contentons-nous de citer deux extraits des *Leçons sur la philosophie de la religion* et des *Leçons sur la philosophie de l'histoire* :

> *Les lois, l'autorité civile, la constitution politique tirent leur origine de Dieu : c'est de cette manière que celles-ci sont autorisées, et qu'elles le sont au moyen de la suprême autorité qui est donnée dans la représentation*[1].

> *On peut donc dire que la constitution des États est fondée sur la religion. La religion constitue ainsi la base des États, non dans le sens où l'État se sert de la religion comme d'un instrument, non dans le sens où c'est grâce à elle que l'on obéirait aux États, mais dans le sens où les États ne sont que la manifestation du contenu véritable de la religion*[2].

Trois conséquences, qui se dégagent avec une netteté particulière de la philosophie du droit hégélienne, assurent finalement, dans leur articulation interne, l'enracinement mondain de la phénoménalité divine : la reconnaissance du principe de la libre subjectivité se traduit dans l'effectivité par la médiation des structures institutionnelles de la *Sittlichkeit* ; l'assomption de cette subjectivité suppose un processus de culture éthique ; la société civile émerge à la fois comme milieu de la culture et lieu propre de la satisfaction de la subjectivité

1 *Leçons sur la philosophie de la religion*, première partie, *op. cit.*, p. 320.
2 *La Philosophie de l'histoire*, *op. cit.*, p. 522.

particulière. C'est donc du sein de la société civile que surgit la possibilité d'une médiation de l'intériorité et de l'extériorité à partir de laquelle l'effectivité comme lieu immanent de l'agir divin vient à la manifestation.

L'objection ascétique

Quelle place réserver encore à l'institution religieuse en cette configuration éthique ? La réconciliation de l'intériorité et de l'extériorité, de la subjectivité particulière et de l'objectivité substantielle, qui s'accomplit dans l'éthique devrait se traduire logiquement par un retrait pur et simple du besoin religieux hors de la communauté éthique. Si c'est ici-bas, dans le cosmos social, que s'accomplit la réconciliation promise par la révélation trinitaire, l'esprit vivant de la communauté refoule alors le besoin de réconciliation de la conscience religieuse hors de l'effectivité véritablement infinie qui se manifeste à même l'immanence des rapports éthiques. Ne doit-on pas reconnaître alors dans le maintien d'une telle conscience religieuse existant *pour soi* comme un désir paradoxal et pathologique du non-effectif, un entêtement à se chercher, et à se perdre, dans l'abstraction d'un moment figé hors de sa dynamique spéculative ? Renoncer à sa richesse, quitter le monde, se résoudre à l'obéissance à l'égard de la seule autorité ecclésiale semble être en effet l'idéal d'une ascèse censée sanctifier le croyant. Peut-on réellement prétendre que l'existence laborieuse du bourgeois et la révérence du citoyen à l'égard de la constitution politique manifestent la volonté infinie de Dieu ? Comment oser croire que le divin se réalise à même l'effectivité de ce *cosmos* social et politique ? Ne faudrait-il pas voir, au contraire, en cet ici-bas, l'apparence d'un monde appelé à passer et à se trouver dépassé dans le rejet résolu que la conscience croyante promeut à son encontre ? C'est pourquoi il semble que ce ne soit pas en ce lieu que la religion chrétienne cherche à s'accomplir. L'histoire, tout au contraire, la montre plutôt disposée à user de l'État dans le but de fonder un régime proprement spirituel à l'encontre des déterminations strictement temporelles de la société politique.

Se profile de la sorte devant nous l'opposition problématique de deux modes concurrents, apparemment irréconciliables, celui de la vie selon la chair et celui de la vie selon l'esprit. La réconciliation à laquelle aspire la subjectivité aussi bien dans la communauté religieuse que dans son existence éthique et qui s'est présentée dans la médiation de l'une avec l'autre se voit en quelque sorte court-circuitée. Le problème théologico-politique consiste de ce point de vue dans le refus de la réconciliation dispensée au cœur de la manifestation. La solution de ce problème suppose donc de se réconcilier avec la réconciliation, ou bien encore laisser la raison et l'effectif se trouver, ce qui sur le chemin de l'esprit nécessite le temps d'une histoire.

CHAPITRE 5

LES DEUX GLAIVES

Traditionnellement, l'étude du problème dit théologico-politique conduit à circonscrire, dans l'ère d'influence du christianisme occidental, les modalités du rapport entre les deux glaives, spirituel et temporel, dont l'Église et l'État se font les dépositaires et qu'ils se disputent tour à tour. Si la religion chrétienne contribue à l'émergence d'une subjectivité qui constitue le centre de référence et le point d'application de l'État moderne, le rapport de ces deux domaines ne va pas pour autant de soi. Le statut même d'une communauté religieuse au sein de l'État semble poser plusieurs problèmes, à commencer par la dissolution des liens éthiques comme le mariage, le travail ou même l'obéissance. C'est parce que les « prescriptions que la religion donne à l'individu peuvent être différentes du droit et de la vie éthique » que se pose un problème de la religion au sein de l'État[1].

Comment comprendre dès lors la référence récurrente de Hegel au christianisme dans la fondation de l'État si la communauté religieuse menace toujours, de par son existence, d'entrer en conflit avec l'État ? Que se joue-t-il donc de si fondamental dans l'institution de la religion chrétienne qu'il faille risquer d'instaurer au cœur de l'État le principe potentiel de sa corruption interne ? Autrement dit, que cherche à sauver Hegel du christianisme dans sa réflexion sur les principes et les fondements du droit et de l'État ?

---

1 *Leçons sur la philosophie de la religion*, première partie, *op. cit.*, p. 322.

Pour mieux saisir la manière dont Hegel entend le rapport de la religion et de l'État, nous nous attacherons à la lecture des deux principaux passages consacrés à ce problème, la remarque au § 270 des *Principes de la philosophie du droit* et la remarque au § 552 de l'édition de 1830 de *L'Encyclopédie des sciences philosophiques*, tout en nous réservant la possibilité de chercher les éclaircissements nécessaires dans les écrits théologiques du jeune Hegel.

Fonctions de la religion

Le lieu de convergence de l'État et du christianisme se situe au niveau du principe de la libre individualité qui forme le point d'inflexion à partir duquel l'État rationnel peut advenir historiquement. Avec la différenciation se produisant au sein de l'Idée de l'État comme volonté *en* et *pour soi*, la liberté particulière obtient la reconnaissance de son droit et trouve la possibilité de sa réalisation. La liberté, qui permet de penser l'articulation de la religion et de l'État, constitue en même temps le principe négatif par lequel l'esprit creuse au-dedans de soi une différence appelant réconciliation. Il revient à la société civile, dont l'émergence repose sur la liberté subjective promue par le christianisme, d'assurer l'inscription de cette négativité. De ce point de vue, il semble possible d'attribuer à la religion une fonction métajuridique dans la configuration objective de l'esprit. La religion, dans la mesure où, en elle, est découvert et légitimé le principe de la libre subjectivité, vaudrait comme pôle d'institution symbolique de l'État moderne.

À un autre niveau, interne cette fois, la religion se voit accorder une fonction proprement éthique. C'est par elle, en effet, que la subjectivité particulière s'ouvre au sens de l'universel et prépare ainsi le chemin, par le biais du processus de culture, à la disposition d'esprit politique. Ici, la religion recouvre une valeur protreptique et garantit en quelque sorte la position formelle de la subjectivité face à l'objectivité éthique. C'est pourquoi « l'État doit reposer essentiellement sur la religion ». Par là, la disposition d'esprit subjective trouve un fondement absolu à la soumission qu'elle doit à l'égard de ses devoirs éthiques. « Tout autre mode d'obligation sait se trouver des échappatoires » du fait même de leur teneur humaine et partant finie. La religion, elle, met un terme à la ratiocination subjective en faisant « naître une obligation infinie ».

La religion doit cette puissance éthique à la possibilité qui est la sienne d'influer sur le sentiment qui constitue l'être le plus intérieur de l'homme. « Ce qu'un homme a dans le cœur appartient à l'être de sa personnalité, à son être le plus intérieur. Le devoir, le droit, la religion sont — dans la mesure où je suis moral, droit, religieux — identifiés à moi ; ma réalité effective est en eux et ils sont dans ma réalité effective ; ils constituent mon être : je suis ainsi[1]. » Faut-il alors concevoir le territoire subjectif de la foi religieuse comme un sanctuaire impénétrable à l'ordre politique ?

L'autonomie de la religion

Du fait de la nature de son principe d'application, la loi objective de l'État est incapable de déterminer par elle-même la disposition d'esprit éthique. Si l'effectivité éthique repose sur l'unité médiatisée de l'intériorité subjectivité et de l'extériorité objective, chacune de ces sphères doit conserver sa différence spécifique. Parce que seule la disposition d'esprit éthique donne son effectivité à la volonté objective de l'État, ce dernier ne peut établir de lois contraignant les citoyens à la moralité ou visant, tout du moins, à modifier leur disposition d'esprit. « Si un État édictait des lois exigeant que ses membres soient moraux, ces lois ne seraient pas de son ressort, elles seraient contradictoires et risibles. » En effet, le ressort de la disposition d'esprit est la confiance, le sentiment, et appelle en ce sens un principe de détermination intérieur étranger à l'État en tant que tel. Seule la religion a le pouvoir d'actionner les ressorts de la morale intérieure sur laquelle s'étaye le respect à l'égard des lois civiles[2].

Il est dès lors tentant de considérer la religion comme un moyen pour l'État d'inscrire la disposition d'esprit éthique dans l'âme des citoyens. L'opposition de l'État à la religion d'un peuple ne peut avoir pour conséquence que « la division et une scission non résolue[3] ». À l'inverse la maîtrise de ce ressort moral doit

1 *Ibid.*, p. 270.
2 G. W. F. Hegel, *La Positivité de la religion chrétienne*, PUF, Paris, 1983, p. 59.
3 *Ibid.*, p. 326.

permettre d'affermir l'esprit civique du peuple, d'où les velléités politiques d'instrumentalisation de la disposition d'esprit religieuse. C'est la tentation à laquelle succombe Rousseau lorsqu'il entend promouvoir, sous forme d'une religion civile, l'amour des devoirs civiques. Mais ravalée au rang de moyen, la religion perd la dignité qui est la sienne en tant que service de l'absolu et s'expose alors à la contingence. « Si la religion est moyen, l'esprit sait qu'il peut l'utiliser ou qu'il peut utiliser autre chose[1] ». Cette contingence, du fait de la positivité portée au regard des fidèles tout occupés à satisfaire les commandements religieux, risque de rejaillir en retour sur l'État. Si, en effet, « les lois de la liberté ont toujours un côté positif, un côté de réalité, d'extériorité, de contingence dans leur apparition » et si la religion absolue « est assurément une religion positive[2] », demeure le risque de voir cette contingence enfler jusqu'à se substituer à l'objectivité de la réalité éthique et par là mettre en péril la nécessité de l'État.

Tout le problème consiste dès lors à ménager l'articulation de deux exigences. Il s'agit, d'une part, de laisser à la religion le soin de purifier le cœur « de sa naturalité immédiate » et « créer ainsi une condition stable » qui, parce qu'elle « correspond à la fin générale » de l'État, « s'accomplit en tant que vie éthique ». « Par cette voie la religion passe sur le terrain des mœurs, de l'État[3]. » Ainsi atteint-on ce point où religion et État communiquent sur le terrain de l'effectivité rationnelle. C'est pourquoi cette exigence suppose, d'autre part, d'éviter que « l'Église se présente comme un empire terrestre dans l'État, car sinon l'État est forcé de se tourner contre elle[4] ». Du fait de son accès à l'intériorité subjective, la possibilité pour la religion de questionner la réalité mondaine expliquerait sa puissance négative et dissolvante. Il y a donc un danger de la religion qu'il s'agit d'endiguer ou, en tout cas, de prévenir. La solution de ce problème ne peut toutefois se satisfaire d'un simple aménagement institutionnel tributaire de l'ordre éthique objectif, puisque c'est cet ordre lui-même qui se trouve garanti ou menacé dans son rapport à la disposition subjective.

1 *Leçons sur la philosophie de la religion*, première partie, *op. cit.*, p. 103.
2 *Leçons sur la philosophie de la religion*, troisième partie, *op. cit.*, p. 176.
3 *Leçons sur la philosophie de la religion*, première partie, *op. cit.*, p. 319.
4 *Leçons sur le droit naturel et la science de l'État*, *op. cit.*, § 158, p. 269.

Topique de la problématique théologico-politique

D'une certaine façon, il est possible de considérer qu'*en soi*, du point de vue du concept, de ce qui doit être effectivement, l'articulation théologico-politique ne fait pas et n'a pas à faire question. Par définition, l'État effectif repose sur l'articulation concrète de l'intérieur et de l'extérieur et, de ce fait, présuppose la médiation rationnelle de la disposition d'esprit et de la constitution objective. Cela explique d'ailleurs sans doute que cette question ne soit développée par Hegel qu'à l'occasion de deux remarques incidentes, c'est-à-dire hors du développement même du concept. Si un certain problème théologico-politique vient toutefois à se poser, c'est sur le terrain de la contingence et des passions, là où le concept prend le temps de son mûrissement et de son extension. Et comme nous aurons l'occasion de l'observer, c'est bien dans le champ historique que ce problème émerge tout autant qu'il se résout.

Au § 270 des *Principes de la philosophie du droit*, Hegel introduit la question de la constitution. S'y trouve rappelée la nature de l'État moderne, c'est-à-dire d'un universel contenant au-dedans de soi le moment de la particularité. Le développement de cette totalité en différents pouvoirs contribue à la production de son effectivité concrète conquise au travers du procès de la culture. C'est par le biais de cette dernière que l'État parvient en effet au savoir de lui-même, savoir déposé dans les lois qui se donnent à la conscience singulière[1].

Mais la religion peut prétendre se rapporter à un contenu différent de celui que l'État propose. Dans la mesure où la disposition d'esprit subjective se détermine en rapport avec le contenu véhiculé par la religion, cette dernière représente donc une menace pour la stabilité de l'universalité éthique en laquelle la conscience pourrait ne plus savoir se trouver. C'est dans ce cadre que vient donc à se poser le problème du rapport de l'État avec la religion.

1 *Principes de la philosophie du droit, op. cit.*, § 270, p. 352.

La séparation de l'Église et de l'État

Hegel ouvre l'analyse de la remarque qu'il consacre à la question théologico-politique — jamais nommée comme telle — en situant son propos par rapport à une certaine représentation qui, considérant à juste titre la religion comme « l'assise de l'État », voudrait voir en elle le principe même de sa constitution.

Indirectement, Hegel met en avant la contingence qui affecte ce point de vue en rappelant combien l'appel à la religion est fréquent dans les périodes de « misère publique ». Il est, en effet, habituel de voir la conscience chercher son secours dans la religion lorsque les individus ne trouvent plus à se satisfaire dans l'effectivité présente, en ces heures où les institutions publiques ne sont plus animées par la vitalité de la disposition d'esprit subjective. C'est cette convergence de la désaffection éthique et du besoin religieux « en guise de consolation face au *déni du droit* et en guise *d'espérance* d'un dédommagement de la *perte* subie » qui doit conduire à suspecter l'intérêt que prend alors la conscience à cet appel.

La critique marxienne de la religion dans les termes de l'idéologie nous a habitués à considérer le besoin religieux comme « le soupir de la créature opprimée ». Mais Hegel n'attribue pas à ce besoin le sens d'un aveuglement de la conscience sur les conditions socio-historiques qui déterminent sa position. S'il y a méconnaissance de la conscience quant à la vérité de son être-là, il s'agit moins d'une illusion nécessaire qu'une impuissance subjective, finalement contingente, à repérer la situation véritable des ordres symboliques présidant à l'institution de la réalité éthique.

La sanction de l'absolu

Le secours attendu de la religion repose sur un préjugé largement répandu et qui voudrait que la religion fût indifférente aux intérêts mondains. Ainsi comprise, la religion est mise en position d'extériorité par rapport à l'effectivité, position qui lui accorde la possibilité et le droit de juger de l'État. Cette conception ne joue d'ailleurs pas nécessairement à l'avantage de la religion puisqu'à partir de ce point de vue une compréhension purement séculière du pouvoir politique pourra reprocher à la religion d'être « impropre à élever l'intérêt et la tâche de l'État au rang de fin sérieuse et essentielle ».

Considérée dans sa dimension positive et apologétique, ce point de vue élève au contraire la religion au rang de fin suprême en écartant l'État comme une « affaire d'arbitraire indifférent ». De ce dernier jugement peut dès lors découler une simple critique de l'État comme d'un lieu où s'affirme seulement la passion contraire au droit véritable. Mais, assumée jusqu'à ses dernières conséquences, cette position prétend s'arroger, au bénéfice de la religion, « la détermination » et le « maniement du droit ».

À cette critique dissolvante de l'État, et contre la prétention qui vise à élever la religion au rang d'instrument de la justice absolue, Hegel oppose les scories auxquelles la religion peut exposer l'homme, notamment lorsqu'elle emprisonne l'esprit dans la superstition ou en méconnaît la nature, jusqu'au point de dégrader son essence dans la représentation de divinités animales. En effet, « il ne faut pas oublier que la religion peut recevoir une forme qui a pour conséquence la plus dure des servitudes dans les chaînes de la superstition et la dégradation à un niveau plus bas que l'animal ».

Ce serait néanmoins céder à l'irréflexion que de condamner la religion sur ces traits particuliers. La représentation zoolâtrique ne correspond elle-même qu'à une forme possible de la religion convoquée uniquement dans le but d'insister sur la nécessité de déterminer précisément ce dont il est question avec le concept de religion. L'opinion abstraite ou le vague préjugé doivent donc se voir écartés au profit d'une spécification rationnelle. Seule la définition conceptuelle de la religion nous permettra d'atteindre à une clarification du rapport que cette dernière entretient à l'égard de l'État. « À propos du rapport entre religion et État, la détermination essentielle n'advient que pour autant que l'on rappelle leur concept[1]. »

L'objet de la religion n'est autre que l'absolu, la vérité absolue. Et c'est la dignité de cet objet qui donne tout son poids à la religion et à la disposition qu'elle engendre dans la conscience croyante. « La religion a pour contenu sien la vérité absolue et, en cela, ce que la disposition d'esprit a de plus élevé intervient aussi en elle. » Parce que Dieu lui-même constitue l'objet de son intuition, de son sentiment et de sa représentation, la conscience croyante trouve en cet objet absolu la cause inconditionnée légitimant toute réalité qui tire de lui sa détermination.

---

1 *Principes de la philosophie du droit*, *op. cit.*, § 270, p. 353.

Tout ce qui, par conséquent, semble échapper à la confirmation de Dieu ne peut avoir de valeur pour cette conscience. Inversement, ce qui, dans l'effectivité, compte à titre de détermination concrètement présente, possède son ultime justification dans la volonté absolue qui lui offre d'exister. La réalité finie, limitée en elle-même, ne découvre sa certification qu'élevée et comprise au sein de l'infinité divine. Or, parce qu'il est lui-même une réalité finie et limitée, l'État présuppose la volonté infinie de Dieu comme le fondement de sa possibilité d'existence.

Se préoccuper de Dieu comme de la « cause sans borne dont tout dépend » conduit, par conséquent, à justifier l'effectivité en tant que manifestation de cette volonté infinie. C'est en ce sens que la religion se présente comme un renfort de l'État, puisqu'elle inscrit au cœur même de la subjectivité particulière le sentiment du plein droit de l'effectivité en son déploiement actuel. L'État semble donc bien trouver son assise dans la religion, dans la mesure où cette dernière se donne comme la garante de la disposition d'esprit dont l'effectivité de l'État procède. Elle fonde le respect des institutions publiques.

Néanmoins, « si la religion constitue ainsi l'assise qui contient l'élément éthique de manière générale, et plus précisément la nature de l'État en tant qu'elle est la volonté divine, elle n'en est en même temps que l'assise[1] ». Que la religion soit le ressort sur lequel l'État puisse asseoir la disposition d'esprit subjective ne signifie pas pour autant que la religion soit le fondement à partir duquel l'État tire sa configuration rationnelle, et c'est ce que la religion achoppe à comprendre.

Les prétentions de la subjectivité

Rappelant le concept mis au jour dans ses *Principes*, Hegel n'hésite pas à écrire que « l'État est la volonté divine en tant qu'esprit présent, se *déployant* en figure effective et *organisation d'un monde* ». Comment faut-il entendre cette référence à la divinité dans le cadre d'une analyse rigoureuse des fondements de l'ordre politique ?

---

1 *Ibid.*, p. 354.

La volonté divine est volonté infinie, liberté absolue de l'esprit venant à la manifestation en un autre dans lequel il paraît et qui, en sa différence, est néanmoins le *Soi* auprès duquel il est lui-même. Plus concrètement, le divin se présente comme le chemin par lequel la nature se voit abrogée en sa différence et ramenée à l'identité de l'esprit devenu *pour soi*. Sous la figure de la volonté, l'esprit extériorise les déterminations à partir desquelles il s'apparaît et se trouve auprès de *Soi* dans une existence manifestant sa propre intériorité. L'effectivité éthique est cette manifestation. En elle, s'articulent les moments de l'universalité objective et de la subjectivité particulière qui renvoient l'une à l'autre comme l'intérieur et l'extérieur d'une même totalité spirituelle dont l'État concentre le savoir et le vouloir.

Dans la mesure où l'effectivité de l'État repose, par conséquent, sur l'extériorisation de l'intérieur et sur l'intériorisation de l'extériorité de l'esprit, alors la religion, lorsqu'elle s'oppose à l'objectivité de cette manifestation, travaille à séparer l'essence de son apparition, séparation dont l'abstraction constitue à la fois le principe et le résultat. C'est ici la figure de la conscience morale abstraite qui s'avance sous les oripeaux religieux. Cette conscience, impuissante à se reconnaître dans l'effectivité extérieure, demeure repliée sur sa propre intériorité arbitraire et contingente.

Parce que le terrain propre de la religion est l'intériorité du « sentiment, de la représentation et de la foi », tout rapport étranger à cette pure subjectivité peut paraître aux yeux de cette dernière comme l'accident contingent d'une substance dont elle constitue elle-même l'essence. « La religion est le rapport absolu dans la forme du sentiment, de la représentation, de la foi, et en son centre, qui contient tout, tout n'est qu'accidentel, évanescent même. » C'est pourquoi l'universalité objective de l'État compte pour elle comme une réalité inessentielle, dans la mesure où il vaut justement comme l'objectivité même. Ce n'est que de la détermination qu'y dépose cette subjectivité que l'universalité objective de l'État reçoit une valeur, tout en demeurant face à elle comme un être-là négatif et non substantiel.

L'appréciation subjective devient, de la sorte, le critère du droit, si bien que cette subjectivité débridée et absolument sûre d'elle-même peut bien affirmer qu'« au juste, il n'est pas donné de loi », c'est-à-dire pas de détermination objective, sinon celle que l'intimité du croyant voudra bien s'octroyer. « Soyez pieux, vous pouvez alors entreprendre ce que vous voulez. »

Mais ce comportement négatif de la subjectivité religieuse à l'égard de l'effectivité peut s'avérer tout autrement dommageable pour la stabilité des institutions politiques quand cette attitude critique dépasse le point de vue de l'appréciation morale et cherche à se faire valoir, au-delà de la simple disposition d'esprit, par l'action qui l'oppose à l'actualité concrète. Alors naît le fanatisme religieux similaire en cela au fanatisme politique qu'il fait vaciller, dans sa furie de la destruction, tout ordre effectif au nom de la pure possibilité revendiquée par son vouloir arbitraire. Dans cette opposition, la subjectivité religieuse déracine les institutions objectives pour ériger en lieu et place sa seule subjectivité libre et pure. Déployé jusqu'à ses ultimes conséquences, ce fanatisme va jusqu'à rejeter les déterminations éthiques tissant la substance de l'effectivité présente. La propriété, le mariage, le travail se voient refoulés de la réalité éthique au nom de la pure forme du sentiment. La communauté des biens, l'amour de Dieu, la charité, bref l'ordre moral du cœur et du sentiment cherchent alors à se substituer à la médiation des institutions objectives.

Cette « subjectivité du vouloir qui se sait l'absolu » doit néanmoins nécessairement se résoudre à l'objectivité. Mais ayant renoncé à l'objectivité des rapports effectifs, seule demeure sa propre représentation subjective dont l'arbitraire doit servir de critère de détermination pour le droit et l'éthique. Dans la contradiction non surmontée de l'intérieur et de l'extérieur, il arrive alors qu'à la nécessité objective se substitue la contingence purement extérieure. « On décide à partir de la représentation subjective, c'est-à-dire de l'*opinion* et du *bon plaisir* de l'arbitre[1]. »

Or, le vrai ne se confond pas avec la certitude assurée de la subjectivité seulement intérieure. C'est l'effectivité même, c'est-à-dire la manifestation de l'intériorité dans l'extériorité et de l'extériorité dans l'intériorité, qui se produit comme vérité. L'effectivité, comme unité contenant au-dedans de soi la diffé-

1 *Ibid.*, p. 355.

rence médiatisée de l'intérieur et de l'extérieur, apparaît comme « la prodigieuse transgression de l'intérieur dans l'extérieur », « l'imprégnation de la raison dans la réalité » à laquelle toute l'histoire du monde a travaillé. Ce devenir extérieur de la raison, dans la mesure où il suppose le travail de l'esprit et l'objectivation de la volonté en soi, ne peut s'accomplir qu'à même la matière du temps historique au travers duquel l'humanité cultivée a conquis l'effectivité et la conscience de l'être-là rationnel, des institutions étatiques et des lois.

La subjectivité véritablement développée n'est donc pas celle qui s'en tient à sa position immédiate mais qui, au contraire, prend sur soi d'accomplir le chemin de la culture. C'est au travers de ce dernier qu'il lui est donné de reconnaître dans l'objectivité extérieure la manifestation même de l'esprit se déployant en un monde. Le travail de la subjectivité doit par conséquent consister en la formation de son intériorité au sein de l'universalité effective, sans quoi, dans le rejet de l'effectivité, ne se dresse que l'arbitraire de la possibilité subjective se déterminant uniquement par la destruction de toute objectivité donnée, « la dévastation de tous les rapports éthiques, la sottise et l'abomination ».

Mais, sans toutefois aller jusqu'à l'opposition destructrice à l'égard de l'effectivité, la subjectivité religieuse peut s'en tenir à la simple considération critique et « polémique ». « Avec son point de vue négatif, elle peut sans contredit demeurer aussi quelque chose d'interne, s'adapter aux institutions et aux lois, et s'en tenir à la résignation et aux gémissements, ou bien au mépris et aux souhaits. » Le résultat, cependant, n'en paraîtra pas moins irrationnel, dans la mesure où la disjonction de la disposition d'esprit et de l'universalité objective possède le même caractère dissolvant à l'égard de l'effectivité. En se donnant la sanction de l'absolu, la subjectivité, qui doit être domptée par l'éducation et se découvrir libre dans l'obligation objective, se ferme en elle-même. Une telle position est d'autant plus dangereuse pour l'État que ce dernier ne peut, sans contredire son propre principe, celui de la subjectivité libre, contraindre la disposition d'esprit religieuse à s'accorder à l'universalité objective[1].

La pureté du sentiment constitue ainsi le rempart inattaquable derrière lequel s'embusque la subjectivité revendiquant la détermination absolue de l'effectivité. Forte de la différence qui l'institue comme pôle étranger à la force

1 *Ibid.*, p. 356.

du droit, la conscience, fanatisée par ses propres prétentions à connaître le juste et le vrai, semble témoigner de l'impuissance de l'ordre objectif à se garantir contre les passions qui travaillent à miner ses fondements intérieurs. Dès lors, non reconnu par la subjectivité particulière, l'État, comme sphère de la volonté universelle se sachant *en* et *pour soi*, jouit d'une prérogative qui doit le prémunir contre une telle corrosion intérieure, à savoir l'indifférence institutionnelle.

Des bienfaits de l'indifférence

Il est essentiel à la compréhension du problème théologico-politique, tel que l'aborde Hegel, de ne pas confondre le concept même de religion, la religion accomplie, avec cette forme dévoyée et non rationnelle née d'une subjectivité s'érigeant en absolu. La religion véritable reconnaît bien plutôt dans l'effectivité la manifestation même du vouloir divin. La conscience de soi se connaît de la sorte comme une subjectivité qui atteint sa propre réconciliation avec le vouloir universel dans le rapport à l'objectivité rationnelle au sein de laquelle sa liberté vient à apparaître. En ce sens, la religion conforme à son concept confirme le vouloir objectif de l'État. Ce sont les conditions du déploiement de ce concept qui prescrivent dès lors les limites qu'en leur rapport réciproque Église et État sont amenés à respecter.

D'emblée, la prétention de la subjectivité religieuse à régner sur les affaires de l'État soulève le problème des conditions mêmes dont cette subjectivité tire sa position. L'opposition de la religion à l'égard de l'État semble en effet contradictoire dans la mesure où la communauté religieuse s'inscrit elle-même dans l'objectivité extérieure des rapports éthiques et suppose en cela la reconnaissance de l'État. C'est de ce dernier que la religion reçoit « sa situation et son mode d'expression extérieure », c'est-à-dire son intégration dans la communauté éthique dont ses membres font partie. Par ce biais, la religion s'ancre donc dans l'être-là extérieur et témoigne que sa possibilité ne se limite pas à la subjectivité absolue de la conscience croyante. Le rapport à l'État apparaît donc comme un facteur incontournable de l'existence de la communauté religieuse, celle-ci se déterminant en action de cultes, doctrines, propriétés qui marquent l'arrachement à soi de la subjectivité et son paraître extérieur. « L'affaire de son culte consiste en actions et en une doctrine ; elle a de surcroît besoin de possessions et d'une propriété, ainsi que d'individus voués au service de la communauté. Naît ainsi un rapport de l'État et de la communauté ecclésiale. » En se déterminant ainsi à l'objectivité, la communauté requiert le droit à l'effectivité de son être-là, droit qui présuppose l'universalité de la loi objective comme sa garantie nécessaire.

Que la religion ait, en ce sens, des obligations envers la puissance publique ne signifie pas pour autant la main mise de cette dernière en la matière. Certes, dans la mesure où la religion conditionne la disposition d'esprit éthique par laquelle l'État atteint son effectivité, ce dernier a le droit, selon Hegel, d'exiger « de tous ses membres qu'ils fassent partie d'une communauté ecclésiale ». Mais, dans la mesure où ce contenu s'adresse à la conscience subjective, il n'est pas donné à l'État de prescrire le contenu auquel chacun doit pouvoir se rapporter. Le contenu dogmatique de la religion échappe de la sorte à l'objectivité de la loi qui ne saurait tenter de déterminer l'intériorité subjective sans substituer la légalité à la moralité.

Du fait de cette différence des ordres de détermination, l'État peut même supporter que les obligations dues par les citoyens n'incombent pas à certains groupes religieux, pour autant cependant que les obligations directes auxquelles ils échappent, tel que le service dans l'armée, soient acquittées indirectement, au travers d'un impôt spécifique par exemple. C'est le cas notamment des sectes anabaptistes. Il faut reconnaître en cela un certain libéralisme de l'État qui peut souffrir que l'individu ne vaille qu'en sa dimension d'existence privée, existence s'affirmant dans la médiation de la société civile. L'État « exerce une tolérance » à l'égard de tels membres, dans la mesure où supporter la différence lui est possible tant que la « coutume éthique » et la « rationalité interne des institutions » conduisent à l'inscription de ces personnes privées dans la totalité éthique et garantissent la reconnaissance de la loi et de l'égalité juridique des personnes[1].

Cette égalité juridique est d'emblée présupposée par l'existence d'une sphère sociale d'échange et implique que se maintiennent, en dehors de la participation volontaire des citoyens à la vie de l'État, la reconnaissance et l'effectivité de la législation universelle. Parce que la société civile apparaît comme le creuset dans lequel viennent se précipiter les différences particulières et immédiates

---

1 *Principes de la philosophie du droit*, *op. cit.*, § 270 Rem., p. 356.

des subjectivités, la simple qualité d'*homme* doit être reconnue avant toute autre détermination que se donne, par elle-même, la subjectivité. Par un effet indirect, l'inscription au sein des rapports juridiques privés suffit ainsi à soutenir le « sentiment de soi » en tant que personnalité juridique et donc à assurer la reconnaissance des institutions du droit. De ce point de vue, le délicat problème de l'émancipation politique des citoyens de confession juive est, pour Hegel, réglé avant même d'être posé puisqu'« ils sont avant toute chose des *hommes* », « grâce à la concession des droits civils » qui leur permet de « valoir en tant que *personnes juridiques* dans la société civile » et au travers de laquelle se produit « l'égalisation qui est exigée de la manière de penser et de la disposition d'esprit ».

La société civile, en dépit de l'abstraction dont elle souffre lorsqu'on se contente de la considérer isolément, apparaît, dans la configuration totale de l'éthicité moderne, vecteur de concrétisation des principes du droit et lieu d'articulation du particulier et de l'universel. Dans ce cadre, le patriotisme véritable consiste moins dans les actes de bravoure par lesquels l'individu singulier sacrifie son être en vue de la défense de la nation que dans le « vouloir devenu habitude » qui se réalise par le biais de « la confiance » de l'individu à l'égard d'un universel contenant l'intérêt particulier de sa personne[1].

Cette confiance dans les institutions, ce savoir-libre dans le droit universel, qui contribue à la formation d'une disposition d'esprit politique assure le maintien de l'effectivité substantielle et la sauvegarde quotidienne de la communauté éthique. Le patriotisme est « la disposition d'esprit qui, dans la situation et le contexte de vies habituels, est accoutumée à savoir que la communauté et l'assise substantielle et la fin[2] ».

Parce que les différents arbitres particuliers sont obligés de converger vers l'État comme le lieu d'où leur position tire réalité et reconnaissance, la totalité éthique ne connaît pas d'ordre extérieur à sa propre puissance. Toute sphère qui se voudrait étrangère à l'existence concrète des institutions existantes se révélerait en cela pure apparence d'un vouloir sans consistance ni force. C'est pourquoi la compréhension conceptuelle, c'est-à-dire rationnelle, peut se dispenser de poser la question théologico-politique dans la mesure où une telle interrogation

1 *Ibid.*, § 268, p. 349.
2 *Ibid.*, § 268 Rem, p. 350

suppose déjà une mise en crise de l'effectivité. La situation concrète de l'Église au sein de l'État suffit, au contraire, à rendre compte de sa nécessaire intégration structurelle au sein de l'ordre objectif.

Le droit de l'État

On l'a vu, la communauté religieuse pénètre elle aussi dans l'être-là objectif du fait des rapports sociaux et juridiques grâce auxquels elle se maintient dans l'effectivité éthique. De ce fait elle rentre sur le terrain de l'État et sa volonté universelle puisqu'elle « possède de la *propriété*, exerce certaines *actions* cultuelles, et pour ce faire, a des individus a son service ». Dès lors, cette communauté ne peut prétendre simplement demeurer tourner vers le ciel de la foi intérieure mais doit reconnaître son allégeance « au domaine mondain et ainsi au territoire de l'État » sous les lois duquel elle se place.

Parce que les rapports éthiques constituent la substantialité universelle de la communauté politico-sociale, le droit de l'effectivité à se faire valoir prime sur la prétention de la subjectivité particulière à exister *pour soi*. Le droit de l'État à garantir sa « rationalité effective » est premier par rapport à la certification subjective qui n'en est qu'un moment, le moment intérieur qui cède à l'abstraction sitôt qu'il se présente comme antérieur à cette effectivité éthique en laquelle il se déploie : « Comme les rapports éthiques sont essentiellement des rapports de rationalité effective, ce sont les droits de celle-ci qui doivent être affirmés en premier lieu, et la certification ecclésiale s'y ajoute en tant qu'aspect plus abstrait, seulement interne[1]. »

Du point de vue externe, c'est-à-dire au regard de la substance éthique, la communauté religieuse apparaît seulement comme une sphère limitée et bornée. La subjectivité y trouve certes un ressort de son inscription éthique mais, apprécié sous l'angle institutionnel, le cercle des adeptes unis autour d'un culte particulier ne diffère pas véritablement d'une corporation. La communauté des fidèles entre en ce sens sous la détermination de la police entendue comme la « puissance protectrice de l'universel [...] bornée à la sphère des contingences[2]. » Du fait de cette contingence reposant sur l'impuissance de l'État à prescrire le contenu de

1 *Ibid.*, p. 357.
2 *Ibid.*, § 231, p. 316.

la religion, il est impossible de préciser *a priori* l'extension d'une telle puissance. La situation concrète de la communauté doit chaque fois indiquer l'orientation de l'action policière : « Dans la mesure où la communion religieuse d'individus s'élève au rang d'une communauté, d'une corporation, elle se trouve de manière générale sous le contrôle éminent de l'autorité policière de l'État[1]. »

Concernant la doctrine, cette dernière possède son terrain dans l'intériorité de la conscience croyante et tombe, par conséquent, du fait du droit de la liberté subjective, en dehors de la juridiction de l'État. « La doctrine elle-même a son territoire dans la conscience-morale, [...] — dans celui de la sphère de l'intériorité qui, comme telle, ne constitue pas le territoire de l'État ». Il ne faut néanmoins pas oublier que l'État possède lui aussi une doctrine, si par ce terme l'on entend la présentation extérieure d'un contenu universel su, connu et reconnu en tant que tel par la conscience. Ce contenu universel n'est autre que la loi à laquelle chacun a le droit, mais aussi le devoir, de se rendre familier. Et dans la mesure où l'État, à la différence de la société civile, apparaît comme l'universalité consciente d'elle-même, la loi qu'il déploie ne peut ni ne doit s'appliquer de manière simplement automatique, inconsciente et extérieurement, à la manière d'un « mécanisme ». Tout au contraire, il est essentiel que son contenu universel soit pénétré par la subjectivité qui trouve à s'y connaître. L'universel, auprès duquel la subjectivité s'informe déjà dans la disposition d'esprit éthique, doit, pour atteindre sa pleine et entière certification, se réfléchir dans la conscience comme l'objet concret que cette dernière sait proprement être sien. C'est par l'élévation à ce savoir de l'universel que la liberté se réalise véritablement pour soi. Voilà pourquoi il est essentiel que la loi ne s'applique pas seulement de manière habituelle mais fasse encore l'objet d'un savoir. La conscience à laquelle la disposition d'esprit parvient dans son rapport à l'objectivité éthique est « un moment essentiel dans l'État effectif. »

C'est sur ce terrain de la doctrine qu'une opposition directe de l'Église et de l'État est tout particulièrement à craindre. Chacun cherche en effet à faire valoir le droit à la reconnaissance de son propre contenu. Or, si ce contenu, en tant qu'objet intérieur, est indifférent à l'État, son expression extérieure rentre

1 *Ibid.*, p. 358.

sur le terrain de l'objectivité et peut alors contredire cette dernière, jusqu'au point de former une conscience rebelle aux exigences déposées dans ses principes et ses lois.

« Donc État et Église se *rencontrent* ou *s'opposent* ici directement. » Le conflit entre la sphère de compétence de l'État et celle de la religion intervient presque nécessairement à ce point, dans la mesure où cette dernière tend à considérer le domaine spirituel et l'universalité sue et pensée comme son affaire exclusive. Parce qu'elle se présente comme conscience de l'absolu, l'Église élève non seulement la prétention légitime à décider seule de son enseignement doctrinal, mais entend tout aussi bien qualifier et déterminer universellement le juste et le vrai dans la sphère mondaine, l'État demeurant pour elle une réalité seulement extérieure et inessentielle. En demeurant attachée à ce point de vue, elle avoue alors concevoir l'État comme un simple moyen d'organisation extérieure, se réservant pour elle-même l'entier champ de l'intériorité et de sa formation. Nous en revenons une fois encore à l'infatuation de la subjectivité absolue prétendant déterminer le vrai par et pour elle-même.

Or, si l'Église, du fait de la dignité de son objet, prétend valoir comme une fin pour soi, alors *la science* devrait pouvoir réclamer un droit similaire. Ce droit se révélerait d'ailleurs d'autant plus légitime que la philosophie possède, en sa forme, un savoir plus adéquat de l'absolu. Aussi à ce stade, rien ne s'oppose à ce que la communauté des savants, c'est-à-dire l'Université, exige d'être elle-même reconnue comme fin dernière de l'État[1].

On pourrait croire propre au catholicisme cette revendication d'un droit suprême fondé sur une connaissance supérieure. Mais comme le note Hegel, ce problème peut tout aussi bien se présenter dans un État ignorant l'existence d'un clergé distinct du laïcat et où les dépositaires du savoir de Dieu « se tiennent d'ordinaire au sein de l'État », « leur détermination ecclésiastique » n'étant « qu'un aspect de leur état, aspect qu'ils maintiennent séparé au regard de l'État ». Mais qu'ils soient prêtres catholiques, pasteurs évangéliques ou bien encore professeurs d'université, ceux qui affichent une telle prétention se fondent tous sur un même

1 *Ibid.*, p. 359.

préjugé : l'État ne vaut que comme le garant des rapports extérieurs entre les membres de la société civile et, de ce point de vue, subsiste seulement comme une réalité extérieure à la question de l'absolu et du vrai.

Historiquement, cette conception a trouvé à s'affermir dans la soumission des laïcs aux clercs de l'Église catholique. Mais arguer d'un tel exemple n'offre en réalité qu'un repli précaire aux tenants d'une instrumentalisation de l'État puisque, comme Hegel entend le montrer, cette situation n'illustre en aucune façon la position vraie et rationnelle, c'est-à-dire le concept respectif, de l'Église et de l'État[1].

C'est à même la détermination vraie de l'État comme idée véritablement effective que se produit la réfutation de cette prétention. « Le développement de cette idée a plutôt établi ceci comme étant la vérité : l'esprit, en tant que libre et rationnel, est en soi éthique, l'idée véritable est la rationalité effective, et c'est celle-ci qui existe en tant qu'État. »

Une subjectivité bornée

L'esprit, que la religion se fait fort de déterminer en sa vérité, est essentiellement liberté comme être-auprès-de-soi dans l'autre. Or, cette liberté exige de se produire, en sa rationalité intrinsèque, comme effectivité véritable. Et l'effectivité suppose elle-même l'universalité objective de la loi en laquelle la conscience pensante « a un savoir de ses fins ».

Si la religion chrétienne parvient bien à la conscience de cette liberté de l'esprit venant à la manifestation de lui-même, elle ne l'atteint que dans la forme inadéquate de la représentation, c'est-à-dire comme un « contenu donné » et non pas conçu à partir de lui-même. De ce fait, le rapport à cet objet se fonde, pour la conscience croyante, sur l'autorité extérieure. Le témoignage de l'esprit, où celui-ci éprouve sa liberté vraie, s'y produit en outre seulement dans la forme inférieure de la croyance et du sentiment, et non pas sous une forme rationnelle, ce que réalise au contraire l'État du fait qu'il distingue, tout en faisant consister leur rapport, subjectivité intérieure et objectivité extérieure.

---

1 *Ibid.*, p. 360.

La connaissance philosophique, qui, quant à elle, s'est libérée de la représentation et connaît la vérité de l'esprit comme le *se trouver-hors-de-soi*, saisit dans le rapport de l'Église et de l'État le développement interne du concept de volonté. Ce développement implique que la volonté se fasse objet d'elle-même et s'affirme comme volonté en et pour soi en se reconnaissant dans cette extériorité. L'Église et l'État possèdent, de ce point de vue, le même contenu de la vérité mais dans une différence de forme que l'Église, à la différence de la philosophie, ne parvient pas à concevoir autrement que dans les termes d'une opposition radicale. « C'est le discernement philosophique qui a connaissance de ce que, quant au contenu de la vérité et de la rationalité, Église et État ne se tiennent pas en opposition, mais dans la différence de la forme. »

C'est l'éthicité qui octroie sa position à la conviction subjective. L'État, lui, possède le savoir de soi de la totalité éthique sous la forme de la pensée universelle, c'est-à-dire de la loi. En donnant son assentiment à cette pensée universelle, la conscience subjective se connaît libre et donc en accord avec le contenu spirituel dont elle se fait la dépositaire.

La subjectivité croyante n'est donc qu'un moment de la totalité éthique dont l'État, au sens strict, constitue l'apparaître extérieur. Cette subjectivité ne se donne sa possibilité et sa vérité qu'en participant de l'effectivité où se manifeste la vie de l'esprit. L'apparaître particulier de ce contenu dans la forme religieuse, en tant qu'il est objet de la représentation, du sentiment ou de la croyance, appartient quant à lui à la religion et est étranger à l'État. « De même que le contenu qui est en et pour soi apparaît, dans la figure de la religion, comme un contenu particulier, comme les enseignements que l'Église, en tant que communauté religieuse, a en propre, de même demeurent-ils hors du domaine de l'État ». La position de la conscience religieuse à l'encontre de ce dernier ne saurait, par contre, lui demeurer étrangère dans la mesure où cette position permet ou interdit à l'effectivité de se produire en sa vérité.

Puisque le contenu de la conscience religieuse est formé par les principes éthiques, l'État ne peut que se voir effectivement confirmé par celle-ci. Mais l'État possède en sus le droit de l'objectivité. Il se présente comme la loi objective à laquelle la conscience doit se soumettre pour ne pas sombrer dans la tyrannie de l'arbitraire subjectif, tyrannie qui contredit la liberté même de l'esprit que la religion porte à la représentation[1].

Pour cette raison, comme l'illustre l'opposition entre l'autorité de l'Église et la liberté du penser philosophique, la liberté se doit d'être protégée contre les prétentions d'une subjectivité hissée au rang d'absolu. Volontiers encline à dépasser les droits qui sont les siens, ceux de la subjectivité intérieure, menaçant de se porter jusqu'à la détermination des rapports objectifs à partir de la représentation qu'elle se fait de sa propre autorité, la religion doit être bornée en ses prétentions à déterminer le vrai. C'est à l'État qu'il revient dès lors de garantir le droit de la science à connaître le vrai, un vrai auquel, en une certaine mesure, le mode représentatif de la religion barre l'accès.

Mais, il convient toutefois de ne pas perdre de vue que la subjectivité raisonnante peut elle-même faire valoir ses droits à l'encontre de l'effectivité et camper dans la position de juge absolu. Lorsque la pensée, ne sachant plus reconnaître en l'effectivité la manifestation même de l'esprit libre, tombe au rang de l'opinion dissolvante, elle ne se distingue plus alors de la subjectivité destructrice de la conscience religieuse érigée en absolu. Il existe un fanatisme philosophique proche parent du fanatisme religieux. « Cet *acte-d'opiner* », sous le masque de la raison, constitue un autre asile de la conscience subjective s'érigeant en juge absolu de l'organisation éthique[2].

Toutefois, de même qu'envers les communautés religieuses particulières contenues en son sein, l'État peut faire preuve d'indifférence envers l'opinion qui, comme contenu purement subjectif, n'a aucun poids propre face à l'objectivité.

Pour autant, l'État a le droit et le devoir de garantir l'effectivité, c'est-à-dire la vérité objective et les principes de la vie éthique, contre l'être-là de l'opinion. Il lui est donc permis de se prémunir contre le danger que pourrait représenter une corporation d'enseignants se séparant de la totalité éthique jusqu'au point d'entrer en conflit avec lui.

---

1 *Ibid.*, p. 361.
2 *Ibid.*, p. 362.

De même, en tant que l'être-là de la liberté configurée en un monde, l'État a le devoir de limiter l'autorité de l'Église et permettre ainsi au « discernement propre », « à la pensée de ce qui doit valoir comme vérité objective » de connaître et se reconnaître dans l'effectivité présente, c'est-à-dire éthique.

La leçon de l'effectivité

C'est l'essence même de la vérité venant à la libre manifestation qui nous renseigne sur la solution à apporter au problème théologico-politique, solution qui se confond avec le déploiement de la réalité effective. Le rapport adéquat de l'Église et de l'État est celui d'une unité différenciée advenant pour la conscience.

Si cette unité engloutit la différence de forme entre l'Église et l'État il s'ensuit la ruine de l'éthicité. Ne demeure alors que le plus parfait despotisme. « Dans le despotisme oriental, cette unité si souvent souhaitée de l'Église et de l'État est présente-là, mais en cela c'est l'État [...] qui ne l'est pas. » Cette différenciation est donc une nécessité car c'est par là que l'État atteint son effectivité en tant qu'unité de l'intérieur et de l'extérieur, unité supposant leur différence.

L'État existe de la sorte comme un universel concrètement déterminé. Il contient, en tant qu'universalité élevée au savoir de soi sous la forme de la loi, la particularité des Églises et le rapport qu'elles établissent entre la disposition d'esprit et la réalité effective des institutions. « C'est seulement ainsi, en se tenant au-dessus des Églises *particulières*, que l'État a acquis l'*universalité* de la pensée, le principe de sa forme, et qu'il l'amène à l'existence[1]. » La condition de l'effectivité de l'État consiste donc dans sa séparation d'avec l'Église puisque c'est cette séparation qui institue la différenciation de la subjectivité intérieure et de l'objectivité extérieure dont la médiation réciproque donne à l'esprit d'exposer sa liberté véritable.

Loin d'introduire un rapport d'indifférence qui placerait État et Église dans une situation d'impuissance mutuelle ou de conflit potentiel, la séparation du religieux et du politique est la condition de leur communication rationnelle au sein de l'universalité éthique instituée à partir de soi. En valant chacune

1 *Ibid.*, p. 363.

dans leur ordre propre, disposition subjective et constitution objective veillent, l'une et l'autre, au maintien d'une distinction qui assure non seulement leur coexistence, mais leur possibilité pure et simple d'existence.

L'unité de la conscience éthico-religieuse

Rien ne semble finalement plus contraire à la conception hégélienne que celle d'une constitution politique faisant d'un texte sacré ou de l'autorité d'un clergé son fondement. Pour autant, la séparation de l'Église et de l'État ne signifie en aucune façon une relation d'indifférence réciproque. S'il y a potentiellement conflit entre Église et État, c'est avant tout du fait du rapport les liant dans la médiation de leur forme différenciée. La scission absolue de la cité de Dieu et de la cité des hommes, ignorant la différence qui les unit, aboutit nécessairement à vider l'actualité de son effectivité essentielle et instaure la confusion en lieu et place de l'articulation rationnelle. Cette séparation des deux domaines, ayant pour effet de rigidifier leur opposition, menace leur permanence même jusqu'au point où la contradiction se résout en une unité supérieure, unité produite dans le développement historique du principe chrétien.

La preuve éthique de l'existence de Dieu

C'est au problème posé par l'ignorance de la médiation théologico-politique que la remarque au § 552 de l'encyclopédie de 1830 nous introduit. Alors que la remarque du § 270 des *Principes* s'inscrivait au début de l'analyse de la constitution et du droit politique interne, le § 552 de l'*Encyclopédie* se présente à la toute fin de l'analyse de l'Esprit objectif et précède le développement sur l'esprit absolu où le concept parvient au savoir de lui-même à partir de son apparaître objectif. À ce point l'esprit, s'étant perdu dans l'objectivation de lui-même, est sur le point de saisir « son universalité concrète » et de s'élever « au savoir de l'esprit absolu comme de la vérité éternellement effective dans laquelle la raison qui sait est libre pour elle-même[1] ».

---

1 *Philosophie de l'esprit, op. cit.*, § 552, p. 333.

Pourquoi inaugurer en ce lieu une réflexion sur le rapport de l'État et de la religion ? La réponse à cette question tient à la nature même du contenu de la religion. La religion est, en effet, elle-même savoir absolu, savoir pris dans l'élément de la représentation mais que la philosophie parvient à élever à la conception purement spéculative. La religion constitue bien en ce sens l'articulation fondamentale entre le déploiement du vrai dans l'effectivité et la saisie de cette effectivité comme autoproduction de l'absolu lui-même.

Encore faut-il cependant que la religion se soit portée au concept véritable d'elle-même. Or, cette vérité de la religion ne se manifeste pas immédiatement. Là encore, le cheminement de l'esprit conduit à l'approfondissement de sa contradiction. En celle-ci s'articulent les moments disjoints d'une totalité qui, saisie en sa vérité, libérera son contenu de l'appréhension finie à laquelle l'entendement parvient.

Hegel, dans cette remarque, commence par rappeler la modalité d'une véritable démonstration du concept de Dieu, ce qui doit nous permettre d'atteindre un point de vue adéquat sur l'élévation de l'esprit fini à l'esprit infini. Le « matériau concret » de cette élévation est « l'esprit, dont la détermination absolue est la raison efficiente, c'est-à-dire le concept lui-même qui se détermine et se réalise, la liberté ». Cette liberté se produit au travers de l'égarement de l'esprit dans une objectivité ressaisie à titre de moment nécessaire de son auto-exposition. L'esprit attestant ainsi de lui-même ouvre à la conception vraie du divin dont le sens est tout entier contenu dans sa liberté. L'exposition du concept divin suppose donc la médiation de l'esprit à partir de la finitude qu'il pose et qui n'est autre que sa propre particularisation. C'est pourquoi Hegel, au moment de ressaisir le parcours de l'esprit en quête de sa propre vérité, peut rappeler la position nécessaire d'une réalité finie :

> *Il a été montré antérieurement de la médiation qu'est l'élévation à Dieu, que le moment de la négation, en tant que par celle-ci, le contenu essentiel du point de départ est purifié de sa finité et, de ce fait, émerge en sa liberté, est principalement à considérer.*

Dans l'abrogation (*Aufhebung*) qu'il produit de l'objectivité finie, l'esprit s'atteint comme son propre but. Le sens de l'objectivité ainsi considérée repose dans l'idéalisation réalisée par la subjectivité finie dans son rapport à soi. « C'est là la réalisation du but, dans laquelle, en se faisant l'Autre de sa subjectivité et en s'objectivant, il a supprimé la différence entre les deux, s'est enchaîné *seulement avec soi* et s'est *conservé*[1]. » Libre, l'esprit l'est pour autant qu'il se connaît dans un autre apparaissant dans sa différence finie et qui est en même temps lui-même. On comprend dès lors en quelle mesure « le moment de la négation, en tant que par celle-ci le contenu essentiel du point de départ est purifié de sa finité, et, de ce fait, émerge en sa liberté, est principalement à considérer ». C'est cette différence, ou négation de soi, qui conduit à la perte de l'esprit dans la nature. Revenant de cette perte, l'esprit se sait en sa vérité.

Le fini dont il est question ici est, par conséquent, l'esprit subjectif lui-même, tout d'abord absorbé dans sa naturalité et dont l'opération de la culture à laquelle le soumet l'effectivité éthique le délivre. Au sein de cette sphère, la subjectivité particulière se dessaisit de son vouloir naturel et borné pour ainsi se faire, dans la disposition éthique, comme l'intérieur d'une volonté objective et universelle devenue libre pour soi :

> *Le fini dont on part ici est la conscience de soi éthique, réelle ; la négation par laquelle elle élève son esprit à sa vérité est l'opération, accomplie* effectivement *dans le monde éthique, qui purifie son savoir de l'opinion subjective et libère sa volonté de l'égoïsme du désir*[2].

La religion véritable, parce qu'elle s'élève à la conscience de la subjectivité infinie et absolue comme libre manifestation de soi, reconnaît nécessairement dans l'effectivité éthique la réconciliation manifeste de l'esprit avec lui-même, de l'universel et du particulier, de Dieu et de l'homme. Un Dieu qui ne se manifesterait pas demeurerait une essence abstraite et laisserait l'apparition sombrer dans une simple apparence sans consistance, ce qui constitue le reproche majeur adressé par Hegel au judaïsme antique. Mais un Dieu qui se manifesterait, sans

1 *La Science de la logique, op. cit.*, § 204, p. 441.
2 *Philosophie de l'esprit, op. cit.*, § 552 Rem., p. 333.

que cette manifestation même porte le sens de sa libre détermination perdrait son caractère de vérité et contredirait, à la façon de l'hérésie de Marcion, le concept de Dieu. Par conséquent, si Dieu se manifeste, cette manifestation est elle-même divine et pénétrée de l'esprit. Or la manifestation est la détermination même de l'effectivité et l'effectivité concrète est la vie éthique elle-même. C'est pourquoi ce n'est que grâce à la vie éthique et à partir d'elle que « l'Idée de Dieu est sue comme esprit libre » et qu'« en dehors de l'esprit, il est donc vain de chercher une véritable religion et religiosité[1] ». Toutefois, du point de vue de la compréhension proprement spéculative, c'est l'absolu qui, dans le savoir qu'il produit de lui-même, se présuppose dans l'effectivité éthique. Aussi peut-on affirmer tout aussi bien que le savoir de Dieu est le fondement à partir duquel la manifestation parvient à son effectivité concrète. Si donc « ce qui est posé tout d'abord comme ce qui suit autre chose et en est provenu est, bien plutôt, le *prius* absolu de ce par quoi il apparaît comme médiatisé », alors la religion, dont la vérité est médiatisée par l'effectivité de la vie éthique, est le fondement à partir duquel l'effectivité éthique trouve son sens et sa vérité.

Unité de la disposition d'esprit éthico-religieuse

Dans l'examen du rapport de l'État et de la religion, il apparaît que l'État trouve dans la vie éthique son propre « intérieur substantiel », intérieur qu'il porte au savoir universel de soi dans l'objectivité de la loi et à laquelle il accorde donc la « réalisation effective ». Mais, dans la mesure où cette substantialité n'est autre que la manifestation que l'absolu se donne de lui-même dans la différenciation qui le pose comme détermination objective, « la substantialité de la vie éthique elle-même et de l'État » est la religion.

En tant qu'il reçoit d'elle sa vitalité et son effectivité concrète, l'État repose sur la disposition d'esprit éthique. Celle-ci, parce qu'elle prend forme dans la sphère de la subjectivité finie, suppose la libération de la particularité produite par le dessaisissement de soi de l'universalité divine. Le sentiment qu'a la particularité de sa propre finitude, son besoin de réconciliation, suppose son être-auprès-de-soi dans l'universel. C'est par la religion que la subjectivité atteint

1 *Ibid.*, p. 334.

à ce sentiment du *Soi* universel. La disposition d'esprit religieuse se présente donc bien comme la base de la disposition d'esprit éthique en ce sens qu'elle l'appelle comme la condition de sa réalisation concrète. C'est dans l'éthicité que la conscience religieuse parvient, en effet, à se libérer de sa propre naturalité particulière. C'est par ce rapport que l'État peut prétendre à l'effectivité qui le présentifie comme la manifestation même du vouloir universel et divin :

> *C'est ainsi ici le lieu d'examiner de plus près le* Rapport de l'État et de la religion, *et d'élucider, à cette occasion, des catégories qui sont en vogues à ce sujet. La conséquence immédiate de ce qui précède est que la vie éthique est l'État reconduit à son intérieur substantiel, que le second est le développement et la réalisation effective de la première, mais que la substantialité de la vie éthique elle-même et de l'État est la religion. L'État repose, d'après ce Rapport, sur la disposition d'esprit éthique, et celle-ci sur la disposition d'esprit religieuse*[1].

« En tant que la religion est la conscience de la vérité absolue », aucune manifestation de sens ne peut se voir accordée de reconnaissance sans participer de cette vérité. Or, celle-ci n'ayant d'autre contenu que celui de la liberté infinie se rapportant à elle-même, les déterminations du droit valent seulement pour autant qu'ils sont des rapports de liberté en lesquels le particulier vient à se connaître comme un moment de l'universel :

> *En tant que la religion est la conscience de la* vérité absolue, *ce qui doit valoir, dans le monde de la volonté libre, comme droit et justice, comme devoir et loi, c'est-à-dire comme* vrai, *ne peut valoir que pour autant qu'il a* part *à cette vérité qu'on a dite, est* subsumé sous elle *et* résulte d'elle.

Un point émerge cependant, autour duquel vient se cristalliser le problème théologico-politique à proprement parler. En effet, si la religion donne sa sanction ultime à l'effectivité éthique et à l'État, encore faut-il qu'elle-même soit religion

---

1 *Ibid.*

véritable et conforme à son concept : « Mais, pour que la vie éthique vraie soit une suite de la religion, il est requis que la religion ait le contenu vrai, c'est-à-dire que l'Idée de Dieu sue en elle soit la vraie. »

Si la vie éthique est la manifestation même de l'esprit divin, alors cette effectivité, saisie en son moment intérieur en tant que disposition d'esprit éthique, se produit comme la certitude que la conscience a de sa vérité au sein de la totalité spirituelle en laquelle elle émerge et qui nourrit cette sienne intériorité :

> *La vie éthique est l'esprit divin en tant qu'inhérent à la conscience de soi en sa présence effective comme présence d'un peuple et des individus qui en font partie ; cette conscience de soi, allant de son effectivité empirique dans elle-même, et amenant sa vérité à la conscience, a dans sa* croyance *et dans ce par quoi elle est* conscience (morale) *seulement ce qu'elle a dans la* certitude *d'elle-même, dans son effectivité spirituelle*[1].

Il ne peut exister, par conséquent, deux dispositions d'esprits différentes, « deux sortes de conscience, l'une religieuse et l'autre éthique ». Toutes deux forment une seule et même conscience morale qui, du point de vue du contenu, ne se distinguent pas. Le contenu de cette conscience, dans tous les cas, n'est autre que l'esprit parvenu à la libre manifestation de soi. « Les deux aspects sont inséparables ; il ne peut y avoir deux sortes de conscience (morale), l'une religieuse, et l'autre éthique, différente de la première suivant la teneur et le contenu ». Mais, si l'on s'attache à leur nature formelle, une différence notable intervient qui peut laisser croire à l'opposition de deux types de conscience. La disposition d'esprit se rapporte en effet à l'effectivité comme à une coutume-éthique et un devoir devenu habitude, c'est-à-dire réalise le concept de liberté. Mais la religion parvient quant à elle à la représentation de ce concept et possède en ce sens un certain savoir de la vérité, là où l'effectivité éthique constitue seulement la manifestation de cette vérité, l'essence à partir de laquelle elle vient à se produire :

> *Mais, suivant la forme, c'est-à-dire pour la pensée et le savoir [...] c'est au contenu religieux, en tant qu'il est la vérité pure étant en et pour soi, donc suprême, qu'il appartient de sanctionner la*

---

1 *Ibid.*, p. 334.

vie éthique qui a son lieu dans l'effectivité empirique ; ainsi la religion est, pour la conscience de soi, la base de la vie éthique et de l'État.

Néanmoins, en dépit de l'inséparabilité constitutive de ces deux ordres, certaines conceptions, dans le sillage des Lumières, tendent à concevoir la disposition d'esprit éthique et la vérité déposée dans la religion accomplie comme deux réalités indifférentes ou étrangères l'une à l'autre. Au mieux, « le facteur religieux », conçu dans sa simple détermination subjective, peut s'avérer susceptible d'apporter son secours à l'État en se présentant comme moyen de « son affermissement ». Cela revient purement et simplement à juger de l'État rationnel comme extérieur à la religion, « comme si la vie éthique de l'État se tenait ferme, pour elle-même, sur son propre fondement ».

Ce point de vue a ceci d'erroné qu'il méconnaît le fondement de la vie éthique qui n'est autre que la liberté substantielle, le dynamisme d'une substance pénétrée et animée par la liberté de la subjectivité. Or ce principe de la liberté subjective n'apparaît pas, selon Hegel, ailleurs que dans la religion chrétienne. Il semble par conséquent que l'État moderne ne puisse faire l'impasse sur ce que son concept doit au développement historique de ce principe chrétien. La réponse que Hegel apporte au problème théologico-politique se voit circonscrite dans l'articulation entre christianisme et liberté. La religion chrétienne est religion de la liberté car affirmant la liberté de l'individu. Toute la question consiste dès lors à déterminer si ce principe de la libre individualité peut trouver à se réaliser immédiatement, en dehors de la religion chrétienne elle-même.

Interroger une telle possibilité suppose de considérer la façon dont ce principe de la liberté subjective a trouvé à s'inscrire au cœur de l'effectivité éthique. Or, le propos hégélien tend justement à saisir l'institution de l'État rationnel comme le résultat d'un processus historique dont la religion est le moteur. La séparation de l'Église et de l'État a émergé du sein même de la religion. Pour cette raison, il paraît impossible de saisir la genèse conceptuelle de l'institution politique moderne sans penser cette dernière sur le fond d'une relation dialectique du spirituel et du temporel. Cette relation négative s'expose dans l'indif-férence[1] (*Indifferenz*) des deux termes, appelés à former les deux instances d'une unique manifestation.

1 *L'Être*, *op. cit.*, p. 349. Nous adoptons la traduction du terme *Indifferenz* par « indif-férence » en suivant le choix terminologique de P.-J. Labarrière et G. Jarczyk qui, dans leur traduction de *L'Être*, rappelle que « la *Indifferenz* est l'indifférence (indif-férence) plus positive de l'autonome qui enclôt son autre à l'intérieur de lui-même, et qui, étant de la sorte relation négative à soi, se donne à connaître comme totalité » (cf. *ibid.*, note 1).

CHAPITRE 6

LA QUÊTE DU CECI ET LE DESTIN DU CHRISTIANISME

En tant que philosophie du concept, la philosophie hégélienne est une pensée *de* la raison, une pensée de soi par la raison. De cette raison, l'effectivité constitue le critère interne de validation, ce que la trop fameuse formule de la préface aux *Principes*, « ce qui est rationnel est effectif ; ce qui est effectif est rationnel[1] », ramasse en un énoncé sans doute trop dense pour ne pas laisser ouverte la voie de l'équivoque. Seul peut être saisi conceptuellement, c'est-à-dire rationnellement, ce qui épouse le développement même du concept comme apparaître de l'essence à partir de soi, manifestation du vrai posant les conditions de sa propre exposition. En un tel régime, le faux est davantage qu'un indice du vrai, il en est le détour secret. Par ce chemin négatif, le vrai, ou l'absolu, se présuppose et s'anticipe comme fondement dont l'erreur, dont le limité, le fini, tire sa possibilité et son être.

Si donc le rapport de l'État et de l'Église, de l'esprit objectif et de l'esprit absolu, pose problème, s'il y a du faux quelque part dans cette histoire, alors il faut présumer que l'esprit cherche là, au-dedans de lui-même, la voie de son propre advenir. Ou, pour éviter d'hypostasier cette réalité spirituelle, il faut avouer qu'en cette relation conflictuelle, celui de la réalité éthique et la vérité religieuse, ces deux sphères ne se font pas seulement douloureusement face mais renvoient

1 *Principes de la philosophie du droit*, *op. cit.*, p. 104.

l'une à l'autre comme le lieu où se réfléchit leur accomplissement. Le sens œuvré par l'activité créatrice des hommes et la compréhension de cette œuvre comme libre transport de soi dans soi constituent le centre d'une même manifestation à laquelle chacune participe par le biais de son autre. C'est la raison pour laquelle il est possible de dire qu'il n'y a pas, à proprement parler, c'est-à-dire du point de vue du déploiement du concept, de question théologico-politique. Il s'agit de souligner par là que l'opposition problématique de ces domaines est déjà en soi le signe de leur intime connexion. De ce fait, laisser résonner les échos de cette lutte du spirituel et du temporel devrait permettre de saisir les modalités de leur articulation, modalités historiques car déployées dans le temps de l'advenir de l'esprit, modalités contingentes dont la nécessité ressaisie doit conduire à contempler le libre jeu de l'absolu avec lui-même.

L'institution de la religion chrétienne

La religion chrétienne a pour contenu sien la vérité comme liberté. Cette liberté de l'esprit dans le rapport instauré à et en lui-même trouve sa représentation dans l'histoire divine qui, de la kénose à la résurrection, épouse le mouvement d'apparaître du vrai. Toutefois cette liberté du rapport spéculatif étalé devant la représentation, n'implique pas immédiatement un rapport de liberté phénoménologique. Autrement dit, « le rapport de la non-liberté peut, suivant la forme, se rencontrer, bien que le contenu étant *en soi* de la religion soit l'esprit absolu[1] ». Tout le problème consiste, par conséquent, à déterminer la nécessité de ce retard de la conscience sur le vrai, du rapport phénoménologique sur le rapport spéculatif. Comment se justifie cette contradiction de la forme et du contenu qui pénètre le dévoilement du principe chrétien ?

La religion accomplie est révélation universelle de la réconciliation de la nature divine et humaine, réconciliation de l'homme avec lui-même dans l'amour, réconciliation de l'esprit avec soi par l'abrogation de sa différence. Mais l'effectuation historique de cette réconciliation, en tant qu'histoire, suppose toutefois le temps de la maturation et du développement. Avant que ne s'inscrive

1 *Philosophie de l'esprit*, *op. cit.*, p. 335.

dans l'effectivité le principe de la libre individualité, l'esprit doit s'opposer à son propre point de départ immédiat et approfondir en son sein la négativité par laquelle il parvient à la jouissance de lui-même. Aussi là où nous cherchons la réconciliation nous attend la scission. La religion universelle, *religio catholica*, n'est pas tout d'abord la religion libre qu'appelle son concept. Tout au contraire, elle se présente comme la religion de l'opposition la plus dure entre les deux moments, intérieur et extérieur, qu'elle sépare. C'est dans la réconciliation de ces deux ordres, spirituel et temporel, que l'esprit parviendra à son immanence concrète ; mais l'élaboration de cette contradiction dans le temps de son développement phénoménal est pour cela nécessaire.

Le Royaume de Dieu n'est pas de ce monde

Le point qu'il nous faut éclaircir tient au fondement de la contradiction qui apparaît dans le déploiement de la religion absolue. Cette contradiction se traduit par l'impossibilité pour la terre de se réconcilier avec le ciel, pour l'esprit fini d'atteindre à la paix de l'esprit infini. Le royaume de Dieu n'est pas de ce monde. Qu'est-ce à dire sinon que la réconciliation promise à l'homme se présente à ce dernier comme un impossible ?

Ce n'est pourtant pas l'existence terrestre de l'homme, existence éthique et politique, qui est, en elle-même, cause de l'ineffectivité affectant la manifestation censée témoigner de l'élévation du fini à la vérité infinie. C'est, au contraire, au cœur même de la communauté appelée à rendre compte de cette manifestation que vient à naître l'opposition irrésolue de la cité terrestre et de la cité céleste. La « séparation qui apparaît du côté de la religion » est une séparation de la forme et du contenu nous dit Hegel, c'est-à-dire du « rapport de la conscience au contenu de la vérité ». « Dans le contexte de l'inséparabilité des deux côtés » que sont la religion et l'État, l'intérieur et l'extérieur, la séparation advenue sur le terrain religieux ne peut qu'empêcher l'émergence d'une totalité éthique effectivement rationnelle. L'errance du principe chrétien signalera donc en même temps l'immaturité politique et la barbarie morale des peuples prenant leur site en son ère d'expansion. Tâchons donc d'esquisser les contours de ce que nous pourrions nommer la *forclusion catholique*, ou l'ajournement historique de la teneur de vérité dont la révélation chrétienne est porteuse.

Hegel n'a de cesse de rappeler que le contenu de la religion vraie est « Dieu qui est su *en esprit* et en *vérité* ». Le savoir de Dieu dans la religion, l'exposition de son concept à la conscience, est partie intégrante de sa définition. C'est l'esprit qui se manifeste à l'esprit. La détermination de l'absolu comme objet naturel est ici supprimée pour laisser place au rapport libre de l'esprit à lui-même, à la communication réciproque et à l'unité de l'intérieur et de l'extérieur.

Pourtant, la religion catholique produit l'inadéquation la plus dure du contenu et de la forme. Cette inadéquation se traduit par la coexistence contradictoire d'un rapport purement idéel, celui de l'absolue vérité comme universel contenant la différence de soi en lui-même, et d'un rapport d'extériorité à cet objet vrai maintenu dans une subsistance fixe. Dans la religion catholique, l'esprit « est, dans l'effectivité, placé de façon rigide en face de l'esprit conscient de soi ». Au sein de cette formation se dessine donc un rapport extérieur à l'objet supposé lui-même manifester la réconciliation de l'intérieur et de l'extérieur. Parmi ces rapports, vient en premier lieu la présentation du vrai dans un objet déposé devant la conscience, réalité sensible paraissant sous la forme de l'hostie consacrée comme corps du Christ. De « ce premier et suprême rapport d'extériorité, découlent tous les autres Rapports extérieurs » : la distinction des clercs et des laïcs, la superstition, la dévotion aux miracles, la réalisation d'œuvres purement extérieures. Tous ces rapports enchaînent l'esprit dans un « être-hors-de-soi » qui contredit sa liberté. C'est de cette « non-liberté de l'esprit dans ce domaine religieux » que résulte alors « une législation et constitution de la non-liberté dans le droit et la vie éthique ». La soumission de l'arbitre subjectif à l'autorité du gouvernement n'est qu'une conséquence de la soumission de l'esprit à l'extériorité phénoménale. À ce point, la religion de la liberté advient comme la pire des servitudes :

> *Tout d'abord, dans l'hostie, Dieu est présenté à l'adoration religieuse comme une* chose extérieure *(alors que, par contre, dans l'Église luthérienne, l'hostie comme telle est consacrée, et élevée vers Dieu devenant présent en elle, d'abord et seulement dans la* jouissance,

> *c'est-à-dire dans l'esprit en même temps certain de soi en sa liberté). De ce premier et suprême Rapport d'extériorité, découlent tous les autres Rapports extérieurs, par là non-libres, non-spirituels et superstitieux ; il y a notamment un* laïcat *qui reçoit le* savoir *de la vérité divine ainsi que la direction de la* volonté *et de la* conscience (morale), *de l'extérieur et d'un autre état, qui, lui-même n'accède pas à la possession de ce savoir-là uniquement d'une manière spirituelle, mais a besoin pour cela essentiellement d'une consécration extérieure. Il y a en plus la manière de prier qui, pour une part, ne consiste pour elle-même qu'à remuer les lèvres, pour une autre part, est sans esprit en ce que le sujet renonce à s'adresser directement à Dieu et prie d'autres que lui de prier, — la dévotion s'adressant à des images miraculeuses, voire même à des ossements, et l'attente des miracles par leur intermédiaire, — d'une façon générale la justice au moyen d'œuvres extérieures, un mérite qui doit être acquis par les actions et qui, même, doit pouvoir être transféré à d'autres, etc. — tout cela lie l'esprit sous un* être-hors-de-soi *par lequel son concept est, au plus intime de lui-même, méconnu et renversé, et la justice, la vie éthique et la conscience (morale), la responsabilité et le devoir, corrompus en leur racine.*

Pourquoi et comment un tel destin, conduisant à la négation de la vérité de l'esprit, atteint-il la religion chrétienne ? Comment de la petite communauté unie dans le lien d'amour et la fraternité de l'esprit parvient-on au despotisme de l'autorité spirituelle, d'une autorité enfoncée dans l'esprit du siècle et contredisant le contenu même au nom duquel elle s'affirme comme ministre de Dieu sur terre ? C'est l'histoire de ce destin qu'il faut suivre pour saisir la manière dont l'esprit s'oppose à lui-même, jusqu'au point de ressentir, dans cette cruelle scission, le besoin d'une réconciliation véritable.

Le destin du christianisme

La religion chrétienne est religion de la réconciliation, religion de l'Homme-Dieu. Par rapport à cette dernière, la religion hébraïque, dans son antécédence conceptuelle, fixait l'essence divine dans un au-delà abstrait et se complaisait dans la plus dure servitude. Le service extérieur d'un maître jaloux pouvait seul correspondre à la séparation que la religion d'Abraham et de Jacob introduisait entre l'essence et son apparition.

L'ébauche de jeunesse sur *L'Esprit du christianisme et son destin* soulevait déjà, en 1798, le problème posé par l'opposition judaïque de l'esprit fini et de l'esprit infini. Le monde de la particularité, dans son altérité absolue à l'égard de l'universalité divine, ne peut être reconnu en son effectivité comme l'être-là de l'esprit. De cet extérieur inessentiel surgit un rapport de servitude à l'égard d'un Dieu qui seul possède en son essence universelle la vérité et la justice. L'esprit fini, par conséquent, ne peut chercher à s'accorder aux volontés de ce maître absolu que dans le service extérieur. La religion judaïque s'épuise tout entière dans les commandements positifs qui se présentent à la conscience, de sorte que la légalité écrase et prend la place de la moralité. À l'esprit de cette religion n'est réservé que l'esclavage de la loi : « La racine du judaïsme est l'objectif, c'est-à-dire le service, la servitude à l'égard d'un étranger[1] ». De la sorte, le sacrifice et la séparation livrent la religion judaïque au destin d'une loi étrangère et d'une nature éprouvée comme d'autant plus inessentielle et sans vérité qu'elle existe seulement en tant que l'autre de Dieu, l'autre en lequel Dieu n'est pas. Dans la mesure où la moralité suppose l'autonomie, la conscience judaïque ne peut se déterminer moralement puisque cette autonomie est récusée au nom de la soumission à l'universel séparé :

> *On ne peut faire la distinction entre des lois rituelles et des lois morales que si l'on revendique la moralité ; dans la religion juive, la moralité était impossible parce qu'il n'y avait pas de liberté en elle, mais bien plutôt une domination totale*[2].

1 G. W. F. Hegel, *L'Esprit du christianisme et son destin*, Paris, Vrin, 2003, p. 97.
2 *Ibid.*, p. 98.

Contre la positivité de la religion judaïque et son asservissement à l'objectivité de la loi, Jésus « chercha à élever son peuple au-dessus de ce destin[1] » en substituant aux commandements religieux « une pulsion et même un besoin de l'homme[2] », la réconciliation de la vie avec elle-même à travers l'amour. Jésus ne se contente donc pas de faire pénétrer le commandement extérieur dans l'intériorité morale puisque ce serait déplacer la relation de servitude caractéristique du légalisme pharisien de l'extérieur vers l'intérieur. Un tel geste conduirait seulement à substituer au règne d'une universalité extérieure la soumission à une loi contredisant, à la mode kantienne, les inclinations de la nature et maintenant la séparation au sein même de l'homme :

> *La différence n'est pas que les uns se rendraient esclaves et que celui-ci serait libre ; mais bien que ceux-là ont leur maître en dehors d'eux, tandis que celui-ci porte son maître en soi-même ; cependant, en portant son maître en soi-même, il est son propre esclave ; pour le particulier, les pulsions, les inclinations, l'amour pathologique, la sensibilité ou quelle que soit la façon dont on le nomme, l'universel est nécessairement et éternellement un étranger, un objectif ; il subsiste une positivité indestructible qui devient totalement révoltante, du fait que le contenu que reçoit le commandement du devoir universel, à savoir un devoir déterminé, contient la contradiction d'être limité et d'être en même temps universel et émet, au nom de la forme de l'universalité, les prétentions les plus élevées pour son unilatéralité*[3].

On quitterait alors simplement une servitude pour une autre. Jésus abroge donc la loi en tant qu'elle est loi. Pour autant, comme l'évangéliste le rapporte dans le sermon sur la montagne (Mt 5, 17), Jésus appelle ainsi non pas à l'abandon du contenu de la loi mais à l'accomplissement de la justice déposée en son sein. Jésus promeut la réconciliation de l'homme avec lui-même au travers de l'amour :

1 *Ibid.*, p. 120.
2 *Ibid.*, p. 120.
3 *Ibid.*, p. 127.

Cet esprit de Jésus élevé au-dessus de la moralité se montre immédiatement tourné contre les lois dans le sermon sur la montagne, qui est une tentative menée sur plusieurs exemples de lois d'ôter aux lois le légal, la forme des lois, en ne prêchant pas le respect pour celles-ci : en montrant plutôt ce qui les accomplit mais les supprime en tant que lois[1].

Notons que, dans cet écrit de la période de Francfort, le jeune Hegel ne fait pas mention de la dimension christique et nomme uniquement le Nazaréen par son nom d'homme. Si divinité il y a en l'homme Jésus, elle s'exprime ici dans la prévalence inédite accordée à l'amour comme principe d'unification des termes opposés. De l'amour doit advenir la réconciliation de la vie avec elle-même :

Mais comme ici dans le complément des lois et ce qui y est associé, devoir, conviction morale et autres de ce genre, l'universel cesse d'être opposé à l'inclination, et que l'inclination cesse d'être un particulier, cesse d'être opposée à la loi, cet accord est vie, et en tant que relation de membres différents, amour, un être qui, exprimé comme concept, loi, est nécessairement égal à la loi, c'est-à-dire à soi-même, ou en tant que réel, qu'inclination, opposé au concept, il est également égal à soi, à l'inclination[2].

La loi, comme commandement opposé à la particularité et à l'inclination, devient dès lors totalement « superflue ». L'amour n'efface pas la loi, mais parce qu'« il contient en soi tellement de riche plénitude vivante, que pour lui quelque chose d'aussi mesquin qu'une telle loi n'existe pas[3] », il en constitue le seul accomplissement véritable. Ainsi, au destin de l'esprit judaïque, c'est-à-dire à « la conscience de soi-même comme d'un être hostile », Jésus substitue le rétablissement de l'amitié dans le tout : « ainsi sa conscience devient-elle à nouveau foi en soi-même ; l'intuition de soi-même est devenue une autre et le destin est

1 *Ibid.*, p. 127.
2 *Ibid.*, p. 130.
3 *Ibid.*, p. 131.

réconcilié[1] ». C'est uniquement à partir du moment où la vie se présente comme étrangère que paraît le destin. Ce dernier repose dans l'acte qui sépare la vie d'elle-même. À cette séparation s'oppose la réconciliation de l'amour :

> *Plutôt que le retour juif à l'obéissance, la réconciliation dans l'amour est une libération, plutôt que la reconnaissance d'une domination, elle en est la suppression dans le rétablissement du lien vivant, d'un esprit d'amour, de la foi mutuelle, d'un esprit qui, eu égard à la domination, est la liberté suprême ; — un état qui est le plus inconcevable contraire de l'esprit juif*[2].

Si l'amour parvient à abolir le destin, c'est qu'il n'est pas la domination sur un étranger mais qu'il se tient « sans puissance hostile à l'égard d'un autre[3] ». L'amour ne doit donc pas être compris comme un concept universel régnant sur le particulier et le déterminant extérieurement :

> *L'amour lui-même n'exprime pas un devoir moral ; il n'est pas un universel opposé à une particularité ; il n'est pas une unité du concept, mais l'union de l'esprit, divinité ; aimer Dieu, c'est se sentir sans bornes dans le tout de la vie, dans l'infini ; or dans ce sentiment d'harmonie, il n'y a pas d'universalité ; car dans l'harmonie, le particulier n'est pas résistant mais accordé*[4].

Dans « la célébration d'un banquet de l'amour » se réalise l'union mystique des participants. Autrement dit, dans la communauté pascale, ceux que Jésus nomme désormais ses « amis » (Jn 15, 15) s'élèvent au travers de l'amour dans le sentiment d'un même *Soi*.

Mais tant qu'une telle unité subsiste, tant que la différence des membres de ce corps se trouve effacée dans la communion à un sentiment total, il ne peut être question de religion. Cette dernière suppose plus et en même temps moins qu'une telle suppression immédiate de la différence. La religion exige en effet la position d'un objet de vénération :

---

1 *Ibid.*, p. 152.
2 *Ibid.*, p. 164.
3 *Ibid.*, p. 170.
4 *Ibid.*, p. 171.

Le congé que Jésus prit de ses amis fut la célébration d'un banquet de l'amour ; l'amour n'est pas encore religion, et ce banquet n'est donc pas non plus une véritable action religieuse ; car seule une unification dans l'amour objectivée par la faculté de l'imagination peut faire l'objet d'une vénération religieuse ; or lors d'un banquet de l'amour, c'est l'amour lui-même qui vit et s'exprime[1].

L'union mystique où se réalise l'esprit infini efface toute limite et abolit ainsi la réalité effective elle-même. « La montagne et l'œil qui le voit sont objet et sujet, mais entre l'homme et Dieu, entre l'esprit et l'esprit, ce gouffre de l'objectivité n'existe pas ; l'un n'est pour l'autre un et un autre qu'en ce qu'il le connaît[2] ». Seul l'esprit peut connaître l'esprit et si l'esprit connaît l'esprit, c'est qu'il est présent auprès de soi-même, sans altérité :

La foi en le divin n'est possible que parce le divin est présent dans le croyant lui-même, lequel retrouve soi-même et sa propre nature dans ce en quoi il croit, même s'il n'a pas conscience que ce qu'il a ainsi trouvé est sa propre nature[3].

Un tel abandon au *Soi* infini semble donc appeler la suppression de tout *moi*. Comme l'exprimera l'auteur anonyme de la *Théologie germanique :*

Où Dieu et l'homme se trouvent unis d'une telle manière que l'on puisse dire avec vérité, et que la chose même le déclare ainsi, que ce sujet-là ne soit qu'un tout où sont le vrai et parfait Dieu et le vrai et parfait homme, l'homme cependant étant comme tout disparu devant Dieu afin que Dieu seul tienne la place de l'homme et qu'il y soi et l'homme même et le vrai Dieu, opérant là sans cesse, y faisant et y omettant tout, sans l'intervention d'aucun moi, *d'aucun mien ni d'aucune appropriation : là se trouve le vrai Jésus-Christ et nulle part ailleurs*[4].

---

1 *L'Esprit du christianisme et son destin*, *op. cit.*, p. 172.
2 *Ibid.*, p. 196.
3 *Ibid.*, p. 197.
4 *La Théologie germanique*, éditions Jérôme Millon, Grenoble, 2000, p. 80.

En laissant la vie s'unifier dans l'amour, Jésus s'éloigne de tout destin. De la sorte, « toute unification qui ne serait pas la plus intime, tout esprit qui ne serait pas le plus élevé » se voient rejetés. Une liaison qui n'irait pas dans le sens d'une unification par l'amour comme tout rapport à une objectivité étrangère à la communauté sont écartés. Les rapports éthiques qui ne se résolvent pas dans l'unité de l'amour pris pour fin font, pour la même raison, l'objet d'un renoncement. « Jésus ne pouvait aimer une femme, engendrer des enfants ; il ne pouvait être père de famille, citoyen de l'État[1]. » Il n'est jusqu'aux rapports de la religion traditionnelle qui doivent être abandonnés. Les relations entretenues par le peuple juif à l'égard du monde et de Dieu, en tant qu'ils prennent la forme de « l'esclavage à la loi et à l'esprit égoïste », conduisent nécessairement l'amour à se détourner de telles formes de vies dégradées. Pour cette raison, le Royaume de Dieu, ne pouvant trouver sa place sur terre, au sein des rapports objectifs et positifs, dut se déplacer dans le ciel. Ainsi, « l'existence de Jésus fut donc une séparation du monde et une fuite loin de celui-ci dans le ciel[2] ». Ce retrait du monde réinstaure de la sorte la structure sur laquelle repose la logique du destin. La séparation de la vie à l'égard d'elle-même ou, tout du moins, d'une part d'elle-même témoigne d'une réconciliation imparfaite et ouvre au retour du destin. Cette part non réconciliée, en dépit, ou du fait, de sa négativité, s'affiche comme un moment dont l'opposition appelle elle-même sa réintégration dans le mouvement général de la vie. En se séparant de ceux qui, par leur attachement à la loi, constituent l'obstacle à la réconciliation portée dans l'amour, Jésus révèle la contradiction de son ministère appelé à s'achever dans le destin que sa propre nation lui oppose dans une mort ignominieuse.

Toutefois, « le destin de Jésus ne fut pas tout à fait le destin de sa communauté ». Demeurant engagée dans l'épaisseur des rapports mondains, cette communauté proto-chrétienne ressent « le besoin d'une vie positive ». La communauté du combat contre l'objectivité ne procure en effet pas de jouissance mais une unification simplement négative :

---

1 *L'Esprit du christianisme et son destin*, *op. cit.*, p. 219.
2 *Ibid.*, p. 223.

> *L'essence de leur association était l'isolement par rapport aux hommes et l'amour entre eux ; les deux sont nécessairement liés ; cet amour ne devait et ne pouvait être une unification des individualités, mais l'unification en Dieu, et en Dieu seul : dans la foi ne peut s'unifier que ce qui s'oppose une réalité, ce qui s'en isole*[1].

Paradoxalement, l'isolement à l'égard de la réalité particulière est la condition et la garantie du lien d'amour. Or, c'est justement ce retrait hors de l'objectivité qui empêche cet amour de devenir religion :

> *Cet amour est un esprit divin, mais n'est pas encore religion ; pour le devenir, il devait en même temps se présenter dans une forme objective ; l'amour, une sensation, un subjectif, devait fusionner avec le représenté, l'universel, et gagner par là la forme d'un être capable et digne d'être adoré. Ce besoin d'unifier dans un être beau, dans un dieu le subjectif et l'objectif, la sensation et son exigence d'objets, l'entendement par l'imagination, ce besoin, le besoin le plus élevé de l'esprit humain, est l'aspiration à la religion*[2].

Seul l'apparaître extérieur peut permettre à l'esprit divin de se manifester comme objet de foi et engager un rapport où la réalité atteint, au travers de son idéalisation, le sens d'une présentification de l'essence divine. C'est pourquoi se fait progressivement jour, au sein de la petite communauté des disciples, le besoin d'une unification de l'esprit invisible avec l'être-là visible. Jusque-là, l'existence corporelle de l'individu Jésus pouvait se donner comme le *Ceci* divin, le dieu figuré étant là. Mais après la mort du maître, les membres de la communauté demeurent confrontés à « la séparation du visible et de l'invisible » :

> *Leur religion, leur foi en la pure vie avait tenu à l'individu Jésus ; il était leur lien vivant et le divin révélé, figuré ; en lui, c'est Dieu qui leur était aussi apparu, son individu unifiait pour eux l'indéterminé de l'harmonie et le déterminé en un vivant*[3].

---

1 *Ibid.*, p. 224.
2 *Ibid.*, p. 227.
3 *Ibid.*, p. 229.

Avec la résurrection, les disciples découvrent leur objet dans « cet amour figuré ». En vénérant l'être disparu de Jésus, la communauté célèbre sa propre présence. Mais c'est pourtant ce besoin d'un réel qui lie la communauté à son destin. L'amour s'est révélé impuissant à offrir par lui-même la réconciliation avec une objectivité qu'il conduit bien plutôt à ne pas reconnaître. Un tel amour ne peut donc octroyer à la communauté ce qui lui fait défaut dans son projet d'institution, un objet de vénération auquel se rapporter en tant que sujet concret. Dans la mesure où « l'amour ne fondait pas lui-même l'unification totale », c'est dans un autre lien que la communauté parvient à se connaître en une réalité, celle de « l'égalité dans la réception d'une doctrine, dans le fait d'avoir un maître et un enseignement commun[1] ». En se fondant en Église, la communauté des membres, unis dans un amour les portant à se conserver « sans mélange hors de tout lien avec le monde », rencontre son destin au contact du monde auquel, non seulement son extension, mais surtout « le triste besoin d'un réel », la détermine.

Ainsi se trouve posé le rapport à une double objectivité qui interdit d'emblée toute possibilité d'une réconciliation immédiate : d'une part, l'objectivité de la personne divine que la conscience sensible met à distance de soi comme un objet au moment même où elle aspire à s'unifier à lui ; d'autre part, l'objectivité du monde à laquelle la communauté oppose son être-pour-soi tout en accueillant en elle nombre de ses aspects.

> *Dans cette communion de la dépendance, la communion qui consiste à être à travers un fondateur, dans cette immixtion d'un historique, d'un réel dans sa vie, la communauté connaissait son lien réel, la certitude de l'unification, laquelle ne pouvait devenir sentiment dans l'amour non vivant. Tel est le point où la communauté, qui semblait avoir échappé à tout destin dans un amour se conservant sans mélange hors de tout lien avec le monde, fut appréhendée par le destin, mais par un destin dont le centre était l'élargissement à une communauté de l'amour fuyant toutes les relations : un destin qui pour une part se développait d'autant plus du fait de l'extension de la communauté elle-même, et qui pour une autre*

---

1 *Ibid.*, p. 232.

part entrait toujours plus en contact avec le destin du monde par cette extension, et qui perdait toujours plus de sa pureté, aussi bien en accueillant inconsciemment en lui de nombreux aspects de celui-ci, qu'en luttant contre lui[1].

C'est donc le principe même présidant à sa fondation qui explique l'origine de la positivité de la religion chrétienne. En aspirant à la position d'un objet dont elle espère qu'il lui fasse la loi, la communauté des fidèles se lie à son propre destin d'aliénation. De la sorte, « le trait caractéristique de la religion juive — l'esclavage sous une loi dont les chrétiens se félicitaient tant d'être libérés — se retrouve également dans l'Église chrétienne[2] ».

La positivité de la religion chrétienne

Dans l'analyse qu'il donne dans l'écrit de 1796 sur *La positivité de la religion chrétienne*, le jeune Hegel rencontre cette question : « Comment la religion de Jésus est-elle devenue positive[3] ? » Pour répondre à cette interrogation, encore faut-il déterminer en quoi consiste la positivité de la religion. Hegel la définit comme ce qui échappe à la raison et relève d'une « foi fondée sur l'imagination des peuples[4] ». Or, cette irruption de la positivité dans la communauté chrétienne n'est pas le fait de Jésus lui-même mais de la communauté substituant le service d'une autorité extérieure à la révélation de l'esprit à lui-même. C'est la reconnaissance de cette autorité extérieure qui se donne alors comme l'objet propre de la foi et non l'instruction morale à laquelle Jésus, selon Hegel, entendait convier les hommes. Un « signe extérieur », le baptême, devient dès lors « condition de la béatitude[5] ». La soumission à un même ensemble doctrinal doit désormais fonder l'existence de la communauté.

1 *Ibid.*, p. 233.
2 *La Positivité de la religion chrétienne, op. cit.*, p. 99.
3 *Ibid.*, p. 34.
4 *Ibid.*, p. 36.
5 *Ibid.*, p. 45.

Pérégrinations terrestres

Le déplacement qui contraint la subjectivité particulière à se plier à l'ordre d'une transmission objective et extérieure conduit « à faire de la raison une faculté simplement réceptive, et non législatrice[1] ». Les déterminations qui fondaient l'existence de la communauté originelle, la fraternité, la communauté des biens, le renoncement aux liens familiaux, paraissent, du fait de l'accroissement de cette communauté, sinon impossibles à mettre en œuvre, du moins contradictoires avec la situation civile de ses membres. Il en advient ainsi comme dans la détermination de la mesure d'un être où « pour une part, le changement du quantum est aussi un changement de la qualité[2] ». L'esprit de la communauté se modifie dans son contact avec le monde. La fraternité disparaît, la communauté des biens est abandonnée. En revanche, se développe le principe de la contribution volontaire versée à la société religieuse comme « moyen de payer son entrée au ciel ». L'Église se déterminant de la sorte en vue des biens temporels entame sa corruption dans le siècle. L'égalité des membres de la communauté est quant à elle renvoyée dans le ciel et, sur terre, se maintiennent les distinctions sociales que l'amour devait faire tomber[3].

Le zèle de la communauté à étendre son prosélytisme la pousse en outre à instituer la reconnaissance de sa foi positive comme gage de l'adhésion véritable : « La foi dans la vertu s'appuie sur le sentiment de sa nécessité, sur le sentiment qu'elle ne fait qu'un avec votre Soi le plus propre[4]. » L'extension de la foi accroît, aux yeux de la subjectivité particulière, la certitude de se trouver effectivement auprès de soi dans l'objet dont l'universalité garantit en apparence la teneur de vérité. Mais dans la mesure où cette foi consiste essentiellement dans un ensemble de doctrines et de préceptes transmis extérieurement, c'est de la soumission à l'autorité des ministres de l'Église que doit naître l'assurance de suivre la voie droite. « En entrant dans la société chrétienne le prosélyte lui a transmis le droit de décider pour lui de ce qui est vrai[5]. » Ce que la société chrétienne exige alors de ses membres n'est autre qu'une obéissance inconditionnelle et aveugle

1 *Ibid.*, p. 46.
2 *La Science de la logique*, *op. cit.*, § 108, p. 367.
3 *La Positivité de la religion chrétienne*, *op. cit.*, p. 49.
4 *Ibid.*, p. 54.
5 *Ibid.*, p. 61.

de « la croyance et de l'agir[1] ». Il n'en faut pas plus pour transformer l'Église en État. « Par le fait que l'Église est à présent l'Église universelle dans un État, ces traits se trouvent défigurés dans leur essence et transformés en injustices et en contradictions — et l'Église constitue à présent un État. » Mais à la différence de l'État qui n'exige du citoyen que l'obéissance à la loi, l'Église, elle, prend pour objet de législation l'intériorité même du croyant. « La surveillance de la moralité chrétienne est la préoccupation principale de cet État ecclésiastique[2]. »

Finalement, avec l'édit de Thessalonique promulgué en 380 sous Théodose, la religion chrétienne se voit reconnue comme seule religion d'État. À ce point, l'exclusion d'un membre de l'Église ne se pliant pas aux obligations imposées par la foi positive prive aussi bien ce dernier de sa qualité de citoyen. « Dans cette mesure, l'État et l'Église sont fondus en un[3]. » Avec cette confusion des deux ordres spirituel et temporel, ou avec la détermination quasi-totale du second par le premier, s'ébauche le renversement qui inaugure véritablement le problème théologico-politique. L'éducation même des enfants, c'est-à-dire l'agrégation de ces derniers à la substance éthique, est confiée à la charge de l'autorité ecclésiastique à laquelle les parents se sont liés par un serment d'obéissance absolue[4].

Prise pour finalité de l'éducation morale et éthique, la foi perd sa dimension intérieure et se présente comme l'objet même du vouloir objectif. Or, comme Hegel le montrera dans sa philosophie du droit, l'esprit se donnant la forme de l'objectivité substantielle atteint dans la loi la conscience universelle comme libre volonté. Mais, dans la mesure où l'Église éduque non en vue de la raison et de la liberté mais de la foi, l'intelligence et la possibilité de se déterminer avec discernement et librement dans l'observation des lois disparaissent et avec elles « le libre choix d'entrer dans l'Église n'a plus lieu[5]. » À partir de là, « l'essence de la moralité » à laquelle la religion est censée vouer son service n'est plus « fondée sur la liberté », « n'est pas autonomie de la volonté[6] ».

1 *Ibid.*, p. 65.
2 *Ibid.*, p. 66.
3 *Ibid.*, p. 75.
4 *Ibid.*, p. 68.
5 *Ibid.*, p. 76.
6 *Ibid.*, p. 95.

Il y a liberté pour autant que l'intériorité subjective trouve à se déterminer à l'égard d'une substance qui constitue en même temps l'être-là objectif de son propre vouloir universel. Mais dans la mesure où l'intériorité se voit imposée le contenu de son propre vouloir par l'arbitraire d'une autorité objective, alors l'équilibre qui maintient en rapport l'intérieur et l'extérieur, la disposition d'esprit et l'objectivité éthique, est rompu. En dépossédant ainsi l'esprit de sa liberté, l'Église « provoque la mort de la raison ». La liberté qui doit animer les institutions politiques se trouve, à présent, écrasée sous la « domination » et le « despotisme ». La conséquence suit d'elle-même : la rationalité éthique est étouffée et l'effectivité cesse de se manifester comme libre déploiement de l'esprit, esprit qui déserte désormais l'existence intramondaine[1].

La différence de la religion judaïque et chrétienne s'efface donc à présent. Le monde cesse d'abriter la manifestation de l'essence infinie. Une différence demeure néanmoins qui redouble l'abstraction de la religion chrétienne. La religion judaïque en effet ne commande qu'aux actions. La religion catholique entend en outre « commander les sentiments[2] ». En déracinant ainsi le fondement à partir duquel l'éthicité se fraie la voie jusqu'à l'intériorité libre du vouloir, la religion chrétienne ajourne toute possibilité pour la substance mondaine de s'accomplir comme apparaître du vouloir divin. Plus simplement, en renonçant à cette capacité de se donner sa loi à lui-même, l'homme perd sa qualité d'homme[3], c'est-à-dire aliène la possibilité qu'il est de se constituer comme un moment de la manifestation libre de l'infini. De la sorte, le fini et l'infini retombent l'un en dehors de l'autre, abandonnant ainsi leur médiation réciproque. S'ils communiquent encore, ce ne peut être que dans ce mauvais rapport où se voit toujours éloignée davantage la possibilité d'une satisfaction véritable. En dépit de la grandeur qu'il fournira aux productions des siècles qui suivent la dissolution de l'Empire romain, l'abîme ouvert par cette compréhension tronquée ne pourra que précipiter l'Occident chrétien dans la barbarie éthique et dans la déraison métaphysique :

1 *Ibid.*, p. 98.
2 *Ibid.* p. 100.
3 *Ibid.*, p. 104.

La conception repose sur un présupposé qui est certes beau : tout ce qu'il y a d'élevé, tout ce qu'il y a de noble et de bon en l'homme est quelque chose de divin, cela provient de Dieu, c'est son esprit émanant de lui. Mais lorsque la nature humaine est absolument séparée du divin, lorsque aucune médiation n'est permise pour elle — excepté dans un seul individu —, qu'on ne fait que rabaisser au contraire toute conscience humaine du bien et du divin à l'hébétude et à l'anéantissement de la croyance en quelque chose de tout à fait étranger et surpuissant, c'est alors que cette conception devient éclatante positivité. On le voit, l'examen de cette question, poussé à fond par une démarche conceptuelle, finirait par se transformer en une méditation métaphysique sur la relation entre le fini et l'infini[1].

Comment dès lors attendre de la religion chrétienne qu'elle échappe à la forme de domination et d'abêtissement à laquelle la voue son destin historique ? Si le devenir de l'esprit suppose néanmoins que ce dernier sache se perdre pour mieux se trouver, alors l'approfondissement de la contradiction que la religion catholique sécrète en elle-même ne pourrait-elle offrir, dans ce douloureux chemin, l'indice de sa résolution ?

L'Église triomphante et la forclusion catholique

C'est dans le monde germanique, ainsi que le désigne Hegel, que s'affirme le principe chrétien. Ce monde germanique correspond à l'ère d'expansion des peuplades barbares au sujet desquelles Tacite a conservé le souvenir d'un attachement furieux à la liberté. Ces nations, tout en ayant par leurs poussées successives précipité le déclin et la chute de l'Empire romain d'Occident, ont su s'acculturer au contact de la civilisation romano-chrétienne et créer une synthèse originale forgeant le visage de l'Europe féodale. Ici commence le règne de l'« esprit qui est pour soi, l'esprit libre » dont la vérité révélée « par le Christ dans sa religion […] consiste à se mettre en unité avec cet objectif » qu'est la

1 *Ibid.*, p. 118.

substance éthique, autrement dit à se réaliser effectivement comme État de la liberté. C'est donc dans ce règne qu'est appelée à s'accomplir la réconciliation de l'âme et du monde, de l'intériorité subjective et de l'objectivité extérieure.

L'avènement d'une telle réconciliation suppose néanmoins que le besoin en ait émergé au cœur de l'esprit fini. Or un tel besoin s'étaye nécessairement sur l'insatisfaction pour l'esprit de ne pas exister concrètement à la hauteur de son *Soi*. C'est pourquoi ce règne de l'esprit libre débute, du fait de son immédiateté première, par l'opposition du principe en soi-même :

> *Il commence par la réconciliation, qui n'est accomplie qu'en soi ; mais parce que celle-ci ne fait elle-même que commencer, c'est d'abord l'opposition la plus prodigieuse qui se montre, une opposition qui paraît ensuite, pourtant, comme injustice et comme ce qui est à supprimer et qui, justement pour cette raison, entre dans le combat suprême du spirituel avec le temporel*[1].

C'est à ce point, au cœur de l'Église médiévale, que se consomme la corruption du principe chrétien. Par le biais de cette corruption le besoin d'une réconciliation véritable trouve néanmoins à s'affermir. Le temps du pourrissement intérieur donne ainsi l'occasion aux termes de cette réconciliation de développer leur opposition et conquérir leur identité propre aussi bien que leur différence mutuelle sur la base desquelles l'unité véritable de l'esprit pourra advenir.

L'époque médiévale est celle du christianisme militant et de l'Église à proprement parler dont la destination est que « la chrétienté implantée dans les cœurs devienne effectivement un monde chrétien[2] » :

> *Il faut donc à présent que le christianisme soit ce qui domine le monde, mais par là, il devient lui-même temporel, contrairement à la parole du Christ : « Mon Royaume n'est pas de ce monde. » Après cette temporalité, il faut qu'advienne aussi la suppression de cette temporalité, car la temporalité est séparée de la spiritualité. Il faut ensuite que le monde devienne spirituel dans son élément, c'est-à-dire qu'il devienne rationnel ; il faut que l'élément ecclésiastique se purifie de la temporalité. Il faut enfin que les deux éléments se*

---

1 *Leçons sur la philosophie de l'histoire*, *op. cit.*, p. 203.
2 *Ibid.*, p. 490.

donnent une configuration pour eux-mêmes ; car c'est seulement ainsi que peut se produire leur véritable unité. L'Église et la temporalité ne peuvent être dans une unité immédiate, mais il faut qu'elles se soient donné la forme de totalités pour pouvoir constituer l'unité véritable. Au Moyen Âge, l'Église devient donc temporelle[1].

Plusieurs points sont à considérer dans l'extension du principe chrétien, extension qui signale en même temps la contradiction qui couve en son sein. La pensée se tourne vers la religion ou, plus exactement, la religion détermine le contenu de la pensée. « Le mode d'existence savant de la religion » se forme comme théologie[2]. La religion s'ancre au plus profond du sentiment et du cœur des individus. Il devient nécessaire alors qu'une institution objective prenne en charge la formation de la subjectivité intérieure. Se crée ainsi une caste toute entière destinée à l'information du cœur par le principe idéel. Le monachisme se développe et, avec lui, les déterminations opposées à l'éthicité : célibat, rejet de la propriété et renoncement de l'individu à son arbitre propre. Vœux de chasteté, vœux de pauvreté et vœux d'obéissance doivent concourir à la séparation du temporel et du spirituel[3]. « Grégoire VII a interdit le mariage à l'ensemble du clergé, à l'ensemble de l'état clérical, il a séparé le temporel du spirituel, si bien que celui-ci est totalement détaché de l'éthicité propre à la famille. » Enfin, sous l'effet de « cette information par l'idéel », le droit lui-même se voit transformé en fonction du point de vue de l'Église[4]. De la sorte, le pouvoir clérical devient un pouvoir judiciaire qui ne se limite pas à un simple pouvoir extérieur mais se présente comme sanction intérieure, notamment à travers le sacrement de la confession. S'ajoute enfin à ces déterminations, l'intrusion du christianisme dans les affaires de l'État. L'Église s'affermit alors dans le règne mondain. « Avec les princes de ce monde elle entra en possession de la domination temporelle » :

1 *Ibid.*, p. 491.
2 *Ibid.*, p. 492.
3 *Ibid.*, p. 493.
4 *Ibid.*, p. 493.

Le pouvoir temporel, envisagé en général mais surtout du point de vue de la civilisation, de la dépendance intime des différents côtés, devint dépendant du pouvoir spirituel en même temps que le christianisme, mais celui-ci aussi devint partiellement dépendant du côté temporel, qui était solidement établi[1].

Le développement des propriétés ecclésiastiques a, en outre, pour effet d'offrir à la domination temporelle une légitimation spirituelle. De la sorte, la propriété privée, fondement de la féodalité, se consolide. « Les clercs en vinrent ainsi à avoir les mêmes possessions que les seigneurs de ce monde[2]. »

La confusion des ordres temporel et spirituel atteint ici son paroxysme. D'une part, le principe spirituel, tourné contre l'être-là temporel, remet en cause les fondements de la substance éthique objective. Mais en se constituant elle-même comme pouvoir doté d'attributs temporels, la religion étend ses droits hors du domaine de la subjectivité intérieure et se déploie comme l'ordre suprême donnant sa sanction à l'efficience du droit et de la justice. De cette façon, l'universalité éthique aussi bien que l'intériorité s'y rapportant perdent leur autonomie réciproque. Toutes deux sont soumises à la domination arbitraire d'un pouvoir religieux dont la nature même devait prévenir l'intervention coercitive. L'autorité séculière est désormais informée par le magistère spirituel lui-même constitué en puissance temporelle.

L'invisible Ceci

À ce point de l'histoire, où la détermination du temporel par la doctrine chrétienne semble accomplie, demeure pourtant « un besoin de la chrétienté de se donner quelque chose d'ultime, de complet[3] ». Ce besoin, qui suppose un défaut et un manque à combler, témoigne de l'inquiétude de la conscience catholique face à sa propre pesanteur terrestre. Si l'on peut reprocher à l'Église sa collusion avec les intérêts du siècle, il ne faut en effet pas oublier que le contenu véritable du christianisme est à chercher ailleurs, dans la doctrine, « doctrine de la vérité suprême et de la réalisation effective de cette doctrine ».

---

1 *Ibid.*, p. 498.
2 *Ibid.*, p. 498.
3 *Ibid.*, p. 502.

La détermination fondamentale du contenu du christianisme, « contenu absolu fixé par les anciens conciles ecclésiastiques[1] », et notamment dans le symbole de Nicée-Constantinople, est l'unité de la nature humaine et divine. Dieu est apparu à l'homme et « il lui est purement et simplement présent ». Cette présence fait ressortir « le besoin de la forme infinie ». Or, cette forme infinie, dans l'incarnation et sous la figure du Christ, s'est donnée la détermination du *Ceci.* « Le Christ est apparu, et cette présence, cette unité de l'humain et du divin, de la nature divine et de la nature humaine — c'est vers cela que le monde s'est tendu éternellement. »

Le *Ceci* est l'objet de la certitude sensible, de ce savoir auquel, comme Hegel le développe dans l'analyse fameuse de la *Phénoménologie de l'esprit*, la conscience s'attache comme s'il était le plus riche et le plus immédiatement étant, le *maintenant* et l'*ici*[2]. Mais le *Ceci* que recherche la conscience chrétienne est un *Ceci* qui ne doit pas, qui ne peut pas passer, qui doit être éternellement présent. Dans cette mesure, le *Ceci* ne peut être un homme singulier. L'homme-Dieu a été, en tant qu'homme, quelque chose de temporel, il est un passé, mais il est Dieu, et donc universel. L'homme singulier, lui, est purement naturel et ne peut valoir comme le pur *Ceci.* C'est pourquoi le pape lui-même n'est pas cette présence mais son serviteur qui, en tant qu'homme singulier, s'abaisse devant lui :

> *Le dieu, l'homme-Dieu Jésus-Christ a été en tant qu'homme, en tant qu'immédiat, quelque chose de temporel ; aussi est-il un passé, et la présence nécessaire à l'esprit ne pouvait pas être pour l'esprit comme un dalaï-lama, en lequel Dieu est présent à l'homme. Le pape, le chef de la chrétienté ne pouvait pas être ce dalaï-lama, car ce n'est pas en tant qu'homme singulier qu'on le vénère*[3].

Pourtant, le *Ceci* est aussi l'âme immortelle et singulière d'un homme singulier qui en tant que tel exclut la singularité de tous les autres. L'homme singulier est infini pour soi et écarte la possibilité d'un autre *Ceci.* De ce fait,

---

1 *Ibid.*, p. 503.
2 *Phénoménologie de l'esprit, op. cit.*, t. I, p. 83.
3 *Leçons sur la philosophie de l'histoire, op. cit.*, p. 503.

le Christ comme individualité singulière ne peut réapparaître en un autre. En tant qu'être naturel, il est passé. Et, cependant, « cette singularité divine doit être présente[1]. »

La résolution de cette contradiction scelle le destin auquel l'Église catholique se condamne dans sa relation non médiatisée à l'extériorité. La figure principale du *Ceci*, où se joue en effet pour l'Église la manifestation de l'essence divine, est celle qu'il revêt dans le sacrement de l'eucharistie. La messe est la répétition éternelle du sacrifice accompli par le Christ et non pas une simple remémoration d'un événement passé. En tant qu'histoire divine, la vie et la passion du Christ sont des actions effectives, l'effectivité de l'apparaître de Dieu qui doit toujours advenir au sein de la communauté. Il n'est donc pas question ici de représentation mais proprement de la présence effective de Dieu dans le sacrifice eucharistique. En même temps, le *Ceci* de la présence de Dieu dans la communauté est su en tant que le *Celui-ci* du Christ et il est nécessaire que le Christ soit perçu comme quelque chose d'extérieur. Dans l'hostie, la présence extérieure de Dieu est attestée et élève, dans la manducation, la subjectivité au sentiment de l'infini.

> *L'hostie doit être offerte en tant que Dieu, c'est-à-dire comme cette chose-ci dans la mesure où, en tant que quelque chose d'extérieur, Dieu est encore au-dehors. Dans l'Église, le* Ceci *est donc présent chaque jour et pour chaque individu, chacun est inséré dans la vie divine, et la Passion, la résurrection divine, est présente en ce lieu, dans cet individu*[2].

Mais c'est justement l'insuffisance de cette présence extérieure et simplement sensible de la substance divine dans l'hostie qui éveille le besoin infini de la présence. L'Église tend à voir cette présence se multiplier à l'infini. Une fois établi, une fois admis que ce Dieu se montre également comme quelque chose d'extérieur, qu'il se laisse également saisir comme une chose fixe, la présence sensible extérieure se transforme aussitôt en une multiplicité infinie. Le besoin de la présence est infini et se produit de façon multiple, de façon infinie.

---

1 *Ibid.*, p. 504.
2 *Ibid.*, p. 505.

C'est d'ailleurs la vérité de l'objet de la certitude sensible de ne pas être comme le pur immédiat auquel le Je croit s'attacher. La vérité de la certitude sensible est l'objet universel. « Si je dis : une chose singulière, je l'exprime plutôt comme entièrement universelle, car toute chose est une chose singulière, et pareillement cette chose-ci est tout ce qu'on veut[1]. »

La divinité du Christ va alors apparaître à la présence sous l'aspect d'une multiplicité de manifestations sensibles, dans le culte des images saintes et la profusion des reliques. « Tout cela est lié au besoin de la présence de la divinité[2]. » Mais plus encore, ce sont les miracles qui sont réclamés comme l'apparition particulière du divin dans l'universalité de l'ordre naturel. La conscience croyante est alors confrontée à ce paradoxe de ne pouvoir trouver « sa satisfaction dans le monde comme tel, dans la simple existence extérieure, dans la connexion rationnelle, nécessaire de la nature » et en même temps de ne pas savoir chercher ailleurs qu'en cette extériorité la « présentation du divin comme *Ceci* ». Tout le problème tient au fait qu'en leur finitude intrinsèque et en leur « genre limité », ces objets ne peuvent épuiser la présence absolue du divin et réclament donc une « multiplication infinie ». L'hostie même, en tant que singularité de la substance divine présente objectivement, est une singularité universelle se manifestant ici et ailleurs, maintenant et ensuite, en toutes les communautés. L'universalité de l'hostie consacrée est une « universalité de réflexion » et « non la singularité unique », l'absolument unique. Et c'est *Ceci* que recherche l'Église, l'absolument Un sensible. « Voilà l'exigence de l'Église : c'est de cet en deçà absolument un que l'Église a dû se mettre en quête[3]. »

De cette quête de l'Un circonscrit dans la singularité spatiale va naître l'appel à la croisade lancée par le pape Urbain II en 1095. En s'armant pour la libération des Lieux saints, les royaumes séculiers de l'occident chrétien témoignent de leur soumission avérée aux impératifs de l'Église. Avec les innombrables cohortes qui se mettent en marche vers la Palestine, c'est toute la chrétienté qui « cherche à reprendre ce Ceci ». « Elle veut le conquérir et en avoir la jouissance ».

1 *Phénoménologie de l'esprit*, *op. cit.*, t. I, p. 91.
2 *La Philosophie de l'histoire*, *op. cit.*, p. 506.
3 *Ibid.*, p. 507.

En 1099, la ville sainte tombe aux mains des croisés. Devant le tombeau vide du Sauveur, ceux qui cherchait à trouver cet *ici* où devait s'éprouver la présence du Ceci absolument singulier durent se résoudre à l'adoration d'un lieu vide :

> *Face au Saint-Sépulcre, face au sépulcre par excellence, la vanité de l'opinion s'évanouit, ici les choses deviennent sérieuses. [...] C'est ici, dans ce sépulcre, que devait se décomposer l'opinion de la chrétienté, selon laquelle la doctrine doit trouver sa vérité ultime dans le* Ceci *sensible*[1].

Le principe autour duquel l'Église médiévale s'était constituée comme l'ordre supérieur et directeur de la vie éthique s'écroule. L'esprit ne découvre dans l'objectivité sensible aucune autre présence que celle offerte par l'extériorité spatiale. Le tombeau de Jésus n'accueille aucun autre *Ceci* que celui de la pure extériorité et son apparente vacuité. Face à cette impuissance à se procurer son infinité dans l'extension extérieure, l'esprit en vient par conséquent à la négation de sa présence immédiate. Ce que l'esprit perd par là n'est rien moins que l'obstacle qui l'empêchait de se saisir de soi comme d'un pur idéel, tel qu'il est, c'est-à-dire tel qu'il se fait pour soi.

> *Le résultat des croisades, ce fut la bénédiction, l'esprit, qui consiste simplement en ceci : venir à soi par la négation de sa présence immédiate, en sorte que l'esprit n'est justement présent que dans la négation de la sensibilité, de l'immédiateté. L'esprit du christianisme devait donc en venir à nier le* Ceci *sensible, à détacher de soi la signification de* Ceci *dans son immédiateté sensible, à le poser hors de lui-même, précisément parce que, pour l'esprit, il est ce qui est extérieur.*

Un double résultat découle donc de l'entreprise désastreuse des croisades. D'une part, l'esprit découvre l'extériorité en et pour elle-même et s'ouvre dès lors le terrain d'une conquête effective de son être-hors-de-soi. D'autre part, dans son impuissance à s'atteindre dans une saisie immédiate, l'esprit fait,

1 *Ibid.*, p. 508.

négativement, l'expérience de sa nature véritable. S'il n'est rien de sensible, c'est que l'esprit est esprit pour l'esprit ou manifestation d'un sens dont l'advenir à soi-même constitue la vérité.

Le devisement du monde

C'est dans un même mouvement que le *Ceci* acquiert la détermination de la pure et simple extériorité et que l'esprit est conduit à reconnaître et assumer cette existence extérieure. À ce stade l'esprit se découvre un intérêt dans la nature. L'esprit qui s'est cherché dans le *Ceci* sensible s'est trouvé, dans l'extériorité de la nature, non pas comme présence de l'Homme-Dieu singulier, mais comme une altérité qu'il a cherché et « dont il se sent en droit de s'occuper ». Le *Ceci* sensible, la présence effective, n'est pas découvert sur le terrain spirituel de l'Église mais hors de celle-ci, dans un monde extérieur ouvert à la conquête :

> *Le* Ceci *sensible est ce dont l'esprit a éprouvé le vif désir et ce qu'il a voulu comme sien, mais comme quelque chose d'extérieur à soi, et parce que cet extérieur est à la fois ce qui est sien et ce qui est un autre, pour lui c'est maintenant le monde, la nature de ce monde, qui est devenue ce qui est tel, qu'il a de l'intérêt pour lui. L'autre, la nature, est ce qui est sien ; cette nature, c'est lui-même, mais comme un autre. Il a acquis de l'intérêt pour elle, et le fait de s'y mouvoir est un travail qui à présent lui paraît légitime […]. Ce qui fait ainsi son entrée dans le monde, c'est que l'homme se tourne vers le monde, qu'il se laisse aller librement comme* Ceci, *sûr de lui-même à son égard, qu'il se comporte envers lui de façon pratique, et le laisse ainsi libre, tout comme il est libre lui-même*[1].

La subjectivité laisse alors le monde émerger en sa liberté et adopte à son égard une position directement pratique. Par là, c'est l'esprit lui-même qui s'arrache aux limites que l'Église, comme instance dernière de la vérité, lui avait jusqu'alors imposées. « Le monde extérieur est maintenant extérieur à l'Église, il est donc ce sur quoi l'esprit doit opérer et ce en quoi il doit trouver la détermination de ce qui est sien. » C'est donc librement que l'esprit peut se tourner

1 *Ibid.*, p. 509.

vers cette extériorité pour la faire sienne et s'y trouver auprès-de-soi. De la sorte vont trouver à se déployer de multiples rapports aux travers desquels s'affirme l'intérêt de l'esprit pour son être-hors-de-soi. Différents types d'industrie et de commerce se développent. L'époque des Grandes Découvertes s'inaugure tandis que la poudre à canon modifie en profondeur l'art de la guerre et les rapports de force entre les nations. L'extension de l'imprimerie ouvre à la diffusion des savoirs des possibilités inconnues jusqu'alors et qui l'appellent à jouer un rôle déterminant dans la formation intellectuelle et morale des subjectivités particulières. Finalement, avec la naissance de « la liberté dans les villes » s'amorce l'émergence d'une société civile. Cette liberté s'affirme concrètement au travers de la culture pratique et théorique présupposée par les associations que les individus développent dans la poursuite de leur satisfaction particulière :

> *À cette première activité industrieuse est liée en un second temps, pour une part de façon totalement indissociable, la naissance de la liberté dans les villes ; dans la mesure, en effet, où l'homme contemple ses mains et voit ce qu'elles accomplissent, dans la mesure où la conscience de soi subjective agit au sein de la nature extérieure, l'homme en a le droit, il se forme dans ce droit, il se voit contraint de veiller à sa conservation de manière universelle, en fonction de la nature de la chose, en fonction des besoins. L'homme se met au service de son occupation, il lui faut se soumettre à la nature universelle de cet objet, vaincre son simple désir, sa rudesse, sa maladresse, surmonter l'aspect purement momentané de son arbitre et de sa rudesse. Il devient cultivé, il se forme à la culture, c'est-à-dire qu'il ne doit pas simplement se comporter de manière particulière, mais de manière universelle. Il en naît d'abord des associations qui visent cette fin extérieure, qui visent à favoriser les activités industrielles*[1].

Le travail, le droit et la culture s'ancrent alors dans la vie éthique comme autant de déterminations nécessaires à l'accomplissement des besoins de l'esprit du temps. La liberté civile en train de naître se révèle ainsi le moteur d'une détermination rationnelle du droit. L'individu voit sa personnalité juridique prendre

1 *Ibid.*, p. 512.

objectivement forme et s'inscrire comme un moment nécessaire du rapport à soi de la subjectivité particulière, même si cette rationalisation ne concerne au départ que le droit formel de la propriété. Il s'agit néanmoins d'une modification substantielle de l'universalité éthique qui, dans le système féodal, se déterminait justement comme puissance privée et propriété héréditaire.

> *Un nouveau système de liberté a donc pénétré au sein du système féodal, un principe qui, selon son contenu, recélait la liberté rationnelle — liberté réelle, même si son ampleur limitée en limite le sens à la liberté de la propriété, de l'exercice de ses capacités et de ce qu'elles produisent*[1].

Ce ne sont donc rien moins que les déterminations de l'État moderne qui commencent ici à faire leur apparition. L'esprit a cherché le *Ceci* mais de telle façon qu'en l'excluant de l'Église, « il excluait en même temps l'Église ». Désormais la vie terrestre peut jouir de sa propre autonomie, hors de la négation abstraite à laquelle la soumettait le régime catholique et son droit canon.

Maux de la fin

L'Église n'a toutefois pas été en mesure de tirer toutes les conséquences de la négativité à laquelle l'absence de la présence divine dans l'extériorité spirituelle aurait dû la conduire. Au lieu de renoncer à se saisir de l'infinité de l'esprit au cœur même du monde sensible, elle a conservé ce sensible représenté comme un absolu dans le culte. « Le principe de la corruption réside dans l'Église, elle s'est faite en elle et elle consiste en ceci que l'Église n'a pas exclu véritablement, totalement, le sensible, le culte comme quelque chose de sensible. » C'est à ce point que s'inaugure véritablement la corruption de l'Église. Cette corruption toutefois ne peut être simplement confondue avec les abus contingents dont se rendent coupables certaines subjectivités particulières, Jules II ou Alexandre VI, compensés d'ailleurs en cela par de non moins pieuses figures, un Gérard de Groote ou un Nicolas de Flue par exemple. La corruption de l'Église catholique est inscrite en son principe même. L'Église catholique ne parvient en effet pas à se détacher d'un sensible qui tient l'esprit prisonnier d'une figure inadéquate à

1 *Ibid.*, p. 512.

son essence. Certes au travers de l'art, celui d'un Piero della Francesca laissant à la lumière le soin d'ouvrir l'espace pictural, celui d'un Brunelleschi dont l'architecture porte un rapport neuf à l'extériorité des parties matérielles, l'Église tend vers une certaine spiritualisation du sensible. Mais elle ne parvient à n'en dégager qu'imparfaitement et superficiellement l'esprit du fait même de la matérialité à laquelle la présence de l'œuvre d'art est assignée. Il manque une forme adéquate à l'accueil de l'esprit :

> *L'art n'était pas suffisant pour transfigurer ce sensible, car l'art a lui-même la forme de la sensibilité. Dans l'art, le sensible garde encore son droit ; car ce n'est pas l'art qui satisfait le besoin ultime de l'esprit, et l'élément de l'art est le sensible ; or l'esprit exige un élément spirituel*[1].

L'esprit mondain qui a laissé le sensible se déployer librement dans l'extériorité peut se le soumettre comme un être-là dont il dispose. Mais l'Église entretient un autre rapport, non médiatisé, à ce sensible qui enchaîne l'esprit à un élément étranger. La subjectivité catholique étouffe sous la superstition et l'élément extérieur qu'elle est impuissante à transfigurer en présence de l'esprit. Et, du fait de l'autonomie de l'extériorité à laquelle elle ne peut s'opposer et à laquelle elle ne sait pas offrir une figure spirituelle et moralement adéquate, l'esprit du catholicisme contribue à déchaîner la passion matérielle la plus basse. « Avidité du pouvoir, brutalité, hypocrisie, la sensualité, tout ce qui est passionnel, est devenu libre sur son mode propre, c'est-à-dire sur un mode brutal et sauvage, et cela se déchaîne avec une sauvagerie indomptée[2]. » Face à cette barbarie des mœurs, l'Église militante ne peut opposer que la négation abstraite du sensible qui s'échappe par la fuite hors du monde. L'ouvrage de dévotion le plus fameux de la fin du Moyen Âge et certainement le plus lu jusqu'aux temps modernes, *L'Imitation de Jésus-Christ*, attribué à Thomas a Kempis, ne propose pas d'autre voie de délivrance que le refus de l'ici-bas terrestre :

---

1 *Ibid.*, p. 517.
2 *Ibid.*, p. 518.

En cette vallée de larmes, je suis exposé à une infinité de maux qui me troublent, m'affligent sans cesse, et répandent les ténèbres dans mon esprit ; certains objets sont pour moi une source permanente d'embarras et de distractions de toute espèce ; d'autres me flattent et m'empêchent d'approcher de vous avec liberté, et de jouir des embrassements ineffables que vous prodiguez aux esprits célestes. Que mes soupirs vous touchent, ô mon Dieu ; laissez-vous attendrir par les maux que je souffre sur la terre[1].

Dans l'impossibilité qui est la sienne de soutenir un rapport positif à la substance mondaine, l'Église démontre son impuissance à exister de manière éthique. L'œuvre véritable de l'esprit consiste bien plutôt à élever cette extériorité au sens de sa véritable infinité, c'est-à-dire à la liberté rationnelle :

À présent, la vertu de l'Église, elle, n'est qu'abstraitement négative vis-à-vis du sensible ; elle fuit, elle renonce, elle est sans vie. Incapable d'être éthique en elle-même, elle se borne à fuir la temporalité, à y renoncer. La plus haute vertu réside au contraire dans le cercle de ce qui est vivant, dans la famille.

L'élément définitif qui achève de témoigner de la contradiction sous laquelle doit venir à plier l'Église catholique consiste dans les modalités du secours porté aux âmes qui lui sont soumises. L'Église en effet doit sauver ces dernières de leur corruption, c'est-à-dire de leur perte dans la temporalité extérieure. Mais parce qu'elle-même maintient un rapport non assumé comme tel à cet élément mondain, l'Église corrompue fait du salut des âmes un moyen d'accroître sa propre emprise temporelle. Ce salut devient dès lors « un simple instrument extérieur qu'elle satisfait de manière totalement extérieure[2] ». Offrant la rémission des péchés en échange de l'allégeance à son ordre, elle use du pouvoir des clés comme d'un moyen pour affirmer sa puissance, un moyen dont le mode de réalisation est celui de l'extériorité même, la vente d'indulgence s'achevant en pur et simple simonie.

---

1 *Imitation de Jésus-Christ*, III, 21, 3, Desclée, Lefebvre et Cie, Rome, Paris, Tournai, 1902, p. 1130.

2 *La Philosophie de l'histoire*, *op. cit.*, p. 518.

La subjectivité qui cherche la réconciliation avec Dieu, le retour de l'esprit à l'esprit, se voit par conséquent cantonnée à l'extériorité d'un rapport simplement fini. Toute intériorité a désormais déserté le sein de l'Église romaine d'occident. Mais ce retrait a pour contrepartie l'expansion concomitante du besoin subjectif. Dans l'aliénation qui la sépare du *Soi* infini, la subjectivité ressentent d'autant plus croître en son propre sein le besoin de la présence effective de l'esprit infini.

La liberté du chrétien. Sens et conséquences de la Réforme luthérienne

Dans son combat avec la réalité éthique intramondaine, l'Église, qui s'est trouvée aux prises avec un monde grossier, a fini par tomber elle-même « dans la mondanité et la corruption ». La réconciliation amorcée du monde éthique et de l'Église se traduit ainsi tout d'abord par la corruption de cette dernière. En étouffant la détermination subjective du penser, l'Église s'est empêchée de reconnaître dans l'effectivité la manifestation de la volonté infinie à laquelle elle ne tend que par une voie qui l'en sépare toujours davantage. L'Église a ainsi coupé l'esprit de sa propre réalisation, laissant ses deux faces, intérieure et extérieure, se séparer abstraitement. Mais c'est justement cette séparation qui concourt à la production d'un double résultat appelé à résorber l'opposition et devant conduire la subjectivité à s'atteindre au sein de l'objectivité mondaine. Deux champs, pour l'instant étrangers l'un de l'autre, se présentent. D'un côté, comme nous l'avons observé, l'extérieur apparaît pour lui-même comme le champ d'extension où la finitude naturelle s'ouvre à la maîtrise et à la domination. C'est l'époque où les nations « sont allés au-dehors, aux Indes orientales, en Inde, en Amérique, afin de se construire un pouvoir temporel, comme l'a fait par exemple l'Espagne[1] ». D'un autre côté, l' « indignation » de la subjectivité confrontée à l'impuissance réconciliatrice de l'Église approfondit son propre besoin intérieur.

1 *Ibid.*, p. 519.

Luther et le Ceci intérieur

En dépit de nombreux signes avant-coureurs, et tout particulièrement la voie de la *devotio moderna* initiée à partir du XIVe siècle, c'est en Allemagne, chez un moine de l'ordre des Augustins, que se fait véritablement jour, à même l'intériorité subjective, la conscience que le *Ceci*, la présence de l'esprit infini, n'est pas à chercher dans l'extériorité sensible mais « dans le fond du cœur, dans l'idéalité absolue de l'intérieur ». En s'élevant contre la vente des indulgences, comme Wycliffe plus d'un siècle avant lui, et en insistant, à partir de la relecture des écrits pauliniens, sur la foi intérieure comme seule pierre de touche de la justification, Luther dévoile les ressorts profonds de la vérité chrétienne comme religion de la subjectivité libre. Cette liberté, le sujet l'éprouve non dans l'opposition à la réalité terrestre mais dans l'accomplissement des devoirs qui le lient à la totalité dont il lui revient d'accueillir en soi l'infinité du vouloir qui s'y manifeste. L'enseignement de Luther vise, non pas à rompre avec l'Église traditionnelle, rupture qui n'interviendra de fait qu'avec la bulle d'excommunication de Clément VII, mais à rendre à cette Église son orientation première, celle d'un rapport de la finitude à l'esprit infini. Ce rapport présuppose d'emblée l'infini comme l'origine de la grâce octroyée à la subjectivité qui s'élève par là au sentiment de la présence divine. « Dieu est esprit, et il faut que ceux qui l'adorent, l'adorent en esprit et en vérité » (Jn 4, 24). Cette formule de l'Évangile de Jean permet de circonscrire le projet réformateur de Luther et de lui donner tout son sens.

C'est tout particulièrement autour de la question du sens à donner à la communion eucharistique que vient se jouer le tournant amorcé par le docteur de Wittenberg. Pour la représentation catholique de la transsubstantiation élevée en dogme au concile de Latran IV en 1215, la divinité se trouve présente à même l'objet consacré, en dehors de sa consommation, délimitant par là un espace sacré où vient à se loger l'essence divine au sein même de la réalité profane. L'acte par lequel l'hostie est consacrée témoigne d'une intervention directe et ponctuelle de la divinité dans les rapports intramondains qui n'en demeurent pas moins relégués au rang de réalité inessentielle. Une telle distinction du sacré et du profane perd de son sens avec la conception luthérienne. Le sacré ne se laisse pas circonscrire en un lieu particulier mais relève de la disposition subjective qui s'ouvre à l'accueil de la manifestation divine, avant tout en tant que Parole. Cette disposition ne dépend pas d'un pouvoir spécifique qui serait l'apanage d'une classe sacerdotale ni non plus d'une vertu efficace du sacrement en tant que tel. Pour Luther, « ce n'est pas le sacrement, mais la foi du sacrement qui justifie[1] ». De ce point de vue, le seul sacrement véritable que reconnaît la doctrine luthérienne est celui de la Parole en laquelle se trouve à entendre la présence agissante de l'esprit. Les autres sacrements admis par les réformés, le baptême et la cène, valent davantage comme « signes sacramentels » et renvoient de ce fait à la signification que dépose en eux la subjectivité croyante. On comprend dès lors en quelle mesure Luther cherche à ranimer l'intention de la Première épître de Pierre qui voit dans la réunion des fidèles une « communauté sacerdotale » (1P 2, 9) sans distinction entre clercs et laïcs.

Luther entend raviver l'esprit présent dans la communion eucharistique en refusant de voir une transformation de la substance matérielle du pain et du vin sous l'effet d'une force quasi magique s'échappant de l'officiant. Mais dans cet effort, il lui faut tout aussi bien éviter de tomber dans un simple subjectivisme où l'hostie ne servirait que de signe à la remémoration et à la célébration de l'incarnation. De ce point de vue, Luther cherche à échapper à la conception purement symbolique de Zwingli et à la doctrine spiritualiste de Calvin. La question consistant à déterminer la manière dont il faut entendre le sens de la copule dans la proposition « Ceci est mon corps » trouve chez Luther une réponse originale à mi-chemin du matérialisme catholique et du subjectivisme zurichois. Pour les catholiques, ce *est* doit s'entendre comme une présence substantielle du corps même du Christ qui annule la réalité terrestre des espèces de la communion. À l'inverse, Zwingli se contente de saisir derrière ce terme l'idée d'une simple signification. La position luthérienne est intermédiaire dans la mesure où Dieu est véritablement présent, incarné, dans le pain et le vin, sans toutefois que cette présence se confonde avec la substance matérielle consommée. La présence se manifeste dans l'agir divin s'incarnant réellement dans le signe, *dans*, *avec* et *sous* le pain. C'est le sens de l'article dixième de la *Confession d'Augsbourg* de 1531 :

1 Martin Luther WA 57, 169, 23.

Au sujet de la cène du Seigneur, elles (les Églises luthériennes) enseignent que le corps et le sang du Christ sont réellement présents dans le repas du Seigneur et qu'ils sont réellement distribués à ceux qui s'en nourrissent ; et elles réprouvent ceux qui enseignent autrement.

Avec sa doctrine de la consubstantiation, Luther parvient à maintenir en équilibre la dimension intérieure et extérieure, subjective et objective, de la communion. De cette façon, la voie se trouve préparée pour la réconciliation effective qui trouve à se réaliser dans le transport de l'esprit du dehors de lui-même jusqu'à son retour en soi. L'hostie ne vaut que dans la communion et la jouissance à laquelle conduit son absorption, retour à soi de l'esprit à partir de son paraître extérieur. C'est pourquoi « la conscience du *Ceci* dans le présent n'est pas une conscience sensible, mais la conscience effective, spirituelle d'un présent effectif, qu'elle ne réside pas dans le sensible, mais dans la foi et la communion[1] ». Effective, cette conscience l'est pour autant que l'objet qu'elle se donne n'est que l'esprit se faisant autre, autre en lequel la communauté se reconnaît et s'unit avec elle-même dans la jouissance partagée d'un intérieur extériorisé et d'un extérieur intériorisé. C'est cette médiation libre de l'intérieur et de l'extérieur qui constitue la manifestation de l'esprit venant au *pour soi*, vérité de la religion elle-même. L'esprit est alors « effectivement même » dans le cercle de la manifestation qui s'institue ainsi. L'essentiel de l'apport luthérien quant à l'efficacité sacramentelle consiste en ceci que l'esprit, qui dans l'eucharistie cherche à se saisir dans l'objectivité, fait retour à soi à partir de l'idéalisation de cet objet extérieur. Dans ce mouvement, la position de la subjectivité, venant à s'éprouver comme Soi universel dans la communion partagée, apparaît comme un moment incontournable. C'est pourquoi il n'est pas exagéré de dire qu'avec la réforme de Luther s'affirme véritablement « le principe de la liberté », c'est-à-dire du *se-trouver-soi* dans l'autre, révélé dans l'accomplissement de la religion.

Le *Ceci* ne consiste dès lors ni dans la simple chose sensible ni dans le recueillement de la conscience finie en elle-même. À l'encontre de la sanctification du simple donné extérieur et contre l'affirmation de la seule intériorité

1 *La Philosophie de l'histoire*, *op. cit.*, p. 519.

subjective, la foi luthérienne inscrit la médiation au cœur même de la présence, et c'est cette médiation qui se produit comme la véritable manifestation de l'esprit libéré en son effectivité.

> *Ce n'est pas la conscience d'un Dieu qui devrait exister de manière sensible comme une chose, ni la conscience que cet objet serait quelque chose de simplement représenté, qui ne serait pas présent ; c'est la conscience qu'il est effectivement présent, mais pas de manière sensible*[1].

La foi devient ainsi assurance de la manifestation de l'esprit divin éternellement présent, « de la vérité qui est en et pour soi[2] ». Là où les catholiques demeurent à *l'en soi* de la vérité, d'un contenu non déployé en sa forme adéquate, et là où les églises réformées de Zurich et de Genève se cantonnent au simple *pour soi* de la conscience, Luther s'élève à la conscience que *l'en soi* véritable est l'advenir *pour soi* et inversement, que le *pour soi*, détaché de son intériorité, tombe au rang de simple détermination subjective et fini. Tout le tort de l'Église catholique est de refuser la possibilité d'une telle médiation. Si, en effet, la religion catholique n'attachait pas à l'extériorité le sens d'une sphère séparée et subsistante par soi, elle trouverait elle aussi dans la communication de l'intérieur et l'extérieur, la manifestation de l'esprit saint, manifestation universelle, concrètement *catholique*.

> *La doctrine luthérienne est totalement catholique ; mais encore faut-il laisser de côté ce qui appartient à la relation de l'extériorité, et c'est uniquement dans la mesure où elle s'en tient fermement à cette relation que l'Église catholique s'oppose à la doctrine de Luther. La doctrine luthérienne n'est donc pas opposée à la doctrine catholique, dans la mesure où celle-ci ne maintient pas cet élément extérieur.*

En faisant du témoignage de l'esprit à lui-même le point central de sa doctrine, Luther renonce par conséquent à la prétention de soumettre la subjectivité particulière à l'autorité dogmatique d'un contenu purement extérieur. C'est

---

1 *Ibid.*, p. 519.
2 *Ibid.*, p. 520.

l'esprit qui doit connaître l'esprit et cela suppose que la subjectivité soit à même de se trouver elle-même dans le contenu de la foi. Alors le principe de la liberté de la subjectivité particulière trouve tout son sens. C'est en chaque subjectivité que se joue le drame de l'absolu se séparant de lui-même et parvenant *pour soi* à la réconciliation dans la jouissance partagée au sein de la communauté.

La communication véritable du fini et de l'infini ne s'opère pas dans l'inscription du divin au sein d'un objet sensible. Elle consiste dans la réalisation de l'esprit communautaire où les subjectivités se dépouillent de leur particularité finie pour se reconnaître chacune dans l'autre infini. « Car, là où deux ou trois se trouvent réunis en mon nom, je suis au milieu d'eux » (Mt 18, 20) proclame l'Évangile. Hegel énoncera, quant à lui, en ces termes la dimension à la fois communautaire et subjective qui s'attache à la célébration pascale :

> *C'est seulement dans l'esprit, dans la foi, de manière spirituelle, que Dieu est présent. [...] La détermination importante est que c'est seulement en prenant part à la communion et dans la foi que s'opère la transsubstantiation — seulement de manière spirituelle*[1].

L'existence d'un clergé seul détenteur de la vérité de la doctrine et soumettant la conscience singulière à la réception passive de la vérité révélée ne se justifie dès lors plus. Le trésor spirituel n'est pas extérieur. Il n'est autre que la subjectivité, l'intimité du cœur cherchant à s'identifier à cette vérité qui est sa propre vérité.

> *Dans l'Église luthérienne, c'est le cœur, la spiritualité du sentiment, la conscience la plus intérieure, le for intérieur, qui doit parvenir à la conscience, à la possession de la vérité — la visée étant que le sujet en tant que sujet particulier s'identifie à la vérité. [...] C'est ainsi que dans l'Église a été conquise la liberté, l'intériorité absolue de l'âme, qui appartient elle-même à la religion. À présent, le* Ceci *est quelque chose de spirituel, et la conscience de celui-ci n'est pas sensible mais spirituelle. La subjectivité de l'individu, sa certitude, son intériorité, n'est subjectivité véritable que dans la foi, c'est-à-dire seulement dans la mesure où elle s'est transformée,*

1 *Leçons sur la philosophie de la religion*, troisième partie, *op. cit.*, p. 162.

en renaissant au savoir de l'esprit en la vérité. [...] La certitude subjective, c'est-à-dire le savoir qu'a le sujet du vrai, lequel doit être pour lui quelque chose d'objectivement véritable, d'en et pour soi, devient véritable en ce que, à l'égard du contenu, la subjectivité particulière est abandonnée, ce qui n'advient que par l'appropriation de ce qui est objectivement véritable. Ce que le sujet doit s'approprier, c'est la vérité, l'esprit, La Trinité. Cet esprit est l'essence absolue, l'essence de l'esprit subjectif, auquel le sujet, l'esprit subjectif, doit se rapporter pour devenir libre, puisque le sujet s'y rapporte en lui-même, à son essence, au vrai, en niant sa particularité propre[1].

Il ne saurait dès lors être question pour la disposition d'esprit religieuse de se contenter de la seule extériorité des œuvres. C'est l'intériorité qui se révèle prétendre ici au titre de détermination essentielle. Le *Ceci* est l'esprit s'élevant à la jouissance de lui-même. De la sorte est reconnu le moment essentiel de la subjectivité croyante devant attester en son propre for intérieur, et non plus dans l'extériorité du rite, son adhésion à la vérité.

Réconciliation et libération

L'unité des cœurs dans la communion ne peut se produire néanmoins de manière immédiate. Le recueillement de la subjectivité réclame justement l'objectivité d'un contenu qui, dans la foi, est reconnu par chacun comme sa propre intériorité. Le jeune Hegel le notait déjà :

La communauté a le besoin d'un dieu qui soit le dieu de la communauté, dans lequel justement sont présentés son amour exclusif, son caractère, la relation des uns aux autres ; non pas comme un symbole ou une allégorie, non pas comme la personnification d'un subjectif où l'on serait conscient de sa séparation avec sa présentation, mais comme ce qui est en même temps dans le cœur, ce qui est à la fois sensation et objet[2].

---

1 *La Philosophie de l'histoire*, *op. cit.*, p. 521.
2 *L'Esprit du christianisme et son destin*, *op. cit.*, p. 228.

La reconnaissance de la subjectivité ne signifie donc pas la simple élévation de la subjectivité naturelle au rang d'absolu. Tout au contraire, cette dernière doit apprendre à se dépouiller de la naturalité qui l'enferme en elle-même pour se connaître dans l'objet qui lui apparaît comme un autre et en lequel elle se découvre comme auprès de soi, cet objet n'étant autre que l'esprit. La vérité de l'esprit est le mouvement par lequel l'universel fait retour à soi par la médiation de la particularité qu'il pose et à laquelle il se réunit. C'est pourquoi il est impossible de laisser la subjectivité s'attacher à sa simple particularité. L'appropriation de « l'objectivement véridique » suppose plutôt que la subjectivité se libère de sa particularité pour s'élever à l'universalité de l'esprit. C'est en effet l'essence que le sujet doit s'approprier. Mais cette essence n'est pas un au-delà séparé de l'effectivité. Elle n'est, au contraire, que la pure manifestation d'elle-même. Pour valoir en tant que telle, cette essence doit toutefois se purifier de son inessentialité purement intérieure et atteindre la vérité de soi comme essence tout entière présente en sa manifestation, autrement dit se porter à la hauteur de l'objectivité extérieure.

En se libérant de sa particularité, la subjectivité s'atteint proprement en tant qu'esprit universel, mais d'un universel concret car ayant recueilli en lui-même ce moment particulier qui lui est opposé. La manifestation de l'esprit, comme *se-trouver-auprès-de-soi* dans l'autre, se confond ainsi avec la libération de la subjectivité s'arrachant à sa pure subsistance pour soi. « C'est dans cette négativité à l'égard de soi qu'il advient à lui-même parce qu'il est absolument chez soi[1]. » La purification du point de départ immédiat, c'est-à-dire de la subjectivité naturelle, élève l'esprit à la manifestation dans ce développement de lui-même. Cette manifestation suppose par là même un tel point de départ immédiat. C'est à ce point donc que se justifie le principe de la libre subjectivité. Dans la religion véritable l'homme se porte à la découverte de sa propre vérité, « car l'homme n'est homme qu'en parcourant le procès de la conscience, et il n'est esprit qu'en participant au contenu véritable, à ce qui est objectif, et en l'accueillant en soi ». La subjectivité est ainsi libérée en vue de sa vérité même, dans la réconciliation d'avec l'objet qu'elle reconnaît comme son propre *en soi*, d'un *en soi* devenu *pour soi* par la médiation de ce rapport librement déployé. Avec

1 *Leçons sur la philosophie de l'histoire*, *op. cit.*, p. 521.

ce principe de la libre individualité, c'est proprement « l'esprit de la modernité » qui se fait jour. La liberté est désormais « la nouvelle bannière autour de laquelle les peuples se rassemblent[1] », cette liberté qui ne réside pas dans le déchaînement de la volonté naturelle mais dans la possibilité pour la subjectivité particulière de se connaître dans l'objectivité universelle.

Mais encore faut-il que cette réconciliation du sujet et de l'objet, de l'esprit intérieur et de l'esprit extérieur, « s'imprime dans la réalité effective ». Pour cela, la réconciliation doit prendre la forme de l'universalité véritable, c'est-à-dire du penser. Le développement de ce penser épouse alors le procès de la culture où la volonté trouve à se dépouiller de sa particularité naturelle et s'élève à la reconnaissance de la liberté universellement déployée dans l'objectivité du droit. Dans la mesure où ce procès lui-même réclame la position d'une subjectivité immédiate appelée à se dépouiller de sa particularité et de son opposition à l'effectivité, alors il semble que la vitalité des institutions du droit repose bien sur la disposition d'esprit éthique éduquée au sens de l'universalité concrète et se sachant libre dans l'effectivité. Autrement dit, l'État, qui apparaît ici comme l'universalité objective donnant son droit à la particularité subjective, possède bien son assise dans la religion, mais d'une religion elle-même délivrée de son point de départ immédiat et parvenue au développement de son concept, concept consistant en l'identité différenciée du sujet et de l'objet, de l'intérieur et de l'extérieur, du particulier et de l'universel.

> *Ce qui doit à présent advenir, c'est que cette réconciliation advenue en soi s'imprime dans la réalité effective, ce qui ne peut advenir que si elle devient elle-même effectivement objective selon la forme, en recevant la forme du penser. Cette forme relève de la culture, car celle-ci consiste à activer l'universel, le penser en général. En ce qui concerne la sphère de la volonté finie — le droit, l'État, l'administration — c'est ainsi qu'ils deviennent déterminés et ce de manière universelle, conformément au concept. Dès lors, c'est ainsi que la vérité se manifeste à l'esprit au sein de la volonté extérieure, naturelle, subjective.*

1 *Ibid.*, p. 522.

En d'autres termes, l'apparition de l'État moderne supposait, en sa configuration essentielle et rationnelle, la réforme d'un Luther promouvant le principe de la libre subjectivité. Alors que la religion catholique se détournait de l'effectivité éthique pour chercher le royaume de Dieu hors du monde, la réforme luthérienne atteint un tout autre résultat en reconnaissant que « l'esprit divin s'introduit dans l'effectivité ». Parce que « l'effectivité est libérée en direction de lui, ce qui doit être, dans le monde, de la sainteté, est refoulé par la vie éthique[1] ». Les vertus attachées à l'existence monacale et érémitique cessent de compter comme moyen d'élévation à la vérité de l'essence divine. Ce sont les déterminations éthiques intramondaines elles-mêmes qui apparaissent comme le lieu où la subjectivité réalise la volonté divine. Contre le vœu de chasteté, « c'est le mariage qui vaut comme ce qui est éthique » et, par conséquent, la famille comme substance éthique. Au lieu du vœu de pauvreté, « c'est la vie éthique dans la société civile » qui, moyennant « l'activité de l'acquisition par soi-même » et « la droiture dans un tel commerce et usage de la fortune », vaut comme la réalisation du principe de la libre satisfaction. Au lieu du vœu d'obéissance à une autorité extérieure, c'est l'obéissance envers la loi en tant qu'objectivité universelle qui se produit comme liberté véritable et rationnelle, « parce que l'État est la raison propre, la raison qui se réalise effectivement, — la *vie éthique* dans l'*État* ».

Puisqu'à présent l'homme n'est plus écartelé entre les principes temporel et spirituel maintenus dans une opposition rigide et abstraite, le droit, en tant que loi objective, et la moralité, comme disposition d'esprit éthique, peuvent proprement atteindre leur effectivité. Parce que l'esprit divin pénètre le monde dans son « immanence concrète », ce dernier se voit justifié en son apparaître. Un tel apparaître (*erscheinen*) n'est pas l'apparence (*schein*) que se donnerait une essence séparée mais au contraire la pleine et entière manifestation de l'esprit divin se déployant librement en tant qu'effectivité. Cette « immanence concrète » n'est pas autre chose que la configuration vivante de la totalité éthique, c'est-à-dire la liberté substantielle dont la subjectivité tire sa satisfaction tout en trouvant à s'y déterminer véritablement. C'est donc l'effectivité elle-même qui se voit sanctifiée en se faisant la manifestation de la liberté de l'esprit.

1 *Philosophie de l'esprit, op. cit.*, § 552 Rem., p. 336.

L'esprit divin doit nécessairement pénétrer de façon immanente ce qui relève du monde ; ainsi la sagesse y est concrète et la justification qu'il reçoit y est déterminée en lui-même. Mais cette immanence concrète dont on vient de parler, ce sont les configurations indiquées de la vie éthique, la vie éthique du mariage face à la sainteté de l'état du célibat, la vie éthique de l'activité relative à la fortune et à l'acquisition face à la sainteté de la pauvreté et son oisiveté, la vie éthique de l'obéissance en dehors du devoir et du droit, de l'esclavage et de la conscience[1].

À l'encontre de cette immanence concrète, la religion catholique appelle à la fuite hors du monde, hors de la liberté de l'esprit se faisant objet de son propre vouloir et pour cette raison est religion de la non-liberté, contradiction même de la religion chrétienne en son principe.

Au niveau politique, on comprend désormais que si l'État rationnel doit se réaliser, il ne suffit pas qu'il organise ses institutions dans le sens d'une plus grande rationalité. Il lui faut, en sus, le renfort de la subjectivité morale, d'une subjectivité qui ne lui oppose pas les droits d'une morale supérieure ni ceux de sa volonté immédiate, mais d'une subjectivité qui trouve dans son intériorité la disposition concrète à vouloir et agir dans le sens des mœurs sociales et politiques auxquelles la détermine sa situation concrète au sein de la substantialité éthique. Trois erreurs sont dès lors à prévenir pour atteindre une compréhension juste de la rationalité politique : assujettir la conscience morale à une législation objective, ce qui n'a pour effet qu'engendrer le plus parfait despotisme ; opposer la disposition intérieure et l'objectivité des rapports éthiques, comme c'est le cas dans la religion catholique ; traiter de l'objet politique comme d'une détermination morale livrée au jugement et à l'arbitraire subjectif. Contre ces errements, l'effectivité de l'esprit éthique réclame, qu'en leur ordre propre, disposition d'esprit et constitution s'accordent l'une à l'autre en leur unité concrète, c'est-à-dire différenciée.

Reste néanmoins à interroger les modifications qui, sur le plan de l'objectivité politique, ont nécessairement accompagné la réformation de l'esprit religieux. L'instauration de la liberté intérieure du croyant ne pouvait se produire sans heurts contre les anciennes formes politiques héritées de la contradiction

---

1 *Ibid.*, p. 337.

du spirituel et du temporel propre à l'Église catholique. Pour instituer effectivement la liberté de l'esprit, il fallait un changement de politique. « On ne pouvait instaurer l'existence de la liberté religieuse sans une transformation de la situation politique[1]. » Cette nécessité d'une réforme des institutions politiques constitue en même temps une confirmation indirecte de la non-séparabilité de la religion et de l'État. Si la confession luthérienne institue le principe de la liberté subjective dans le domaine intérieur du sentiment religieux, encore faut-il que ce principe reçoive sa possibilité extérieure et se voit attribuer une confirmation juridique. Ce principe de la libre subjectivité doit accéder au rang de détermination fondamentale de l'ordre objectif pour acquérir en retour une effectivité véritable.

Ce changement politique passait, selon Hegel, par « le combat le plus rude », la guerre de Trente Ans. Cette succession de batailles et de massacres qui, de la défenestration de Prague en 1618 jusqu'au traité de Westphalie de 1648, va ensanglanter l'Europe centrale, recouvre à la fois une opposition religieuse entre réformés et catholiques et une rivalité politique entre le Saint Empire germanique habsbourgeois et les États allemands protestants. Entraînant la plus grande partie des puissances européennes, cette « guerre civile européenne », comme on a pu la nommer, assoit la victoire de l'absolutisme monarchique et avec lui une conception du politique centrée sur l'idée hobbesienne de puissances souveraines dont les relations s'articulent sur la base d'un droit public interétatique. L'État se conçoit dès lors comme l'instance suprême à laquelle il revient de garantir la paix civile au-dessus des partis qui, notamment au sujet de questions religieuses, sont susceptibles de s'affronter en son sein. Si l'issue de cette guerre ne permit pas que soit prise une décision finale sur la légitimité exclusive des deux églises à faire valoir leur droit, et si donc la religion n'y gagnât rien en elle-même, le résultat politique, lui, fut tout autre : « Les différences doivent coexister, l'une à côté de l'autre ». Cette coexistence supposait ainsi la mise en place d'un État élevé au-dessus des querelles partisanes et assurant le maintien en son sein de

1 *La Philosophie de l'histoire*, *op. cit.*, p. 528.

différentes confessions. C'est le droit de l'État, comme articulation des volontés concurrentes, qui se fait valoir comme droit suprême de l'effectivité. « À présent la religion a une existence juridiquement garantie[1]. »

La reconnaissance ainsi produite de la subjectivité religieuse entraîne alors une conséquence apparemment extérieure à la religion mais dont cette dernière apparaît néanmoins comme la condition. En effet, avec la reconnaissance que lui accorde la réforme luthérienne, la subjectivité, « parce qu'elle possède une valeur en soi, acquiert sa forme universelle, la fait valoir, et fait son entrée dans le monde extérieur ». La confirmation politique et juridique des droits de la subjectivité s'accompagne d'une libération de l'extériorité en laquelle la subjectivité peut à présent chercher à se déterminer. Dans la mesure où le monde n'est plus simplement visé comme le lieu d'une présence du *Ceci* sensible et du miracle « en tant qu'événement singulier », il apparaît en sa pleine extériorité, valant pour lui-même comme l'autre du sujet. Or, ce n'est que dans la mesure où cet autre objectif a un sens pour la subjectivité reconnue dans son droit qu'il peut se voir attribuer une signification positive. L'individu, dans le rapport à l'extériorité qu'il détermine comme sienne par son activité propre, est désormais justifié devant Dieu. La droiture morale de l'individu doit venir à se manifester concrètement, « dans des conditions particulières ». C'est par conséquent Dieu lui-même, en tant qu'esprit s'élevant à la réconciliation de lui-même, qui se produit dans la droiture de la conscience résolue à se réaliser dans l'extériorité même du monde étant-là.

> *Ou encore, c'est Dieu, c'est la vérité, agissant dans les situations particulières, qui est la droiture, la réalisation du vrai dans les situations particulières, et qui constitue cet esprit de la vérité, sans être un autre esprit que celui de la religion, si ce n'est qu'il se tourne vers le particulier. Aussi est-il absolument justifié que l'homme fasse paraître cet esprit, donc ce même esprit, devant Dieu*[2].

Le développement de l'activité industrieuse et, avec elle, le déploiement d'une sphère civile d'échange ouvrant la possibilité d'une satisfaction universelle des intérêts particuliers, se réalise alors comme le lieu de l'inscription éthique des

1 *Ibid.*, p. 530.
2 *Ibid.*, p. 531.

sujets et de leur rapport médiatisé par l'universalité formelle de l'échange. Il n'est donc plus question désormais de voir dans le rejet des déterminations éthiques une condition de la sanctification et de l'élévation au Royaume de Dieu. Ces déterminations, le mariage, le travail, la culture formelle de la volonté, valent comme l'effectivité de l'esprit se trouvant lui-même dans la manifestation. « L'esprit agit efficacement dans la vie réelle, à présent il en a le droit et il n'a plus besoin d'acheter ce droit au moyen de tels sacrifices, il n'a plus à payer de tribut ».

CHAPITRE 7

LE RETARD PHILOSOPHIQUE

Avec la libération de l'extériorité et d'une nature subsistante par soi, l'esprit vient au-devant de lui-même. « L'esprit ne craint plus cette extériorité, et il ne désespère plus, il sait se réconcilier avec l'extérieur, il sait qu'il peut se retrouver soi-même en lui[1]. » La conséquence immédiate de ce rapport neuf à l'objectivité extérieure tient dans la revalorisation de l'esprit subjectif théorique et pratique. L'entendement voit ses droits reconnus à la libre investigation et peut aller à la rencontre de l'universalité qu'il présuppose dans sa détermination des lois de la nature. « Dans l'universel, l'entendement se reconnaît, il s'est rendu adéquat au donné, il a élevé le divers à quelque chose d'universel[2] ». Cette connaissance même, en tant que consistant dans la détermination de l'objectivité par la subjectivité, « fait honneur à l'homme et à Dieu ». La religion catholique, sur la base de son opposition à la temporalité mondaine et des articles de foi déposés en sa doctrine rigide, ne voyait dans l'exploration de la nature qu'un effet d'une *curiositas* condamnable et un affront fait à son autorité. À présent, l'esprit de la liberté peut, au contraire, scruter dans cette nature la volonté même de Dieu se déterminant à l'objectivité, une nature qui réclame d'être comprise comme l'œuvre même en laquelle se manifeste la majesté divine.

1 *Ibid.* p. 532.
2 *Ibid.*, p. 533.

Raison et entendement

La culture théorique, dont la lumière éclaire désormais le cheminement de l'esprit, ne peut se contenter de demeurer simple curiosité naturelle. Parvenu à l'affirmation de son être-là extérieur, la subjectivité entend aussi, et peut-être plus fondamentalement encore, se tourner « vers ce qui est pratique ». C'est dire qu'il ne saurait être question pour l'entendement de s'en tenir à la connaissance désintéressée des lois universelles de la nature. Il « se confronte à la réalité effective[1] » et cherche à user de l'universalité mise au jour à même l'étant comme d'un « critère » permettant de déterminer « ce qui se présente habituellement ». Les principes de l'entendement, « la cohérence, l'identité, la connexion » deviennent ainsi les pierres de touche à partir desquelles juger de la rationalité du donné. C'est à ce point que la connaissance d'entendement, devenue *Aufklärung*, penser subjectif, éclairé et autonome, se tourne contre les ténèbres de la superstition religieuse.

Doit-on dès lors considérer qu'au travers du processus de culture le besoin religieux finisse par se trouver comblé ? Le penser éclairé est-il en mesure de se substituer au sentiment religieux en tant que modalité de l'élévation de l'esprit fini au sens de la manifestation infinie ? Et si une telle sortie de la religion se confirmait, comment devrait alors se concevoir l'existence effective de l'État qui semble justement appeler un rapport nécessaire à la religion comme principe de son institution ?

L'esprit des Lumières

L'entendement réfléchissant qui appréhende l'universel dans les lois de la nature considère ces déterminations comme le vrai. Ces lois, en lesquelles il découvre l'ordre et la cohérence dont sa propre méthode se veut le simple reflet, valent pour lui comme un critère absolu. C'est ce modèle d'une légalité universelle que l'entendement entend appliquer et ressaisir au cœur même de la réalité humaine. Tout ce qui appartient à l'ordre de l'esprit, du sentiment, de l'instinct vaut pour lui comme un donné naturel, un présupposé dont l'intellection immédiate garantit suffisamment pour lui la teneur de vérité.

1 *Ibid.*, p. 534.

À ses yeux, les lois de la nature sont le vrai et sa méthode est celle de la cohérence. Ce qui est spirituel, les sentiments, les impulsions, le sentiment de l'immortalité, la sympathie, appartiennent également à ce qui est présupposé, à ce qui est naturel, à ce qui, à ses yeux, est un donné[1].

L'entendement s'en tient ainsi « au naturel comme ce qui est absolument vrai ». Or, dans la mesure où la religion considère le naturel non comme un donné immédiatement vrai mais comme ce qui doit être abrogé par l'esprit, il n'est pas étonnant que la critique d'*Aufklärung* se porte contre l'esprit religieux.

Un second point contribue non moins puissamment à opposer l'esprit des Lumières et l'esprit de la religion chrétienne. Il appartient en effet à la nature même de la réflexion d'entendement de ne saisir l'opposition qu'en termes contradictoires. En cette mesure, une telle réflexion ne peut que rejeter comme absurdes les déterminations de la religion où le fini et l'infini se révèlent en leur unité. « Le développement conséquent et autonome du principe de l'entendement ne conduit à saisir toute détermination et par là tout contenu que comme une finitude et ainsi à anéantir la configuration et la détermination du divin[2]. » La réflexion s'en tient là et se borne à affirmer : « Le fini n'est pas infini[3]. »

Si dès lors, comme nous l'avons vu, l'effectivité éthique repose sur l'unité différenciée de la religion et du droit, à quel type de conception de l'État l'*Aufklärung* peut-il espérer tendre ?

L'État suppose l'universalité réfléchie de la loi, universalité qu'il déploie comme le lieu même où le vouloir parvient à se penser. En tant que tel, l'entendement se tient dans un tout autre rapport à l'égard de l'État que celui purement négatif qu'il maintient vis-à-vis de la religion. À ce point, l'entendement possède une base conceptuelle suffisante pour s'élever à la représentation d'une fin universelle de l'État. Selon ses propres cadres logiques, la réflexion d'entendement ne peut concevoir d'accord entre l'universalité de l'État et la particularité des privilèges qui s'attachent à la distinction des états dans le système féodal. Saisissant la

1 *Ibid.*, p. 534.
2 *Écrits sur la religion*, *op. cit.*, p. 72.
3 *La Philosophie de l'histoire*, *op. cit.*, p. 534.

contradiction d'un droit public transformé en droit privé, les penseurs des Lumières entendent soumettre ces rapports privés à la juridiction de l'État. Seul le contenu du droit privé doit recevoir la forme du droit privé.

> *Dans la mesure où l'État et le gouvernement possèdent de l'entendement et saisissent leur activité comme une fin universelle, dans la mesure où ils s'appréhendent eux-mêmes comme quelque chose d'universel, surgit la représentation d'une fin universelle de l'État comme fin suprême, comme fin valide. Cette pensée de la fin de l'État doit d'abord écarter ce qui, au regard des rapports étatiques, relève du simple droit privé, elle doit écarter ce qui, au sein du pouvoir, ne possède sa légitimation que dans la particularité. Dans la mesure où l'État devient ainsi pensant, il acquiert une autre situation au sein de la réalité effective. Ce qui constituait des privilèges ne vaut plus à présent en et pour soi comme possédant la forme de la propriété privée. Selon le concept, selon le contenu, tous les rapports qui selon la forme sont des rapports de droit privé appartiennent à l'État. Aussi, ce contenu est-il soustrait au droit privé. Seul ce qui de par sa nature peut relever du droit privé est en droit de conserver cette forme*[1].

C'est à l'*Aufklärung* que revient ainsi le privilège d'avoir su se porter à la pensée de la volonté comme universel accueillant en soi l'intérêt de tous. Le droit public jusque-là restait inféodé à la défense de groupes particuliers et demeurait affecté de la sorte d'une contingence incompatible avec son concept. Mais la figure d'un Frédéric II, que Hegel cite en exemple, montre en quelle mesure l'époque des Lumières parvient à une claire compréhension de la nature du droit public. Sous l'effet d'une éducation au sens de l'universel, la destination du droit public se trouve modifiée. Les despotes éclairés, Frédéric de Prusse, Marie-Thérèse d'Autriche, Joseph II, l'impératrice Catherine II de Russie, Gustave III de Suède, se signalent comme princes-philosophes non pas tant du fait de leur maîtrise de la conceptualité abstraite qu'en raison de leur capacité à s'élever à la pensée de l'universel et à produire « des institutions qui étaient avantageuses pour tous ».

1 *Ibid.*, p. 535.

Ce souci du bien public et la défense d'une législation fondée sur le droit universel et non sur la volonté particulière se répandent chez les esprits éclairés par les lumières de l'entendement réfléchissant. Cette diffusion conduit alors à l'opposition du nouveau principe, celui de la volonté universelle objectivement instituée, contre l'ancien système des privilèges réservés à un état particulier. Ainsi s'ouvre une lutte nouvelle, une lutte qui vise les « changements de constitutions politiques ». Mais contrairement à l'esprit des réformes amorcées chez certains des princes ouverts aux idées nouvelles, ces luttes prennent un tournant nouveau lorsque avec la Révolution française s'annonce le temps de guerres inédites où les changements de constitution s'opèrent « par une violence qui monte d'en bas ». Comment dès lors justifier cette violence dans l'opposition aux institutions existantes puisque la culture de l'*Aufklärung* semblait promettre une transformation rationnelle du droit par le haut ?

La fureur révolutionnaire s'explique par la discordance entre les représentations universelles du droit et les institutions dépourvues d'esprit maintenues à l'encontre du principe nouveau. En découvrant son principe universel, sa liberté, la volonté se veut elle-même comme telle. La liberté de la volonté consiste à déterminer l'objectivité comme soi. C'est pourquoi cette liberté qui est celle de l'esprit s'affirme « dans l'action », en s'orientant « à l'égard de cet effectif[1] ». La volonté doit se produire dans l'effectivité pour être volonté libre, *en* et *pour soi*, et ainsi correspondre à son concept, concept qui n'est autre que celui de l'esprit révélé dans le « principe de l'Église évangélique ». Cette liberté de la volonté n'est en aucune façon la liberté de l'esprit particulier. Elle est la liberté de l'esprit universel qui vient à la manifestation et se réalise dans l'unité différenciée de l'intérieur et de l'extérieur. Elle n'est autre que « la liberté de l'esprit selon son essence », « la liberté de Dieu en lui-même[2] ».

Le penser qui se confronte à la réalité effective et qui n'y trouve pas l'empreinte de la volonté libre et universelle devient donc « violence contre l'état de choses existant », violence destructrice de l'ordre déterminé. Mais si cette violence se

1 *Ibid.*, p. 536.
2 *Ibid.*, p. 537.

révèle porteuse du sens véritable de la liberté, de l'essence de l'esprit cherchant à s'atteindre dans l'effectivité, faut-il en déduire que la révolution constitue la voie d'accomplissement de la volonté divine ? Dieu voulait-il la révolution ?

Réforme et révolution

« Le penser est devenu violence là où il a trouvé face à soi le positif comme violence absolue. » En quel sens la positivité peut-elle être considérée comme principe d'oppression ? Cette positivité n'est autre que la soumission de la subjectivité à un ordre extérieur, ordre en lequel cette subjectivité ne se reconnaît pas elle-même. Et à cet égard la situation des États catholiques est tout à fait différente de celle des États réformés aussi bien quant à son point de départ qu'en ses conséquences.

La révolution s'est produite dans les États romans, en France, en Italie, en Espagne, c'est-à-dire dans les États où le principe de la subjectivité libre n'a pas trouvé à se réaliser du fait de la permanence de la séparation catholique. En revanche, dans les États où s'est affermie la liberté de l'Église évangélique, « le calme a subsisté ». Du fait de leur réforme religieuse, ces États ont aussi « opéré leur réforme politique, leur révolution ». Dans la mesure où l'intériorité subjective se voyait reconnue, le droit de l'État ne pouvait que se modifier pour justement accueillir et permettre une telle reconnaissance. À partir de là, l'intérieur et l'extérieur se maintiennent dans leur relation réciproque puisque le droit de la particularité subjective trouve une garantie dans la loi objective et universelle. La disposition religieuse soutient de ce fait la disposition éthique qui vivifie et supporte les institutions comme sa propre liberté objective. La liberté de l'esprit est alors une liberté concrète car se déployant en l'unité différenciée de ses moments, particulier et universel. C'est donc bien ici « la liberté de l'esprit telle qu'elle existe dans la religion » qui atteint sa pleine et entière détermination et se réalise dans l'effectivité.

À l'inverse, dans les États romans où ne s'est pas produite une telle réformation intérieure, la subjectivité qui élève ses droits est une subjectivité abstraite. Celle-ci, du fait de son ancrage dans l'orbe conceptuel du catholicisme, s'affirme par l'opposition à l'effectivité et rentre donc en contradiction avec l'ordre objectif où elle ne se reconnaît pas. Les principes de la liberté « qui, dans ces pays, ont été érigés en principe de la constitution sont déjà eux-mêmes abstraits ». L'abstraction consiste à fixer un élément dans la séparation et l'opposition à l'égard de la totalité. C'est pourquoi la liberté seulement politique, dans la mesure où elle se pose pour soi dans son opposition à la coutume-éthique et à la substantialité des rapports éthiques, est abstraite. La volonté particulière, réveillée de son engourdissement séculaire par l'appel à la conquête de ses droits, est appelée à se fondre immédiatement dans l'universalité objective sans que la médiation de la culture intervienne dans le processus de formation de la disposition d'esprit éthique. Or, cette disposition seule est à même de faire apparaître la subjectivité comme la face intérieure d'une effectivité dont la constitution est la face extérieure et objective. Dans la mesure où cette disposition d'esprit éthique suppose la disposition d'esprit religieuse, et en tant que cette disposition, dans les États catholiques, n'a pas été éduquée au sens de sa liberté véritable, d'une liberté consistant à reconnaître dans l'effectivité la manifestation même de l'esprit, alors, nécessairement, la révolution ne peut que prendre la forme d'une « furie de la destruction ».

La réforme luthérienne est parvenue à lier ensemble, ou plutôt à amener au jour, en sa vérité, le rapport de la liberté et de l'effectivité. Elle a ainsi compris que la volonté n'est libre qu'en tant qu'elle est effective. Or, cette effectivité véritable réclame la liberté de la volonté, d'une volonté se différenciant en disposition d'esprit subjective et universalité des fins de l'État. À l'inverse, dans les pays catholiques, l'État prenant l'universel comme sa fin propre n'est jamais assuré de ne pas se voir chercher querelle quant à sa légitimité. La subjectivité particulière, dans la mesure où elle est seulement posée *pour soi*, peut toujours critiquer les déterminations de l'État. Elle demeure en tant que telle la subjectivité indéterminée et abstraite du *tout possible* et ne se maintient que comme *autre* d'un ordre contingent appelant toujours la possibilité du renversement et de la fronde. Parce qu'elle n'a pas reçu le témoignage de l'esprit librement déployé en l'effectivité d'un monde, la subjectivité s'accroche à la pure possibilité d'elle-même et s'interdit, de ce fait, de jamais trouver satisfaction en l'effectivité.

Le vrai doit exister d'un côté en tant que système objectif, développé dans la pureté du penser, mais aussi, de l'autre, dans la réalité effective. Mais cela ne doit pas demeurer extérieurement objectif. L'esprit subjectif doit aussi être libre pour soi dans cette objectivité, et il doit, en troisième lieu, reconnaître comme sien le contenu de l'étant, ce contenu-de-l'esprit-du-monde qui existe objectivement. C'est ainsi qu'il est l'esprit qui témoigne de l'esprit, et c'est ainsi qu'il y est chez soi et libre. Et il importe de comprendre que l'esprit ne peut se libérer, se satisfaire, que dans l'histoire et dans le présent, et que ce qui est arrivé et arrive ne provient pas seulement de Dieu, mais est l'œuvre de Dieu[1].

Loin de s'assoupir dans un quiétisme résigné, Hegel tire de l'ère des réformes et des révolutions un enseignement tout entier centré sur la liberté de la manifestation jouissant d'elle-même. Il aboutit ainsi au constat de l'irréductible vérité dont est porteuse l'effectivité animée par la subjectivité intérieure et instituée objectivement comme totalité éthique.

Demeure néanmoins une interrogation qui met en question le sérieux avec lequel il convient d'accueillir la doctrine hégélienne de l'effectivité. En faisant de la religion le principe vivant et dynamique dont l'État tire sa rationalité, Hegel ne se permet-il pas de résoudre le problème de l'institution de l'éthicité moderne à partir d'une défense de la religion que la réalité historique devrait bien plutôt conduire à évacuer ? Cette histoire, ouvrant sur la modernité politique de l'État intérieurement différencié et, osons le mot, de l'État libéral, ne révèle-t-elle pas plutôt l'impuissance de la religion à fonder l'État autrement qu'en se déniant à elle-même ce pouvoir de fondation ? L'institution de la société civile et des droits de la libre particularité semble, en effet, s'accompagner d'un refoulement de la religion qui, en accueillant les déterminations éthiques intramondaines, s'ôte à elle-même le privilège de commander l'instauration d'un régime spirituel. Si l'esprit conquiert sa liberté, c'est justement à l'encontre de la tentative de la fondation religieuse du cosmos politico-social. En ce cas, la religion dit bien la vérité de l'État moderne mais dans le mouvement même par lequel elle se dénie toute capacité d'intervention efficace dans le cercle de la réalité politique.

---

1 *Ibid.*, p. 538.

La religion marquerait dès lors de son reflux l'institution de la sphère sociale en laquelle la subjectivité s'éduque aux principes de la rationalité objective. Si la religion possède alors une vérité, celle-ci n'a de teneur qu'herméneutique ou déictique. Le développement du principe chrétien fait *signe* vers la capacité d'auto-institution de la société moderne alors même que la religion chrétienne s'épuise dans cette fonction sémiotique, c'est-à-dire en tant qu'elle se présente comme advenir d'une réalité devant laquelle elle ne vaut qu'en s'effaçant. Faut-il alors parler d'une sécularisation de la religion chrétienne s'accomplissant dans le surgissement des structures politico-sociales de l'État moderne ? Nous laisserons pour l'instant cette question de côté afin d'interroger négativement la place et la fonction de la religion dans la configuration éthique. Cette interrogation doit consister en quelque sorte à accomplir un saut par-delà de la religion pour tendre vers son dépassement dans le penser rationnel.

Si la religion, comme l'affirme Hegel, est bien l'assise de l'État en tant qu'elle a pour objet la vérité absolue, il est clair que l'inadéquation de ce contenu et de sa forme représentative constitue tout aussi bien l'assise de la corruption et de la destruction de l'effectivité éthique. Ne faudrait-il pas convenir en ce cas de la nécessité de dépasser cette forme dans une saisie plus adéquate de la vérité et permettre ainsi à l'État de se constituer comme une totalité véritablement rationnelle ? Plus simplement, ne faudrait-il pas laisser à la raison elle-même, c'est-à-dire à la philosophie, le soin de déterminer la configuration éthique ? Peut-on imaginer qu'à suivre cette voie l'histoire eût pu faire l'économie de ce que nous avons appelé la *forclusion catholique* ? Une telle question, se permettant de faire imaginairement fi de la vérité historique, nous porte alors à envisager la possibilité d'un autre destin de l'éthique que celui auquel l'a voué la religion chrétienne, un destin qui serait celui de la raison et non de la foi, un destin grec plutôt que judéo-chrétien.

Religion et philosophie

La question de l'incontournabilité de la religion dans la fondation de l'État reçoit un éclairage précieux à la lecture de la fin de la remarque au § 552 de *La philosophie de l'esprit.* C'est en effet à ce point que Hegel se propose d'expliciter le lien entre religion, État et philosophie à partir de la figure du philosophe-roi mise en œuvre par Platon dans sa *République.*

La Cité au risque de la subjectivité

Hegel reconnaît à Platon le mérite d'avoir su appréhender la disjonction entre la vie éthique de son temps et l'apparition d'un nouveau principe corrupteur de cette vie éthique. Platon sait que les prétentions d'une liberté « prenant alors conscience de son intériorité » s'avèrent incompatible avec la totalité substantielle que forme la Cité. Le nouveau principe ne peut subsister pacifiquement au côté de « la religion existante et de la constitution politique ». Confronté à cette corruption, Platon comprend qu'une constitution vraie doit être une constitution rationnelle. Pour le philosophe, l'universel pensé constitue le principe à partir duquel devient possible d'envisager la fondation d'un ordre juste. Et, dans la mesure où l'universel est objet du savoir philosophie, c'est à ce dernier qu'incombe la charge de poser les déterminations de la vie éthique en leur vérité. C'est pourquoi, « si l'infortune des peuples doit voir sa fin », « il faut que la philosophie et la puissance étatique coïncident[1] ». Platon conçoit ainsi la correspondance qui existe entre le vrai en soi, l'universel en tant que pensée ou l'Idée qui se détermine, et la vérité *pour soi* qui parvient à la conscience uniquement en tant que contenu universel. À un contenu véritablement universel ou absolu doit correspondre une forme elle-même universelle.

Un point cependant échappe à Platon : la spécificité de l'universalité du penser. Platon ne conçoit pas la différence qui sépare la détermination de l'universel dans les objets naturels et l'universel tel qu'il reçoit son existence « dans l'être qui se représente, qui pense ». Dans les premiers, l'universalité du genre n'existe pas à même leur existence particulière. Leur essence est par conséquent

1 *Philosophie de l'esprit, op. cit.*, § 552 Rem., p. 338.

distinguée de leur existence. Cette essence ne peut dès lors être atteinte qu'à partir de la purification du fini au travers d'un processus d'idéalisation de la pensée. Dans le cas de l'être pensant, l'universalité est immanente à la pensée qui se pense.

> *Pour comparer, de façon que ce soit complètement déterminé, le point de vue où se tient Platon, avec la perspective suivant laquelle l'État est considéré ici dans sa relation avec la religion, il faut rappeler les différences conceptuelles qui importent ici essentiellement. La première consiste en ce que, dans les choses naturelles, la substance de celles-ci — le genre — est distincte de leur existence, dans laquelle elle existe comme* sujet *; mais cette existence subjective du genre est, en outre, distinct de celle que le genre, ou d'une façon générale, l'universel, dégagé* comme tel *pour lui-même, reçoit dans l'être* qui se représente, *qui pense. Cette individualité plus avancée, le sol de la* libre *existence de la substance universelle, est le* Soi *de l'esprit pensant.*

La forme universelle qui subsume les étants naturels ne subsiste pas en leur individualité même mais suppose leur conception au sein de la pensée subjective, pensée qui seule peut leur imprimer la forme d'un contenu proprement universel. Il en va tout autrement dans le cas du sujet pensant. Ici c'est l'esprit lui-même qui, se prenant pour objet, a pour contenu sa propre forme, c'est-à-dire l'universel. La forme universelle de la connaissance se pensant a pour objet sa forme même. C'est donc l'universel qui se pense lui-même.

> *La teneur des choses naturelles n'obtient pas par elle-même la forme de l'universalité et essentialité, et leur individualité n'est pas elle-même la* forme, *qui est seulement la pensée subjective pour elle-même, et qui donne à cette teneur universelle une existence pour elle-même seulement dans la philosophie. La* teneur humaine, *au contraire, est l'esprit libre lui-même, et vient à l'existence dans sa conscience de soi.*

C'est à cette détermination qu'Aristote s'élève « dans son concept de l'entéléchie de la pensée[1] », d'une pensée se pensant. En cette dernière, l'universalité apparaît identique en ses deux déterminations, subjective et objective, l'universel pensant l'universel. « Dans l'une comme dans l'autre », il s'agit du « même contenu substantiel ».

Or, la seconde erreur de Platon, découlant de la première, tient dans son impuissance à saisir la modalité concrète à partir de laquelle la pensée universelle vient au jour. Platon, en effet, n'a pas su reconnaître que la subjectivité n'a pas d'emblée la forme de l'universel, c'est-à-dire de la pensée. Au contraire la subjectivité pensante se présente bien plutôt, en son immédiateté, comme « sentiment », « intuition » et « représentation ». Et il ne s'agit pas là de simples formes contingentes qu'il suffirait de dénoncer en leur non-vérité pour laisser la voie libre au penser véritable. Ces formes de la conscience sont bien plutôt les déterminations originelles de la subjectivité. L'esprit ne s'atteint proprement en sa vérité, c'est-à-dire comme raison, qu'en dépassant ces déterminations pour atteindre à l'universalité véritable de la pensée. En ce sens, l'abrogation de ces formes inférieures présuppose nécessairement leur position originaire. C'est pourquoi la philosophie ne peut s'instaurer à partir d'elle-même, immédiatement, en faisant l'économie de l'élaboration de sa forme. Seule cette élaboration la rendra apte à se saisir du contenu universel. L'élaboration de la forme subjective présuppose, par conséquent, son existence immédiate et inadéquate comme terrain à partir duquel la philosophie peut se développer.

> *Mais la pensée contient, d'une façon générale, et cela du fait de la détermination indiquée, aussi bien l'être-pour-soi immédiat de la subjectivité que l'universalité, et l'Idée véritable de l'esprit concret en lui-même aussi bien essentiellement dans l'une des déterminations de cet esprit, celle de la conscience subjective que dans l'autre, l'universalité, et elle est, dans l'une comme dans l'autre, le même contenu substantiel. Mais, à* cette *forme*-là, *appartiennent le sentiment, l'intuition, la représentation, et il est, bien plutôt, nécessaire que la conscience de l'Idée absolue soit,*

[1] *Ibid.*, p. 339.

> *quant au temps, saisie tout d'abord dans cette figure, et que, dans son effectivité immédiate, elle soit là comme religion avant d'être là comme philosophie.*

La position de la subjectivité réclame donc que soit accordé leur droit propre à la forme du sentiment et de la représentation. Or, dans la mesure où cette subjectivité ne peut pas se déterminer dans une forme qu'elle n'est pas encore parvenue à élaborer en sa vérité, il faut lui reconnaître la possibilité de se déployer dans l'ordre qui est le sein. Cet ordre bien qu'inférieur à celui de la pensée concevante vaut néanmoins comme un ordre nécessaire à son déploiement. C'est pourquoi la religion, en tant qu'elle constitue une telle forme inférieure du savoir, précède nécessairement la philosophie.

> *La philosophie ne se développe d'abord, à son tour, que sur la base de la religion, ainsi que la philosophie grecque est plus tard venue que la religion grecque, et n'a précisément atteint à son achèvement qu'à saisir et concevoir dans son essentialité totale et déterminée le principe de l'esprit qui se manifeste tout d'abord dans la religion.*

C'est seulement en élevant le contenu de cette subjectivité à sa forme véritable que la philosophie pourra s'établir comme pensée du vrai. En ce sens, la philosophie suppose l'existence de la religion à partir de laquelle elle s'ouvrira au contenu véridique de cette dernière. L'esprit se manifeste en effet dans la religion et cette manifestation doit surgir pour que la philosophie ait un objet, cet objet n'étant autre que l'esprit se donnant effectivité. Si toutefois la philosophie suppose le contenu religieux, il ne s'ensuit pas qu'elle admette la religion comme le vrai. Tout au contraire, l'inadéquation de sa forme imaginative et représentative ne peut que défigurer le contenu absolu à la détermination duquel le philosophe s'attache.

Mais la philosophie grecque ne pouvait s'instaurer qu'en opposition à la religion, et l'unité de la pensée ainsi que la substantialité de l'Idée ne pouvaient se comporter qu'en ennemies face au polythéisme issu de la verve imaginative, aux facéties enjouées et frivoles d'une telle fiction.

Il y a donc contradiction entre la double nécessité à laquelle la philosophie se voit astreinte : prendre, d'une part, appui sur le contenu articulé dans la représentation religieuse ; abandonner, d'autre part, cette forme à son inadéquation principielle et conduire ce contenu à la conception rationnelle. La solution de cette difficulté suppose d'accorder son droit à la formation religieuse en la laissant développer pour elle-même la vérité dont elle se veut l'expression et qui entraîne la position d'une conscience accordée à la teneur éthique dont elle émerge. Ce n'est qu'une fois déployé le sens de la formation spirituelle à laquelle le philosophe se trouve attaché que ce dernier peut espérer atteindre au savoir de l'effectivité qui se manifeste pour lui.

L'impatience métaphysique

En portant son regard sur la subjectivité même de l'esprit, Hegel nous invite à observer la position différenciée des moments nécessaires à son développement. Ici nous importe « la forme en sa vérité infinie », c'est-à-dire le déploiement de l'esprit au travers duquel ce dernier parvient à l'effectivité. C'est à ce point que l'esprit se sachant lui-même fait de soi son propre objet dans la pensée universelle de la philosophie.

Dans son apparaître, la subjectivité ne se reconnaît pas dans la substance dont elle se différencie. Elle émerge alors dans l'abstraction du *pour soi* immédiat. La substance, de même, se pose en son unité tout aussi immédiate et unilatérale, n'accueillant pas la subjectivité comme un moment de son propre développement. C'est du fait de cette contradiction non résolue entre subjectivité et substantialité que l'esprit absolu est empêché d'atteindre à la détermination de lui-même comme identité concrète de termes différenciés.

> *La* forme *en sa vérité infinie, la* subjectivité *de l'esprit, ne se fit jour d'abord que comme une libre* pensée *subjective qui n'était pas encore identique à la* substantialité *elle-même, celle-ci, de ce fait, n'étant pas encore saisie comme esprit absolu.*

La religion, savoir subjectif mais inadéquat de l'absolu, ne pouvait donc être « purifiée par la pensée pure », luttant contre la sursaturation imaginative, qu'en sa dimension seulement formelle. Mais en s'attaquant ainsi à la religion, c'est-à-dire à la disposition d'esprit subjective, Platon devait nécessairement, du fait de leur identité non reconnue, s'opposer aussi à la substantialité éthique de laquelle cette subjectivité tirait ses déterminations. Par là, le substantiel lui-même, l'État, ne pouvait se voir attribuer qu'une forme inadéquate à son contenu. Déterminée par la pensée universelle, la substantialité éthique, telle que la conçoit Platon, rejette hors de soi la particularité subjective dont la forme même l'oppose à l'universalité recherchée et donc au vrai.

En s'attachant à l'absolu comme objet substantiel, Platon saisissait la vérité de l'Idée *en soi*. De cet *en soi* de l'absolu, la subjectivité semblait bel et bien constituer la négation. Mais Platon n'a pas su voir que l'Idée devait tout autant se faire *pour soi*, la pensée se pensant, et par conséquent réclamait la subjectivité comme un moment nécessaire à sa différenciation et à son développement *en et pour soi*. C'est pourquoi il n'était pas possible à « la forme infinie de la subjectivité » de s'intégrer de façon formatrice dans le substantiel. Parce que le temps n'était pas encore venu, le philosophe n'a pas pu comprendre que la subjectivité se présente comme la différenciation de l'universel lui-même. Appelant l'inscription de la subjectivité particulière dans la totalité, cette différenciation suppose le travail de l'éducation et de la culture grâce auxquels la subjectivité se défait de sa naturalité immédiate et advient comme un moment du rapport de l'esprit absolu à lui-même :

> *L'*État, *qui se développe de la même manière, mais plus tôt que la philosophie, à partir de la religion, expose, dans l'effectivité, comme* corruption, *l'*unilatéralité *que son Idée en soi vraie a en elle. Platon, qui, en commun avec ses contemporains pensants,*

reconnaissait cette corruption de la démocratie et la défectuosité même de son principe, fit ressortir le substantiel, mais ne put pas insérer de façon formatrice dans son Idée de l'État la forme infinie de la subjectivité, qui était encore cachée à son esprit ; c'est pourquoi son État est, en lui-même, sans la liberté subjective[1].

C'est pourquoi Platon, en ne reconnaissant pas ce moment subjectif de l'absolu, évacue les déterminations de l'État rationnel. Celui-ci, différencié au-dedans de soi, accueille la disposition d'esprit éthique dont la religion constitue l'assise et libère ainsi cette sphère intérieure nécessaire à son déploiement effectif. En dehors de cette dernière, l'abstraction de la totalité indistinguée pouvait seule s'instituer comme le substantiel, un substantiel écrasant la subjectivité. C'est qu'il manquait à Platon d'avoir rencontré la détermination véritable de la religion comme subjectivité de l'absolu. Parce qu'il ne connaissait pas le principe de la libre individualité, principe à partir duquel seul pouvait se fonder l'effectivité véritable de la « vie éthique substantielle », Platon n'a pu élever la pensée à la saisie véritable du vrai *en* et *pour soi*. Son projet de constitution, sa *callipolis*, était condamné à sombrer dans l'abstraction.

Il ne fut pas accordé à Platon de pouvoir s'avancer jusqu'au point de dire que, aussi longtemps que la religion vraie ne s'est pas fait jour dans le monde et n'est pas devenue dominante dans les États, aussi longtemps le principe vrai de l'État n'est pas entré dans l'effectivité. Mais, tout aussi longtemps, ce principe n'a pas pu non plus entrer dans la pensée, ni l'Idée vraie de l'État être saisie par celle-ci, — l'Idée de la vie éthique substantielle, avec laquelle est identique la liberté de la conscience de soi étant pour soi.

Le savoir philosophique ne peut être savoir vrai et savoir du vrai qu'à la condition d'atteindre la réconciliation avec l'effectivité. Et dans la mesure où cette effectivité suppose la détermination rationnelle et réciproque de la religion et de l'État, la philosophie qui s'oppose à la religion ou à l'État témoigne que l'effectivité à laquelle elle se confronte n'est justement pas l'effectivité véritable.

1 *Ibid.*, p. 340.

C'est seulement dans le principe de l'esprit sachant son essence, de l'esprit en soi *absolument libre, et ayant son effectivité dans l'activité de sa libération, qu'est présente l'absolue possibilité et nécessité que la puissance étatique, la religion et les principes de la philosophie coïncident, que s'accomplisse la réconciliation de l'effectivité en général avec l'esprit, de l'État avec la conscience (morale) religieuse, et, de même, avec le savoir philosophique.*

Inversement, lorsque cette effectivité se présente en sa vérité, alors la philosophie trouve la possibilité de saisir l'esprit comme libre advenir pour soi, comme subjectivité se faisant objet d'elle-même ou comme substance médiatisée par le moment de son être-hors-de-soi. Dans cette libération de l'esprit venant à la manifestation, et qui constitue le rapport vrai de la disposition d'esprit religieuse et de l'universalité substantielle, religion et État « contiennent en leur sein la vérité absolue ». La philosophie n'a d'autre fin que d'élever au savoir cette vérité qui apparaît à même sa manifestation effective. Elle est un savoir qui n'ajoute rien d'autre à cette effectivité que le savoir d'elle-même. La philosophie n'est par conséquent ni supérieure ni étrangère au monde de l'effectivité. Elle est elle-même cette effectivité saisie en pensée et en laquelle l'esprit se manifestant se donne le reflet spéculaire de sa propre essence. La philosophie n'est qu'une des formes dans laquelle l'esprit vient à s'exposer, une forme plus pure, plus adéquate, mais qui suppose le déploiement effectif de l'esprit. Le savoir absolu est le savoir *de* l'absolu en tant que l'absolu parvenant au savoir de sa propre effectivité. Il n'est pas un savoir étranger au monde ravalé alors au rang d'une simple apparence illusoire.

En tant que la subjectivité étant pour soi est absolument identique avec l'universalité substantielle, la religion en tant que telle, de même que l'État en tant que tel, en tant que formes dans lesquelles existe le principe, contiennent en leur sein la vérité absolue, de telle sorte que celle-ci, en tant qu'elle est comme philosophie, n'est elle-même que dans l'une de ses formes[1].

---

1 *Ibid.*, p. 341.

Il n'y a donc pas de sens à combattre la religion en tant que telle, comme mode nécessairement défaillant et extérieur au vrai. La vérité que la religion porte est celle de la manifestation, manifestation d'une certaine formation spirituelle à l'apparaître de laquelle elle donne conscience de soi. Mais parce que sa vérité n'est rien d'autre que cette monstration d'un sens qu'elle épouse en s'y logeant, la teneur de vérité de la religion doit être relativisée du fait de sa structure représentationnelle. Cette dernière, en effet, conduit la conscience émergeant en son sein à s'attacher à son objet comme à l'absolu qu'elle s'épuise à dire quand c'est le rapport de cette conscience à son objet qui constitue le dire de l'absolu lui-même. La vérité de la religion n'est donc pas là où le croit la conscience religieuse et n'est pourtant pas ailleurs.

L'auto-réfutation de la religion

La religion ne se donne pas d'emblée comme la figure véritable d'un moment de l'esprit. Dans son immédiateté, elle se présente bien plutôt en contradiction avec l'effectivité dont elle est censée permettre le déploiement rationnel. Pour cette raison, la religion appelle son propre dépassement dans le développement qu'elle accomplit de son principe, un principe qui, dès l'abord, ne peut se présenter qu'en son « unilatéralité », ce dont l'histoire du principe catholique aura su nous convaincre.

> *Mais, en tant que la religion, elle aussi, dans le développement d'elle-même, développe les différences contenues dans l'Idée, l'être-là peut, voire doit nécessairement, apparaître dans son premier mode immédiat, c'est-à-dire lui-même unilatéral, et, l'existence de la religion, être corrompue en extériorité sensible et, par là, plus avant, en oppression de la liberté de l'esprit et en renversement de la forme politique.*

C'est néanmoins dans l'approfondissement de sa propre contradiction que l'esprit parvient, « en l'élasticité infinie qui est la sienne », à dépasser cette forme unilatérale pour parvenir à la vérité de lui-même et à la « réconciliation de l'esprit dans lui-même ». C'est là le drame que l'absolu joue avec soi et où la contradiction vaut comme moteur de son développement. La religion catholique appelle de ce fait son dépassement dans la conscience protestante, conscience où « le principe de la conscience religieuse » et celui de « la conscience morale éthique » deviennent un seul principe.

> *Mais le principe contient l'élasticité infinie de la forme absolue, consistant à vaincre cette corruption de ses déterminations-de-forme et, à travers elles, du contenu, et à opérer la réconciliation de l'esprit dans lui-même. Ainsi, finalement, le principe de la conscience (morale) religieuse et celui de la conscience (morale) éthique deviennent un seul et même principe, dans la conscience (morale) protestante, — c'est là l'esprit libre qui se sait en sa rationalité et vérité. La constitution et la législation, ainsi que leurs mises en œuvre, ont pour contenu le principe et le développement de la vie éthique, qui procède et ne peut procéder que de la vérité de la religion, vérité instituée en principe originaire d'elle-même (de la vie éthique), et par là seulement effective en tant que telle.*

À partir de là, l'universalité substantielle des rapports éthiques peut se présenter comme le lieu même où la libre subjectivité s'épanouit au cœur d'une totalité différenciée et effective. « La vie éthique de l'État et la spiritualité religieuse de l'État sont ainsi pour elles-mêmes de solides garanties réciproques ». C'est dire que pas plus que l'État n'est instrument de la religion, la religion n'est aux mains de l'État. Mais tous deux, religion et État, constituent les diastoles et systoles d'une pulsation unique, celle de la vie éthique effective, et dont la philosophie réfléchit le contenu en sa forme propre.

L'État hégélien renferme un paradoxe, celui d'être un État non-confessionnel dont la religion constitue finalement l'assise subjective. Bien que limitant son office à la formation de la subjectivité particulière, il n'est pas possible de considérer la religion comme relevant de la sphère de l'intimité privée. En effet, la distinction du citoyen et du bourgeois ne joue chez Hegel que sur la base d'une médiation réciproque supposant leur intime connexion. La société civile implique l'existence de la loi objective et l'État se présuppose dans la société civile comme mode d'inscription de la particularité au sein de l'universel. Coupée de sa dimension éthique, la religion semble perdre son sens. Mais une religion dont l'intérêt est de révéler la particularité à elle-même, jusqu'au point où cette dernière apprend à trouver dans l'immanence des rapports sociaux le lieu de son épanouissement, ne constitue-t-elle pas une auto-négation de la religion comme appel au ciel ? Convient-il de voir dans le développement historique du principe chrétien une amorce de la thèse de Max Weber sur l'éthique protestante et l'esprit du capitalisme ? La réforme, on l'a vu, a cet effet de réconcilier l'esprit avec le siècle en lui offrant d'éprouver sa satisfaction à même la mondanité du cosmos social. Est-ce à dire que la société civile accomplit la sécularisation du christianisme comme principe de la libre subjectivité ?

Cette dernière voie serait praticable si les concepts recteurs de la religion chrétienne se trouvaient absorbés dans les structures éthiques intramondaines. Mais en dépit du rôle joué par la réforme luthérienne dans la libération d'une subjectivité trouvant à se satisfaire dans son existence séculière, Hegel n'entend pas faire de la religion une simple condition historique de l'avènement d'une moralité civile. La religion chrétienne, comme mode de révélation de l'absolu à lui-même, conserve toute sa place dans l'économie du système encyclopédique dont la dernière section traitant de l'esprit absolu peut tout entière se voir inscrite sous le titre de la *Religion absolue*, « ainsi que cette sphère peut être désignée en son ensemble[1] ».

En réalité le concept moderne de sécularisation (*Säkularisierung*) ne semble pas véritablement trouver sa place dans la philosophie hégélienne. La mondanisation (*Verweltichung*) du christianisme renverrait moins à un dépassement de ce dernier qu'à sa vérité assumée dans et par la réforme luthérienne. L'État moderne serait moins une liquidation qu'une réalisation du christianisme[2]. Par conséquent, la religion s'avère davantage jouer le rôle de savoir de soi de l'esprit du temps que celui de mode de légitimation fondateur de l'ordre politique. Si la religion chrétienne légitime le principe de la libre subjectivité, moteur de la modernité, il s'agit de lire en elle le signe d'une autonomisation de l'esprit

1 *Ibid.*, § 553, p. 343.
2 Jean-Claude Monod, *La Querelle de la sécularisation*, Vrin, Paris, 2002, p. 29.

pratique s'exposant en un monde plutôt que d'y chercher le mode de fondation de l'ordre politique. En sa sphère propre, l'esprit objectif se découvre comme auto-institution d'une société civile d'échange présupposant la volonté objective de l'État comme condition d'accomplissement. En ce sens, ce n'est pas tant la dynamique structurante dont elle serait porteuse qui, dans la religion, retient l'attention du philosophe, que le principe heuritisque qui s'y déploie. Ce dernier invite à voir dans la religion l'indice d'un temps parvenant à la maîtrise rationnelle de son institution. Il ne s'agit donc pas de faire jouer ici le « théorème de la sécularisation[1] » critiqué par Hans Blumenberg, mais plutôt de chercher dans la sécularité des fins de l'État les conditions d'existence d'une sphère religieuse qui trouve à se maintenir et afficher son coefficient de vérité, et ce en dépit du dépassement apparent que produit à son égard l'ordre socio-politique. Mais alors se pose la question du besoin de la religion lorsque l'État moderne parvient à s'instituer effectivement comme totalité éthique.

La réponse à cette question trouve à s'articuler dans l'au-delà de l'État, au-delà qui n'est pas celui d'un arrière monde mais dont la dynamique historique constitue le fond. Avec la totalité éthique, l'effectivité véritable vient en effet au jour en tant qu'unité de l'intérieur et de l'extérieur, de la subjectivité et de l'objectivité universelle. Cette totalité se présente, en ce sens, comme la manifestation même de l'essence divine. Toutefois cette effectivité est en même temps une effectivité bornée, celle d'un peuple particulier, appelée à se voir dépassée dans le cours de l'histoire mondiale. Le problème qui se présente consiste donc ultimement à déterminer comment l'esprit peut espérer atteindre sa réconciliation infinie au sein d'une totalité ainsi finie et limitée dans le temps et dans l'espace.

1 H. Blumenberg, *La Légitimité des temps modernes*, Gallimard, Paris, 1999, p. 19.

CHAPITRE 8

DE NOVISSIMIS. L'AU-DELÀ DE LA RELIGION

Pour Hegel, la solution du conflit théologico-politique tire son origine de la contestation luthérienne de l'autorité spirituelle par la conscience intérieure qui, devenue sûre d'elle-même, apprend peu à peu à se trouver dans l'immanence concrète d'une réalité mondaine ouverte à l'investigation et à la conquête de l'esprit pratique et théorique. Le rôle joué par la Réforme dans l'inauguration de la configuration sociopolitique moderne fait ainsi l'objet d'une affirmation centrale dont il est possible d'interroger la pertinence et la portée : dans la genèse de l'État moderne qu'il tente de ressaisir, le « secrétaire de l'esprit du monde » se contente-t-il de prendre acte du processus de sécularisation des valeurs chrétiennes traditionnelles ou contribue-t-il à élaborer un mode d'intelligibilité de la problématique politique spécifique et inédit ?

La complexité de la réponse hégélienne nous conduit à pencher en faveur de la seconde hypothèse. Il semble, en effet, possible de discerner chez Hegel cet instant décisif où les catégories pratiques à travers lesquelles le politique s'était jusque-là donné figure perdent leur sens pour revêtir une forme nouvelle, celle de l'auto-institution immanente du social. Dans le processus d'avènement de la modernité où l'ici-bas se découvre justifié pour lui-même, la religion en vient à se dénier à elle-même le pouvoir de fondation de l'État tout en assumant, par son rôle historique, la légitimation du concept de liberté dont cet État tire son assise. Finalement, la valeur de la religion, dans la configuration sociopolitique moderne, paraît proportionnelle à la négation qu'elle accomplit d'elle-même en tant qu'elle réalise l'institution d'un cosmos social qui lui ôte sa fonction normative. C'est pourquoi Hegel, au croisement de deux époques, ménage encore à la religion un sens politique et peut, une dernière fois, soulever le problème théologico-politique qui perdra son acuité chez les jeunes hégéliens, tout en dépossédant la religion de sa puissance proprement structurante. En ce sens le discours hégélien, relativisant la fonction politique de la religion tout en insistant sur sa valeur heuristique, se ferait le symptôme de l'actualité d'un temps qui bascule de la *fondation* du pouvoir politique vers l'*institution* du monde social.

Le destin de l'État

L'État est volonté infinie en lui-même, la liberté effective concrètement manifestée. Pour autant, en tant qu'unité idéale faisant retour sur soi, l'État entretient cette relation à soi sous la forme d'une totalité excluant toute extériorité. En cette mesure, l'État, universel au-dedans de soi, se présente en sa figure souveraine comme une individualité particulière valant pour soi face aux autres États. « L'État a, dans cette détermination, une individualité qui est par essence en tant qu'individu[1]. »

Dans cette relation, la reconnaissance que l'État peut attendre de la part d'un autre État est une reconnaissance formelle, c'est-à-dire abstraite, dans la mesure où sa relation aux autres puissances ne trouve pas à s'inscrire dans une unité véritable. Une telle reconnaissance suppose une relation d'indifférence impliquant de la part de chacun qu'ils se respectent dans « leur subsistance par soi ». Si dans « son effectivité immédiate », dans sa dimension proprement substantielle, l'État est « la puissance absolue sur terre », il ne l'est que pour autant que sa souveraineté est reconnue comme telle par les autres États qu'aucune institution juridique concrète ne soumet néanmoins à cette exigence[2].

1 *Principes de la philosophie du droit, op. cit.*, § 321, p. 418.
2 *Ibid.*, § 331, p. 425.

L'État n'est donc pas absolu en lui-même. Son infinité n'existe qu'à la hauteur de son identité idéale en laquelle il se pose comme volonté *en* et *pour soi*. Mais dans le champ phénoménal ouvert par la coexistence de réalités équivalentes, l'existence de la communauté éthique est appelée à s'inscrire dans une dynamique qui l'emporte vers l'au-delà d'elle-même.

Dialectique des esprits finis

La relation qu'entretiennent les États dans leur situation historique mondiale rappelle la situation déjà analysée d'un état de nature où l'*Un pour soi* exclusif se produit en même temps comme position de *plusieurs Uns*. Ces derniers, dans leur indifférence réciproque et leur répulsion les uns à l'égard des autres, entretiennent tout aussi bien par là un rapport d'attraction. Cette relation toutefois, dépourvue d'une articulation rationnelle, s'inscrit dans un rapport contingent fondé sur l'arbitre particulier de ces individualités excluantes. Or, si le modèle de l'état de nature et du contrat s'avère impuissant à révéler l'essence de l'État en tant que tel, il trouve dans les rapports interétatiques tout son sens, justement du fait que n'existe pas ici de volonté universelle sur le fond de laquelle s'actualiserait la différenciation réciproque. Les États, sur la base de leur subsistance autonome, valent seulement les uns vis-à-vis des autres en tant qu'individus particuliers contractant ensemble sans qu'intervienne la détermination d'un ordre de droit universel garantissant la réalisation du contrat. C'est un simple *devoir-être* qui s'impose comme critère du respect des engagements, devoir-être qui signale l'ineffectivité du droit des gens[1]. L'ultime instance de décision quant aux recours de la guerre repose donc sur la volonté particulière de chaque État et n'est que le fruit d'une « sagesse particulière », non celui d'une providence universelle. Les États sont « dans cette mesure dans l'état de nature les uns par rapport aux autres. »

Dans leur rapport historico-mondial, les États particuliers se voient de la sorte ravalés au rang de principes bornés, exposés à la plus grande contingence. Parce que les différents États présents sur la scène de l'histoire mondiale valent comme autant de « principes naturels immédiats », ce rapport des esprits finis

---

1 *Ibid.*, § 333, p. 426.

des peuples ouvre le champ d'une relation dialectique où la subsistance par soi et la nécessité interne de l'État est en effet contredite pas la subsistance des autres États.

À ce point, la contradiction entre la volonté infinie intérieure de l'État et son existence finie sur la scène mondiale appelle sa résolution dans un principe supérieur à la totalité *pour soi* de l'État particulier. C'est l'histoire du monde qui constitue l'universalité véritable en laquelle les États particuliers voient leur limitation réciproque abrogée en une unité idéale qui manifeste tout aussi bien leur finité. « L'*élément* de l'être-là de l'*esprit universel* est, dans l'*histoire du monde*, l'effectivité spirituelle dans tout son champ d'intériorité et d'extériorité[1]. »

C'est finalement à même l'histoire mondiale que se joue le drame de l'absolu parvenant à la manifestation de soi. En appelant au dépassement de la nécessité de l'État, cette manifestation se découvre comme l'élaboration de l'esprit en sa liberté. L'effectivité véritable de l'esprit du monde consiste dans la progression de la conscience de soi que lui octroie le règne d'un État faisant époque. « Au peuple auquel revient tel moment en tant que principe naturel est confiée l'exécution de ce principe dans la progression de la conscience de soi, qui se développe, de l'esprit du monde[2]. » Le degré présent de l'histoire du monde se réalise comme un moment nécessaire du développement de la totalité historico-mondiale et accorde par conséquent son « droit absolu » à l'État qui, à ce moment, laisse percer dans l'extériorité son principe interne comme la figure même du présent.

Destin, providence et liberté

Avec l'histoire mondiale, nous quittons le terrain de l'essence et de sa manifestation pour pénétrer dans le royaume du concept. Ce dernier, parvenant au développement de soi par sa propre négation intérieure, fait de l'histoire le lieu de son libre avènement. L'effectivité de l'État apparaît certes comme l'unité différenciée de l'intérieur et de l'extérieur. Mais cette unité, en tant que totalité idéale s'exposant à la négation de sa réalité infinie dans son contact aux autres États, laisse sombrer la médiation au-dedans de soi. La libre autonomie pour soi

1 *Ibid.*, § 341, p. 431.
2 *Ibid.*, § 347, p. 434.

de l'État qui, sur le terrain de l'histoire mondiale advient comme l'immédiateté subsistante d'un être naturel, se voit niée dans la relation réciproque le liant aux autres États. Une seule substance universelle constitue par conséquent la relation de ces États. L'histoire mondiale est l'engendrement continuel de la contradiction secrétée à l'intérieur de cette substance qui, en tant qu'elle pose ces États dans leur identité et leur différence médiatisée, est tout aussi bien sujet de son propre advenir et par conséquent libre développement de soi.

Comment la subjectivité finie qui obtenait dans l'objectivité de l'État sa propre liberté se détermine-t-elle dès lors face à cette histoire mondiale ? Comment justifier, au regard de la religion, cette dialectique des peuples particuliers, où la « substance éthique infinie en elle-même » se voit sombrer dans la contingence d'un destin que lui oppose l'esprit du monde ?

Du fait de la contradiction existant entre l'universalité intérieure de l'État et sa particularité extérieure, la diversité des États en rapport sur le terrain historico-mondiale révèle leur contingence. L'État ne peut être, pour cette raison, considéré comme un absolu. L'universel véritablement concret, « l'universel *en* et *pour soi* est l'esprit du monde[1] ».

Dans son moment absolu, l'esprit abroge la différence qu'il a posée de lui-même dans l'opposition d'une nature objective et d'une subjectivité finie. Cette identité de soi dans un autre qui n'est que lui-même est en même temps l'accomplissement du concept de Dieu. C'est l'histoire mondiale qui ouvre le champ où vient à se concrétiser ce rapport de l'esprit objectif et de l'esprit absolu. Dans l'histoire du monde, l'esprit objectivé en une seconde nature se voit succomber à la contradiction posée par son existence finie. L'esprit absolu présuppose, par conséquent, l'historicité dialectique des esprits des peuples finis. Cette historicité est ainsi la véritable preuve de l'existence de Dieu, la position d'une finité présupposée par le développement infini qui nie ce point de départ immédiat.

Mais quelle position peut alors tenir la subjectivité particulière dans son rapport à cette universalité ? Lui est-il encore loisible de s'épanouir pour elle-même et trouver une satisfaction au sein de l'historicité de l'esprit ? Au sein de l'État, l'unité différenciée de la conscience subjective et de l'universalité

---

1 *Leçons sur le droit naturel et la science de l'État*, *op. cit.*, § 164, p. 278.

objective manifestait l'effectivité concrète en laquelle la particularité trouvait la réalisation de son intérêt. Peut-on repérer, au niveau de l'histoire du monde, des moments correspondant à ces formes ?

Trois degrés semblent pouvoir se dégager de l'observation du rapport de la subjectivité à l'esprit historico-mondial. Pour la subjectivité de soi du peuple, l'histoire paraît telle la loi supérieure d'un destin faisant choir l'être-là de la subjectivité au rang de pure *contingence*. Aux yeux de la subjectivité religieuse, l'histoire se manifeste comme Providence en tant que rapport *nécessaire* d'une universalité contenant au-dedans de soi la médiation supprimée. Enfin, pour la subjectivité pensante et philosophique, l'histoire se produit comme le rapport *libre* de l'absolu à lui-même. La subjectivité, ici, n'est plus la disposition d'esprit éthique accordée à la constitution d'un État particulier mais la subjectivité s'élevant à la compréhension de l'esprit du monde comme terrain de la révélation de l'absolu. L'objectivité à laquelle se lie cette subjectivité est quant à elle le processus d'auto-négation des principes des États particuliers, l'idéalisation de la finitude des États dans une totalité historico-mondiale qui constitue le rapport de l'absolu à lui-même. Dans cette médiation de la subjectivité parvenant au savoir de l'absolu et de l'objectivité comme la substance où l'absolu se réalise, l'esprit n'a rapport qu'à lui-même et s'engendre comme esprit absolu. Cet esprit absolu trouve son achèvement dans la philosophie en tant que cette dernière suppose l'abrogation de la différence du sujet et de l'objet encore présente dans la représentation religieuse.

Ainsi peut-on caractériser l'histoire du monde comme « cette tragédie divine où l'esprit s'élève au-dessus de la pitié, de l'éthicité et de tout ce qui lui est sacré par ailleurs, où l'esprit se produit lui-même[1] ». Dans cette autoproduction, l'esprit se révèle sa liberté et dépasse la simple nécessité. L'histoire du monde « n'est pas simplement » mais devient pour elle-même.

C'est uniquement pour la conscience rivée à la détermination particulière d'un État que l'histoire paraît contingente et ce dans la mesure où « ce qui est contingent est en général quelque chose qui n'a pas le fondement de son être en soi-même, mais en autre chose[2] ». Et effectivement, sur le terrain de l'histoire

1 *Ibid.*, § 164, Rem., p. 278.
2 *La Science de la logique*, *op. cit.*, Add. § 145, p. 577.

mondiale, l'État n'a pas son être en lui-même. Dans la mesure où la position de l'État particulier est médiatisée par son rapport aux autres États au sein de l'histoire, c'est l'esprit du monde qui pose l'être-là de l'État particulier. « Or, surmonter ce contingent est en général [...] la tâche de la connaissance », de cette pensée dont la destination est de parvenir à concevoir l'effectivité véritable. Cette dernière a pour présupposition l'effectivité immédiate, « brisée dans elle-même, finie[1] », cette effectivité qui est celle des États particuliers. Dans le rapport de ces États se produit un échange réciproque, la condition de l'un étant le rapport aux autres et inversement. La totalité de ce rapport constitue alors une effectivité se médiatisant avec elle-même. Comme « relation simple à soi-même », cette effectivité conduit à la disparition de « l'être-conditionné par autre chose » et se manifeste ainsi comme nécessaire[2]. Mais le rapport des effectivités immédiates que sont les États particuliers se présente, du point de vue de cette effectivité immédiate, comme l'existence de circonstances dispersées semblant n'avoir aucune connexion les unes avec les autres. Ce rapport apparaît alors comme le fruit d'une nécessité aveugle :

> *Le processus de la nécessité commence avec l'existence de circonstances dispersées qui semblent n'avoir en elles aucune connexion. Ces circonstances sont une effectivité immédiate qui s'écroule en elle-même, et de cette négation surgit une effectivité nouvelle. [...] On dit alors que de telles circonstances et conditions est issu quelque chose de tout autre, et pour cette raison on nomme aveugle la nécessité qui est ce processus*[3].

Il n'y a cependant pas lieu d'opposer le produit d'une nécessité apparemment sans but et l'opération de la providence poursuivant une fin quelconque. La nécessité apparaît comme l'*en soi* du concept. Elle semble aveugle seulement pour la conception non-spéculative. Cette nécessité vaut uniquement comme telle pour celui qui se représente dans sa différence d'avec l'effectivité universelle, « dans sa différence d'avec Dieu, avec sa visée et volonté particulière ». Cette opposition de la volonté particulière et de la volonté universelle reconduit une

1 *Ibid.*, *op. cit.*, Add. § 146, p. 580.
2 *Ibid.*, Add. § 147, p. 580.
3 *Ibid.*, p. 581.

fois encore au rapport du possible et du contingent. C'est ce point de vue d'une volonté finie, rivée à sa particularité, qui pousse à concevoir une relation de contrariété entre nécessité et liberté et à entendre dans la liberté l'opposition à ce qui est, à se représenter ce qui devrait être mais n'est pas conforme aux attentes de la subjectivité immédiate.

> *Cela est impliqué en ce que la non-liberté est fondée dans le fait de se tenir ferme à l'opposition, de telle sorte que nous considérons ce qui* est *et ce qui arrive comme étant en contradiction avec ce qui* doit *être et arrivé*[1].

La nécessité se présente alors comme un destin pour la subjectivité finie qui ne sait pas accueillir en elle sa propre volonté. La non-liberté, déplorée par la subjectivité comme un sort étranger, repose tout entière dans la disjonction entre ce qui est et ce qui doit être. C'est sur ce devoir-être que s'étaye le besoin d'une consolation censée satisfaire la subjectivité déçue.

Hegel remarque d'ailleurs qu'un tel besoin de consolation est propre au monde moderne où la subjectivité particulière vient au jour. Les Anciens n'imaginent pas que le lot échu à l'homme puisse être autre que celui auquel le confine le destin, pour cette simple raison que, chez eux, « la subjectivité n'a pas encore atteint à sa signification infinie ». La modernité, elle, libère la subjectivité, mais une subjectivité qui, en sa particularité immédiate, s'oppose justement à ce qui est, à « la Chose ».

Or, la souffrance affichée de la conscience moderne tient dans une mécompréhension du statut véritable de la subjectivité. Cette dernière en effet ne se confond pas avec la subjectivité immédiate et bornée mais consiste dans la subjectivité infinie, « immanente à la Chose ». La religion chrétienne parvient à nommer cette subjectivité infinie en s'élevant au sens de la divinité unitrine. La subjectivité absolue de Dieu s'y révèle comme contenant en son sein le moment de la particularité, de « *notre* particularité[2] ». Dieu est cet universel concret où se conserve et s'affirme la particularité.

1 *Ibid.*, p. 582.
2 *Ibid.*, p. 583.

Plus précisément, l'élément consolant de la religion chrétienne réside en ceci que, en tant que Dieu même est su ici comme la subjectivité absolue et que la subjectivité contient en elle le moment de la particularité, par là notre *particularité elle aussi est reconnue non pas simplement comme quelque chose qui est à nier abstraitement, mais en même temps comme quelque chose qui est à conserver.*

Le Dieu chrétien est un Dieu qui « absolument se sait », la personnalité « absolument effective ». En voyant ainsi sa propre particularité reconnue à titre de moment du rapport de cette subjectivité infinie à elle-même, l'homme, dans la mesure où il considère son sort comme le développement de son propre concept, se découvre libre.

En tant, par contre, que l'homme reconnaît que ce qui lui arrive n'est qu'une évolution de lui-même et qu'il ne supporte que sa propre faute, il se comporte comme un homme libre et conserve en tout ce qui lui arrive la croyance qu'aucune injustice ne lui est faite. L'homme qui vit en désaccord avec lui-même et son sort agit, précisément, à cause de l'opinion erronée qu'il subit une injustice de la part d'autres êtres, de façon très déplacée et tout de travers.

Aussi peut-on conclure que « c'est la manière dont on regarde la nécessité qui détermine la satisfaction ou l'insatisfaction des hommes et par là leur destin lui-même[1] ». Parce que l'histoire effective du monde n'est autre que le déploiement du vouloir absolument infini de Dieu, la nécessité se transfigure en liberté. Les circonstances diverses qui, pour la subjectivité finie, apparaissent disjointes se ramènent à l'unité d'une unique manifestation dont les moments sont liés les uns aux autres. Chacun de ces moments se révèle être auprès de soi-même dans sa relation à l'autre :

Le processus de la nécessité est d'une telle nature que par lui l'extériorité rigide tout d'abord présente est surmontée et que son intérieur est révélé, par où il se manifeste alors, que les termes liés l'un à l'autre

1 *Ibid.*, p. 584.

*ne sont pas, en réalité, étrangers l'un à l'autre, mais ne sont que des moments d'*un unique *tout, dont chacun, dans la relation à l'autre, est auprès de lui-même et se joint à lui-même*[1].

La liberté se présuppose par conséquent dans la nécessité et « la contient en elle comme supprimée ». De la sorte s'accomplit le passage de la logique de l'essence à la logique du concept compris comme « l'unité de l'être et de l'essence ». L'effectivité éthique, en tant qu'elle se manifeste dans l'État fini, est une immédiateté subsistante par soi. Mais cet être subsistant est en même temps seulement un paraître de l'esprit du monde dans soi-même. Saisi comme esprit se sachant dans son développement infini, le concept de l'esprit historico-mondial a sa réalité dans l'esprit, esprit qui ne se confond ni avec l'esprit subjectif clos sur lui-même ni non plus avec la nécessité extérieure de l'esprit objectif. Ce concept absolu constitue bien plutôt leur devenir unitaire.

> *Le* concept *de l'esprit a sa* réalité *dans l'esprit. Que celle-ci soit dans l'identité avec celui-là, en tant que c'est là le* savoir *de l'Idée absolue, cela implique le côté nécessaire suivant, à savoir que l'intelligence* en soi *libre soit, dans son effectivité, libérée en direction de son concept, pour être la* figure *digne de ce dernier. L'esprit subjectif et l'esprit objectif sont à regarder comme le chemin sur lequel se façonne ce côté de la* réalité *ou de l'existence*[2].

Ce sont les moments de ce concept qui apparaissent dans la représentation religieuse comme autant de moments subsistants par soi dans la relation d'une providence bienveillante et extérieure à sa création. Conçus philosophiquement, ces mêmes moments se trouvent réunis en une « intuition spirituelle simple » et « élevés à la pensée consciente de soi[3] ». Le concept absolu, dont la religion saisit le contenu divers comme *nécessaire*, est connu philosophiquement comme *libre* advenir à soi de l'Idée se déployant dans le savoir d'elle-même.

1 *Ibid.*, Add. § 158, p. 589.
2 *Philosophie de l'esprit, op. cit.*, § 553, p. 343.
3 *Ibid.*, § 572, p. 360.

Histoire et absolu

Est-ce à dire qu'à ce point, celui de l'histoire mondiale, la religion perde son intérêt et sa raison d'être ? L'office de la religion se trouve-t-il annulé par la philosophie qui seule serait à même de hisser le savoir à la hauteur de l'infinité de son objet, de porter l'esprit à la saisie de soi ?

Assez prosaïquement, il semble, au contraire, que la religion conserve sa nécessité en tant que « vérité pour *tous les hommes* », de ces hommes dont bien peu sauront se porter à la dignité du savoir conceptuel de l'Idée absolue et qui, pour cette raison, trouvent dans la foi seule, le témoignage de l'esprit.

Pour autant, il convient de ne pas limiter la religion à une fonction purement pédagogique. Certes, l'enseignement religieux a cet incomparable avantage d'offrir en partage le contenu de la vérité manifeste. Mais à bien saisir le mode d'avènement de cette dernière, on comprend que son investissement par la conscience participe de sa teneur de vérité. C'est justement parce que l'esprit fini se découvre un besoin de religion que cette dernière lui découvre le sens de la manifestation spirituelle infinie à laquelle il participe. De ce point de vue, l'office de la religion consiste à rappeler la subjectivité à sa nature essentielle, pôle d'un rapport dont l'universalité mondaine tire son effectivité.

Mais c'est à ce point que la problématique théologico-politique rencontre sa limite. Si la religion chrétienne instruit la subjectivité de son inscription dans une totalité éthique qui y trouve son assise, il ne semble néanmoins pas possible de trouver, au niveau de l'histoire mondiale, le terrain d'une mise en rapport de la disposition d'esprit subjective et d'un État objectif universel. En ce sens, la subjectivité croyante n'atteint effectivement le lieu de sa réconciliation avec l'objectivité substantielle qu'au sein de l'État fini lui-même entraîné dans une dynamique qui appelle son dépassement. Or, cette dynamique en laquelle la communauté éthique se trouve absorbée et sacrifiée sur l'autel de l'histoire constitue en même temps le lieu où se révèle l'office supérieur de la religion dont la fonction politique n'épuise pas le sens. Cette fonction politique offre certes à l'État de s'accomplir comme objectivation de l'esprit et participe donc de l'advenir à soi de ce dernier. En ce sens, la portée éthique de la religion chrétienne, dont la subjectivité reçoit la conscience de sa liberté, est incontournable. La modernité ne constitue pas la sécularisation du principe chrétien, ni son pur et simple dépassement, mais son accomplissement véritable. C'est en se tournant vers la terre que la religion se manifeste véritablement comme réconciliation effective.

Néanmoins, confrontée à la finitude de son inscription éthique, la subjectivité religieuse découvre un au-delà d'elle-même où s'affirme l'infinité de la négativité qui la porte et la pose comme rapport à l'esprit universel en laquelle elle se recueille. Il faut donc accorder que l'esprit absolu, comme savoir de soi-même, présuppose la sphère de l'esprit objectif comme lieu de son ancrage temporel. Mais, tout aussi bien, faut-il affirmer l'irréductibilité de la vérité spéculative à cette seule manifestation éthique. C'est en se découvrant en quelque sorte débordée par les heurts d'un mouvement qui la transporte vers un advenir non clôturé que la subjectivité s'éprouve comme l'unique lieu possible d'une rencontre de l'absolu avec lui-même. Il va s'en dire que cette rencontre ne signifie pas la promotion d'une subjectivité retirée en elle-même et s'extrayant de la dialectique historique. C'est tout au contraire en s'exposant pleinement à son destin historique que la subjectivité concevante parvient à saisir celui-ci non comme l'implacable nécessité dont elle aurait à subir la violence mais comme la manifestation universelle d'un sens accouchant de sa propre actualité et auquel doit s'adjoindre le savoir qui lui donne site. Ici la religion s'accomplit effectivement comme pensée de l'esprit, au double sens du génitif objectif et subjectif, et s'arrache aux représentations qui l'attachent encore à une tradition héritée de son inscription communautaire.

Une question néanmoins demeure qu'il nous est simplement ici permis d'esquisser sans tenter d'y apporter de réponse : l'accomplissement du savoir absolu pourrait-il prendre pied au sein d'une communauté de subjectivités partageant ensemble le sens du sacrifice auquel l'absolu se voue perpétuellement dans l'engendrement de lui-même ? L'accomplissement de la religion en la philosophie n'est-il pas nécessité par l'inaptitude de la communauté cultuelle à se porter à l'advenir d'un sens autrement que dans la forme inadéquate de la réception passive, engendrée et véhiculée dans les formes qu'appelle l'identification de ses membres au travers d'un contenu partagé ? Le philosophe n'est-il pas condamné à se faire, en sa seule subjectivité singulière, le lieu de recueil d'une manifestation de l'absolu dont aucune forme institutionnelle ne peut suffire à présentifier le sens ? En cette communion spéculative, la subjectivité pensante, en sa fragilité extrême, s'éprouve alors comme la cime d'où, pour un instant qui recèle en soi l'éternité de sa répétition différenciée, se réalise l'épiphanie de l'esprit jouissant de se savoir auprès de soi. L'esprit absolu se suppose et se présente par là comme le fondement des déterminations à partir duquel vient au jour son propre dynamisme universel, une théophanie tout simplement, l'apparaître de Dieu comme la manifestation toujours présente à soi de l'universelle production de l'esprit œuvrant à l'exposition de lui-même.

Que la totalité éthique d'un peuple déterminé soit impuissante à recueillir autrement qu'en une manifestation temporelle l'universelle présentification de l'esprit explique le propos de l'évangile de Jean : « Ma royauté n'est pas de ce monde » (Jn 18, 36). Mais c'est en même temps l'actualisation éternellement présente à soi de l'esprit qui justifie l'assertion contraire : « Le Règne de Dieu ne vient pas comme un fait observable. On ne dira pas : "Le voici" ou "Le voilà". En effet le Règne de Dieu est parmi vous » (Lc 17, 20). C'est pourquoi le savoir absolu n'abolit pas la manifestation en laquelle il se suppose mais s'accomplit tout au contraire en elle dans la proximité d'une pensée qui s'en arrache pour lui restituer le sens de son irréductible liberté.

La religion, toutefois, peut refuser à l'esprit le droit de s'accomplir en pensée. De ce point de vue, il est une critique religieuse qui refuse à bon droit la scission que la réflexion peut instaurer au sein de la continuité conceptuelle qui unit la représentation religieuse et la spéculation philosophique. L'attaque se porte alors contre une certaine philosophie, non spéculative, incapable de saisir la rationalité du contenu religieux et, partant, véritablement philosophique. Cette pensée d'entendement s'en tient à la contradiction des termes opposés, du fini et de l'infini, et s'élève par là tout aussi bien contre le contenu de la religion. La réflexion de l'*Aufklärung* illustre cette position négative qui mérite à bon droit le mépris de la religion dont le sens absolu se voit méconnu.

> *Cela n'empêche pas que l'esprit, même dans l'emploi de représentations sensibles et des catégories finies de la pensée, maintienne ferme à leur encontre son contenu, qui, en tant que religieux, est essentiellement spéculatif, qu'il leur fasse violence et soit* inconséquent *à leur égard. Par cette inconséquence, il corrige ce qu'elles ont de défectueux ; c'est pourquoi rien n'est plus facile à l'entendement que de voir des contradictions dans l'exposition de la foi, et de ménager ainsi*

*des triomphes à son principe, l'*identité formelle. *Si l'esprit s'abandonne à cette réflexion finie qui s'est appelée raison et philosophie (rationalisme), il rend fini le contenu religieux, et, en réalité, l'anéantit. C'est, alors, le plus droit de la religion, de se défendre contre une telle raison et philosophie, et se déclarer son ennemie*[1].

Mais il advient aussi que la religion, ou plutôt une certaine crispation dogmatique de la religion, se tourne contre la philosophie dans l'effort par lequel cette dernière cherche à élever le contenu du sentiment religieux à la dignité de la subjectivité de l'esprit absolu. C'est à partir de sa propre différence formelle que la religion se dresse alors contre le philosopher spéculatif. Plutôt que de reconnaître en celui-ci l'exposé d'un même contenu de pensée dans une forme qui en libère le sens universel, cette posture dogmatique érige en absolu la modalité représentative dont se nourrit une subjectivité pourtant appelée à se dépasser vers le *Soi* universel en laquelle elle se découvre posée et non posante. Par cet entêtement à déterminer *par* et *pour soi* le vrai, au lieu de se concevoir elle-même à partir de l'autoproduction de l'absolu, la religion signale son « manque de discernement » et sa limite.

Une telle opposition repose sur le manque de discernement quant à la nature de la différence indiquée et de la valeur des formes spirituelles en général, et en particulier, des formes de pensée, ainsi que, de la façon la plus déterminée, sur le manque de discernement quant à la différence qui existe entre ces formes-là et le contenu, lequel peut être le même dans les deux.

L'accusation la plus grave qu'essuie la philosophie spéculative de la part d'une piété nourrie elle-même aux sources de la réflexion d'entendement se résume sous le terme de panthéisme. Selon la compréhension qu'une telle piété prétend atteindre de la philosophie, cette dernière devrait se voir condamnée pour asserter que « Dieu serait tout et que tout serait Dieu[2] ».

---

1 *Ibid.*, § 572 Rem., p. 361.
2 *Ibid.*, p. 363.

En particulier, la piété qui, en ses grands airs pieux, se croie, pour le reste, dispensée de prouver, s'abandonne — en accord avec la vide philosophie d'entendement, à laquelle elle veut être tellement opposée, bien que, en réalité, elle repose entièrement sur cette culture — à l'assurance, comme s'il s'agissait seulement, en quelque sorte, de mentionner une Chose bien connue, que la philosophie est la doctrine du tout-un ou le panthéisme[1].

Dans la mesure où la philosophie spéculative atteint le savoir de Dieu comme universel concret contenant au-dedans de soi la différence particulière, cette mauvaise réflexion d'entendement croit discerner ici une identité simple du monde et de Dieu. Ce qu'achoppe alors à comprendre l'entendement réfléchissant, bien près à ce point de sombrer dans le fanatisme d'une subjectivité s'érigeant en critère du vrai, c'est le statut même de l'identité concrète de l'essence et de son phénomène, identité qui consiste dans le rapport infini de l'infini et du fini. Cette identité, pour ne pas succomber à l'abstraction la plus vide, doit au contraire contenir la différence et la négation de soi comme son moment le plus intime. L'identité spéculative n'efface pas la différence du fini et de l'infini mais la présuppose bien plutôt comme la condition de son accomplissement. L'unité du fini et de l'infini est celle d'une unité différenciée, de cette unité qui se développant à partir de sa différence constitue la tragédie de l'absolu.

*Mais ils se montrent en avoir si peu la notion et en être, plus encore, si peu en peine que, bien plutôt, dès qu'ils entendent parler d'*unité *— et la* relation *contient d'emblée de l'*unité *—, ils s'en tiennent à l'*unité *totalement abstraite,* indéterminée, *et font abstraction de ce en quoi seul se dépose tout ce qui a de l'intérêt, à savoir du mode selon lequel est déterminée l'unité. Ainsi, ils ne savent rien énoncer sur la philosophie, sinon que la sèche identité est son principe et son résultat, et qu'elle est le système de l'identité. S'en tenant à cette pensée sans concept de l'identité, ils n'ont absolument rien saisi précisément de l'unité concrète, du concept et du contenu de la philosophie, mais c'est bien plutôt le contraire de celui-ci qu'ils ont saisi*[2].

1 *Ibid.*, § 573 Rem., p. 362.
2 *Ibid.*, p. 371.

L'absolu n'est donc pas à situer dans un au-delà du monde mais plutôt dans un déjà-là pensé en sa vérité comme la contemplation que l'esprit s'offre de lui-même à partir de sa propre division interne. La religion chrétienne donne, par sa doctrine, la représentation de cette auto-manifestation dans la processualité trinitaire et propose à la subjectivité de se découvrir pratiquement comme moment de ce processus dans la communauté du culte. Mais plus largement, dans la communication à l'altérité qu'elle élève à la proximité de sa propre essence, cette communauté s'étend à la totalité éthique de l'État et, au-delà encore, à la communauté historico-mondiale des peuples.

Des fins dernières

La substitution d'une phénoménologie religieuse à la métaphysique traditionnelle, ou l'histoire de la religion comme exposition du concept de Dieu, peut finalement conduire à parler d'une onto-théologie politique hégélienne où le règne de la liberté effective, autrement dit le déploiement de l'Esprit, prend le relais de l'*eschaton* traditionnel. Sans considérer la philosophie de l'histoire hégélienne comme la sécularisation pure et simple du concept de providence, comme y invite Karl Löwith, sans non plus faire retentir la *Trompette de l'Apocalypse* qu'ironiquement Bruno Bauer laissait éclater contre *Hegel l'athée et l'antéchrist*, il semble avant tout nécessaire de souligner ici la subversion des concepts théologico-politiques traditionnels que Hegel arrache aux conditions du discours de *fondation* pour tenter de penser l'*institution* d'une réalité en son actualité vivante. En cherchant le Royaume de Dieu dans la présence de l'effectivité manifeste, Hegel semble finalement offrir une lecture pneumatologique de l'histoire séculière davantage qu'une sécularisation des concepts chrétiens.

L'onto-théologie politique de Hegel

Le concept de la religion véritable vient à la représentation dans la relation unitrine du Père, du Fils et de l'Esprit-Saint que le christianisme met au jour. Ce rapport médiatisé de l'universel se faisant autre et recueillant au-dedans de soi le moment de la particularité par laquelle il devient pour soi constitue la tragédie de l'absolu, d'un absolu appelé à se séparer de soi-même pour mieux se conquérir, une tragédie qui sombre dans la comédie si n'y résonne que la plate affirmation de l'identité d'entendement.

La compréhension de Dieu atteinte dans la religion chrétienne est celle d'un Dieu qui ne retient pas son essence à distance d'un monde dont la phénoménalité s'échouerait dans l'inépaisseur d'une apparence inessentielle. Le Dieu chrétien accorde au fini le moment de la subsistance par soi, moment qui pour être compris en sa vérité doit se voir inscrit dans le mouvement infini de ce jeu de l'amour avec lui-même. Ce Dieu qui libère la création et offre à la nature de s'étendre en l'extension d'un monde est un Dieu libre, un Dieu qui n'est pas jaloux et dont la bonté et la sagesse consistent justement à laisser s'affirmer la manifestation de soi dans son autre. Mais ce Dieu n'est pas seulement le démiurge créateur, délivrant le monde en un acte originaire. Il est un Dieu qui se donne dans l'esprit le témoignage de lui-même, un Dieu qui s'abaisse lui-même au paraître fini, un Dieu se faisant homme et se livrant à la déchéance la plus ignominieuse pour témoigner de ce que le fini a le sens d'un passage infini. Dans ce mouvement s'expose la processualité même du vrai comme unité différenciée contenant la négation en son sein. Ce vrai, procédant au travers de sa négation, est tout aussi bien liberté comme *être-auprès-de-soi* dans l'autre, mouvement d'une subjectivité s'arrachant à son être en soi et advenant pour soi. C'est cette vérité qui non seulement s'articule dans la doctrine chrétienne mais se manifeste concrètement dans le culte que la communauté produit en son sein. Dans le culte, la subjectivité particulière s'arrache à elle-même pour se découvrir dans un objet qui l'élève au sentiment d'un *Soi* universel, *Soi* qui pose tout aussi bien la particularité subjective comme terrain de son être-là. Par conséquent, dans la célébration cultuelle, la subjectivité se découvre en sa liberté. De la sorte, le christianisme fait de la subjectivité individuelle un moment de la manifestation de l'absolu, la reconnaît et lui accorde le sentiment de sa réconciliation avec l'universelle substance. Mais le sentiment, justement du fait de sa particularité, possède un statut ambigu et problématique. En tant que forme pour tout contenu possible, le sentiment peut aussi bien se présenter comme lieu de l'accomplissement du vrai que comme source de l'entêtement de la subjectivité en sa naturalité immédiate.

En son immédiateté le sentiment est impulsion et ne se prête pas d'emblée à une détermination rationnelle et universelle. Le sentiment doit par conséquent être éduqué, éducation supposant la culture théorique et pratique qui lui octroie la possibilité de faire de l'universel sa propre détermination. C'est dans l'État, comme vouloir objectivé dans les institutions universelles du droit, que la subjectivité peut seule s'arracher à sa naturalité immédiate. La religion, pour cette raison, ne semble pas pouvoir exister en dehors de la communauté éthique à l'extérieur de laquelle la subjectivité se livrerait au déchaînement d'une particularité instinctive et quasi animale. Dans l'État, au contraire, le vouloir subjectif se voit médiatisé au sein de formes et de structures substantielles et universelles. Mais que la volonté particulière parvienne à se reconnaître comme libre dans l'obligation légale peut sembler paradoxal. C'est pourtant l'accord de la disposition d'esprit subjective et de l'organisme objectif de l'État qui produit, en tant que totalité éthique, l'effectivité même de la liberté comme unité de l'intérieur et de l'extérieur. Cette effectivité est la manifestation du vouloir libre en et pour soi et apparaît donc bien comme présence actuelle du divin sur la terre. Par conséquent, la religion, en tant qu'elle reconnaît l'effectif comme la manifestation même de Dieu accorde à cette universalité concrète de l'éthicité sa sanction absolue et dispose la subjectivité à la reconnaissance de son être-auprès-de-soi dans la totalité objective qui lui ménage l'espace de son être libre. Ainsi, la religion chrétienne, en libérant la subjectivité particulière comme moment essentiel de la substance éthique universelle, produit le sacrement de l'effectivité.

Toutefois, la réconciliation que l'esprit peut trouver dans l'effectivité éthique n'est pas la réconciliation véritablement absolue dans la mesure où l'universalité intérieure de l'État se voit opposée, sur le terrain de l'histoire mondiale, à sa particularité extérieure. C'est donc en s'élevant à la hauteur de l'esprit du monde que la subjectivité doit atteindre sa réconciliation. La nécessité que la religion appréhende dans la représentation d'une providence universelle menant les affaires du monde se découvre, pour la conception philosophique, comme la liberté même d'une totalité infinie accouchant de son sens, d'un sens dont le contenu n'est que cette liberté. En se portant au savoir de l'absolu comme engendrement perpétuel de sa propre présence, la philosophie atteint le savoir d'elle-même comme de la cime où l'absolu se place pour se contempler et jouir éternellement de Soi.

En sa dimension d'institution pratique, la religion contribue finalement au déploiement d'une effectivité qu'elle présuppose lorsque, dans sa dimension spéculative, elle expose, sous la forme de moments différenciés, le mouvement par lequel l'esprit se nourrit du sens qu'il engendre à chaque étape de son devenir. Ainsi l'office éthique de la religion est nécessaire à l'accomplissement de la vérité spéculative. Mais c'est de cette dernière qu'émerge le savoir véritable de la manifestation à laquelle la religion se rapporte encore sur un mode extérieur et que seule la philosophie parvient à recueillir en son dire infini. Il semble donc évident qu'en dehors de la religion la philosophie ne saurait s'accomplir. Mais sans la philosophie qui en recueille le sens absolu, la religion demeurerait impuissante à reconnaître sa participation à la communication des personnes divines, à cette périchorèse, cette *danse autour de soi*, dont l'Esprit se fait l'acteur. C'est en inscrivant la problématique théologico-politique dans l'économie d'une autorévélation pneumatologique que la philosophie hégélienne trouve ainsi à articuler l'histoire des rapports de l'Église et de l'État dans les termes d'une onto-théologie politique.

Peut-on néanmoins considérer à ce point que la philosophie hégélienne se maintienne en accord avec la doctrine théologique chrétienne ? La possibilité pour l'absolu de se réaliser à même l'effectivité historique ne conduit-elle pas à ignorer l'extériorité nécessaire de la transcendance à l'égard de l'effectivité temporelle ? Professant la réconciliation de la manifestation et du manifesté, Hegel semble évacuer l'annonce eschatologique de l'advenir du règne de Dieu qui, « jusqu'à ce que les temps des nations soient accomplis » (Lc 21, 24), réclame de veiller dans l'attente d'un Temps qui sera « la fin de toutes choses » (Mc 13, 4). Pour le formuler simplement, lorsqu'il déclare réalisée, dans l'Idée philosophie, l'éternelle jouissance de soi de l'esprit absolu, Hegel est-il encore chrétien ?

La trompette de l'Apocalypse

Dans une position polémique et ironique extrême, Bruno Bauer, cherchant à faire valoir la critique des jeunes hégéliens à l'égard des tenants d'une interprétation théologique de la philosophie hégélienne, publie un pamphlet qui se donne pour but de démasquer l'athéisme de Hegel. Derrière l'attaque apparente, c'est bien sa propre interprétation que Bauer entend faire partager, tout en prétextant, sous couvert de l'anonymat, exhiber l'anti-christianisme latent de la pensée du maître. Il s'agit de recueillir de la sorte les fruits d'une interprétation athée de l'hégélianisme, au profit de l'aile gauche de ses héritiers, Bruno Bauer en tête, ce dernier n'hésitant d'ailleurs pas à se prendre lui-même pour cible en tant que pur produit de l'athéisme qu'il entend prêter à Hegel.

Dans cet écrit d'une vigueur mordante — et dont le titre même, *La Trompette de l'Apocalypse, Contre Hegel l'athée et l'antéchrist*, annonce l'outrancière démesure —, Hegel se voit présenté comme le contempteur ultime de la promesse eschatologique. Le point central de l'accusation tient en un mot : l'« athéisme » de Hegel, athéisme masqué mais qui se laisse percer au jour dans « la violence entière du principe [...] contre l'Église et l'État[1] ». La philosophie de Hegel reposerait sur ce principe unique : l'« Un seul est vrai ». Hegel abolirait, par conséquent, toute dimension d'altérité par laquelle le monde et Dieu se voient distingués. C'est là la position des jeunes hégéliens à laquelle Bauer entend justement ramener la philosophie hégélienne. « Les jeunes hégéliens sont les vrais hégéliens, les seuls authentiques[2]. »

Le souci de Hegel pour l'effectivité, c'est-à-dire pour la réconciliation concrète de la sphère objective, le rendrait en effet coupable d'une assimilation de « l'État au Céleste Royaume[3] » qui s'oppose, selon Bauer, à la foi comme visée de l'ineffectif.

Contre ceux qui, même dans leur opposition à Hegel, « ne représentent jamais sous ses vives couleurs la Sainte Élévation de l'Église au-dessus de l'État », Bauer convoque saint Augustin comme remède à « la mollesse moderne[4] » et fait jouer l'opposition classique de l'existence soumise aux principes de la chair et celle habitée par l'esprit. Bauer cite alors la *Cité de Dieu* comme caution à la thèse suivant laquelle « l'État mondain n'est pas éternel, mais au contraire il sera jugé dans le futur. » Pour asseoir sa critique, Bauer démasque d'emblée le point fondamental sur lequel reposerait l'athéisme de Hegel. La conception hégélienne serait surtout responsable de ramener la religion à un « rapport intérieur de la

1 B. Bauer, *Contre Hegel, l'Athée et l'Antéchrist*, Aubier-Montaigne, Paris, 1972, p. 33.
2 *Ibid.* p. 39.
3 *Ibid.* p. 56.
4 *Ibid.*, p. 59.

conscience de soi à soi-même[1] » objectivé dans la représentation. Bauer feint d'ignorer ici la distinction fondamentale entre l'esprit et le moi simplement empirique. La faute insupportable de Hegel serait, dans son opposition à Schleiermacher, de maintenir la finité subjective comme un moment de la substance universelle. En s'écartant du point de vue du savoir immédiat, Hegel tombe alors dans l'abîme du panthéisme.

> *Dans la religion, toute la richesse du monde et du monde spirituel s'est rassemblée dans sa substance unique et c'est cette substance qui, dans l'esprit fini, s'élève au savoir, à la conscience de soi-même et se sait comme essence, de même que tout déterminé se sait encore comme moment d'elle-même*[2].

Toutefois, la ruse du philosophe se révèle dans le tour dialectique par lequel l'universel se voit « enclore dans la conscience de soi » et se révèle « la proie du Moi[3] ». La position de l'universalité substantielle servirait seulement à ce que « le Moi immole sa finitude et sa limitation » pour se réveiller « conscience de soi infinie[4] ». La mort de Dieu signale de la sorte le triomphe d'un Moi qui seul « vit, crée, agit et est le tout[5] ». Et dans la mesure où les philosophes sont à proprement parler les seuls « bâtisseurs de ce temple où la conscience de soi célèbre son culte[6] », Hegel érigerait la philosophie au rang de « destin de l'humanité » qui « mine perfidement les *fondements* de la vie effective, de l'État, de la communauté religieuse ». Dans la critique qu'il adresse à l'actualité de son temps, la philosophie est, en tant que *théorie*, une *praxis* révolutionnaire qui « doit attaquer et ébranler, sans plus délibérer, les conditions existantes quand elles contredisent à la conscience de soi[7] ». Ce fond révolutionnaire s'exprimerait au plus haut point dans l'admiration de Hegel pour les *Lumières* françaises qu'il félicite d'avoir su porter « la force du concept contre l'existence, contre la foi,

---

1 *Ibid.*, p. 74.
2 *Ibid.*, p. 84.
3 *Ibid.*, p. 88.
4 *Ibid.*, p. 90.
5 *Ibid.*, p. 100.
6 *Ibid.*, p. 102.
7 *Ibid.*, p. 105.

contre toute puissance de l'autorité des siècles passés[1] ». Il n'est donc pas étonnant de surprendre Hegel tenir l'athéisme comme « la délivrance de l'humanité jusqu'alors retenue prisonnière[2] ».

Si donc Hegel s'oppose si vigoureusement à la théologie du sentiment, c'est en raison de l'asile que le cœur offre à la religion « quand les philosophes rêveraient de l'avoir chassée du monde[3] ». La haine du philosophe pour la religion n'aurait dès lors pour autre explication que la célébration de l'État comme la seule « vraie réalité raisonnable[4] ». Il y aurait chez Hegel une sorte d'eschatologie athée : « le Royaume de Dieu s'étend sur tout ce qui jusqu'alors cherchait à voler de ses propres ailes dans un sens athée. » Il serait aisé de faire remarquer alors que la critique de la religion chez Hegel renvoie à la corruption de l'essence du christianisme incarnée par l'Église catholique. Mais Bauer refuse de voir dans l'objet de cette critique une différence réelle. L'Église à laquelle Hegel s'oppose serait précisément l'Église protestante. Dans la prévalence qu'elle accorde au sentiment, la religion doit refluer devant le seul garant des droits de la raison qu'est l'État séculier.

Finalement, l'envoûtement de la philosophie hégélienne et son emprise sur les esprits tiendraient à ce maître mot de *réconciliation*. Cette réconciliation promise de la raison et de la religion consiste dans son aboutissement athée : « La réconciliation de la raison avec la religion, c'est selon Hegel que l'on pénètre qu'il n'est point de Dieu et que le Moi, dans la religion, n'a jamais affaire qu'à lui-même[5]. » La réconciliation promise par l'esprit aurait pour condition et conséquence « l'anéantissement de la religion ». C'est en s'affranchissant de « la servitude du principe transcendant qui était le sien » que la réconciliation s'achève en un monde éthique.

Que vaut cette accusation d'athéisme à l'encontre de la philosophie hégélienne ? Faut-il y voir autre chose qu'une tentative rusée de réappropriation d'une certaine possibilité laissée ouverte par une compréhension partielle et partiale de la philosophie de l'esprit ? Certes, Hegel célèbre l'État comme le divin

1 *Ibid.*, p. 110.
2 *Ibid.*, p. 119.
3 *Ibid.*, p. 122.
4 *Ibid.*, p. 139.
5 *Ibid.*, p. 166.

sur la terre. Est-ce à dire que l'absolu n'ait pour demeure que la cité temporelle ? Tout le problème du sens ultime à donner au christianisme du Hegel tient dans la compréhension que l'on peut atteindre de sa philosophie de l'histoire, celle-ci se donnant comme le terrain où l'absolu vient à la rencontre de sa propre immanence développée. Or, comme il apparaît, l'histoire est le lieu d'une manifestation qui n'épuise son sens qu'en prolongeant toujours son advenir à soi. Si l'esprit philosophique atteint la réconciliation de la raison et de l'effectivité, cette célébration de l'absolu ne saurait valoir comme l'anéantissement pur et simple d'un devenir en quête perpétuel de son achèvement. Le savoir absolu accomplit le sens de l'histoire, sans l'achever, en tant qu'il produit la manifestation de la manifestation. Mais parce que le rapport de l'esprit à lui-même ne cesse d'engendrer le sens de sa propre actualité, le savoir de l'absolu suppose la reprise perpétuelle de la manifestation en laquelle son infinité se révèle.

La venue du Royaume

Si la manifestation de l'absolu, théologiquement comprise comme accomplissement pneumatologique de la révélation divine, doit s'achève dans la *parousie*, l'advenir glorieux du Christ ressuscité, peut-on discerner dans la philosophie hégélienne une doctrine de ces fins dernières, des *eschata*, que la tradition rangeait sous le chapitre *De novissimis* ?

Cette intervention de l'esprit de Dieu suppose l'intrusion d'une Présence radicalement nouvelle suspendant le cours de l'histoire humaine. En tant que telle, l'eschatologie ouvre sur une dimension d'espérance qui annonce la réalisation du non-encore-manifesté. Pour le théologien allemand Dietrich Bonhoeffer, ces réalités dernières donnent leur sens aux réalités avant-dernières qui en dépendent. « Elles sont tout ce qui suit les réalités dernières tout en les précédant. Elles ne sont pas la condition des choses dernières ; c'est l'inverse qui est vrai. » L'avant-dernier retient ici le sens de l'attente de la grâce salvatrice en vue de laquelle se déploie la foi. En même temps, la venue de la Parole dernière « n'est jamais l'aboutissement naturel ou nécessaire du chemin parcouru, mais bien plutôt sa condamnation et sa dévalorisation[1]. » Il faut donc voir dans cette advenir la condition négative d'où la réalité présente tire à la fois son existence et son défaut de vérité.

L'incarnation dans le Fils ne suffit pas, en elle-même, à sauver l'humanité de sa condition finie. « L'humanité de Dieu n'est pas simplement la confirmation du monde et de l'être humain tels qu'ils sont[2]. » L'humanité du Christ n'abolit pas purement et simplement la réalité humaine. « Il laisse subsister la réalité humaine comme réalité avant-dernière, sans la rendre autonome ni la détruire ». Aussi faut-il comprendre les réalités avant-dernières comme l'imminence en laquelle s'annonce et tout aussi bien se dérobe la réconciliation finale, « ce qui voile les réalités dernières ». C'est pourquoi la réalisation eschatologique ne peut s'anticiper dans l'aménagement de « certaines conditions désirables et opportunes », dans « un programme de réforme sociale ». Ce n'est donc pas sur le terrain proprement politique de la volonté se faisant objet de soi que la réconciliation dernière semble pouvoir s'atteindre.

L'*eschaton* fait rupture dans le présent en instituant la Présence dans sa pleine et entière manifestation. Pour autant, il appartient à l'homme des réalités avant-dernières de « préparer le chemin du Seigneur » (Mt 3, 3). Une propédeutique est nécessaire qui rende effective « la possibilité d'entendre cet appel et d'y répondre ». Ce qui revient à dire que l'esprit fini doit être en mesure de s'anticiper lui-même dans la réconciliation qui l'aborde par la voie de son autre infini. Il y a donc bien un droit de l'être-là présent à se déployer comme lieu d'un advenir qui doit l'engloutir. « Ce que nous serons n'a pas encore été manifesté » (1Jn 3, 2) et demeure donc dans l'attente de son accomplissement. Or, c'est dans l'écart entre la promesse de la venue et le retard de la parousie que s'ouvre le temps de la corruption qui conduit la communauté des premiers frères à l'inflation temporelle de l'Église. De ce point de vue, la sécularisation véritable n'appartient pas tant aux temps modernes qu'à l'Église qui, se détournant de l'attente, s'échoue dans le siècle qu'elle contribue alors à libérer comme le terrain où se justifie sa puissance. Contre cette perte dans le temps, un certain messianisme se tourne vers l'attente chiliastique qui doit abolir la réalité présente.

---

1 D. Bonhoeffer, *Éthique*, Labor et Fides, Genève, 1965, p. 95.

2 *Ibid.*, p. 102.

Pourtant le sens de la révélation pascale tient dans une redéfinition de la temporalité où le Royaume de Dieu est à la fois projeté dans l'avenir et déjà réalisé. Cette apparente contradiction se résout dans la seigneurie attachée à la personne du Christ. En lui, le jugement est déjà venu, « celui qui ne croit pas est déjà jugé » (Jn 11, 25-26). Mais c'est par la réception de l'Esprit, au travers de laquelle la communauté chrétienne se voit instituée, que s'accomplit la promesse du retour salvateur. La manifestation s'est accomplie et devient à présent transmission, tradition au sens propre du terme. « Il est apparu pendant plusieurs jours à ceux qui étaient montés avec lui de la Galilée à Jérusalem, et qui sont maintenant ses témoins auprès du peuple » (Ac 13, 31).

Les *Lumières* ont substitué à l'idée de rupture radicale et de jugement dernier, le principe d'un progrès indéfini dont l'*eschaton* symbolise une réalisation toujours repoussée. Kant notamment, dans un petit opuscule traitant de *La Fin de toutes choses*, saisit, derrière l'attente eschatologique, l'idée d'un accomplissement moral définitif. « On doit considérer la représentation de ces choses dernières qui doivent survenir *après* le dernier jour comme un simple moyen de le rendre sensible lui (le suprasensible) et ses suites morales[1]. » La représentation d'une continuité entre le monde sensible et le monde intelligible « rangés sur une seule et même ligne temporelle » est contradictoire et outrepasse les limites de la raison théorique. Néanmoins, au travers de la représentation d'un accomplissement du temps, la réflexion s'achemine vers l'idée d'une progressive transformation de ses conditions d'existence humaine dont devrait découler un nouvel état du monde, état qui ne tranche justement pas par son irruption radicale, mais par l'écart qu'il suppose à l'égard de son état présent.

Mais c'est oublier que dans la foi s'affirme déjà la réconciliation attendue. Cette espérance est tout aussi bien une certitude, certitude de la Présence accomplie qui ne se révèle dès lors pas simplement dans l'après coup. « La foi est une manière de posséder déjà ce que l'on espère, un moyen de connaître des réalités que l'on ne voit pas » (He 11, 1). La distinction ne consiste donc pas en une séparation temporelle entre un présent appelé à disparaître et un avenir actualisant les possibilités dont la promesse de salut est porteuse, mais en une

1 E. Kant, *La Fin de toutes choses*, Flammarion, Paris, 1992, p. 109.

coexistence contradictoire de ceux qui ignorent la réalisation de cette promesse et ceux qui trouvent dans l'Esprit le consolateur (*paraklètos*) qui nous fait « ressouvenir de tout ce que je (le Christ) vous ai dit », autrement dit qui restitue au présent sa dimension d'accomplissement. « Le prince de ce monde a été jugé » (Jn 16, 11), déjà, et en ce sens pour toujours. Les « prémices de l'Esprit » sont d'ores et déjà offertes et reçues (2Co 5, 5 ; Rm 8, 23). Si donc il y a plénitude de la promesse, celle-ci est celle toujours déjà réalisation de l'amour divin par lequel l'esprit témoigne à l'esprit de sa présence manifestée. La souffrance et le besoin de réconciliation dont pâtit la subjectivité doivent par conséquent être interprétés comme l'appel adressé au monde qui ne se sait pas ainsi sauvé, réconcilié avec l'esprit dont il accueille la Présence. C'est dans la répétition du culte que s'accomplit l'appel à la libération d'un advenir déjà manifesté.

L'espérance en l'advenir d'un tel déjà manifesté trouve-t-elle dès lors à s'expliciter dans les termes de la philosophie ? Peut-on déceler chez Hegel l'imminence d'une fin des temps historiques ?

Contre une lecture superficielle qui tend à confondre, chez Hegel, la réalisation du savoir absolu avec la fin de l'être historique dont l'esprit tire pourtant sa justification, il semble difficile de discerner dans les philosophèmes hégéliens un concept approchant celui de l'*eschaton*. Si fin de l'histoire il y a, celle-ci nous semble moins consister en une annulation de la trame historique qu'en une mise en cause de la signifiance événementielle des actions historico-mondaines. Cette mise en cause suppose un dépassement de la perspective dont l'esprit objectif est tributaire lorsque déployant les modalités effectives de la réalisation de l'esprit, ce dernier oublie de se saisir lui-même comme sujet de son devenir. En s'élevant au savoir de soi comme terrain de sa propre production, l'esprit s'arrache à la perte dans le temps qui constitue en même temps la condition de son déploiement. À ce point, l'histoire n'en demeure pas moins productrice de sens, mais d'un sens qui se sait comme tel, comme manifestation orientée en direction d'elle-même, comme advenir *épiphanique*.

En reconnaissant l'impuissance de la réalité politico-éthique à réaliser, dans sa finitude, la promesse d'une réconciliation absolue, Hegel semble bien penser la réalisation de l'histoire en dehors d'elle, dans l'esprit philosophique élevé au savoir de sa propre actualité. Mais ce n'est qu'en conservant à l'esprit objectif la possibilité de manifester l'essence infinie qui vient à y apparaître qu'advient pour l'esprit le sens de son propre dévoilement. La parousie, la Présence de Dieu au milieu des hommes, est toujours déjà advenue au regard du philosophe qui sait la *théophanie* comme actualité concrète. Pour le sentiment et pour la représentation religieuse dont le besoin d'un objet ultime ouvre l'espace d'une médiation non comprise comme telle, la distance eschatologique, le retard pris à la révélation dernière, n'est quant à lui que l'effet du déploiement où le *logos* infini du Concept trouve à se loger.

CONCLUSION

PROTESTANTISME ET MODERNITÉ

Au moment de conclure cette introduction aux enjeux du problème théologico-politique tels que la philosophie hégélienne permet d'en déchiffrer le sens, la lecture des trois derniers paragraphes des *Principes de la philosophie du droit* semble s'imposer puisque avec eux se trouve récapitulé le développement qu'accomplit l'esprit objectif dans son procès de réconciliation. Hegel y rappelle que c'est dans le monde germanique, c'est-à-dire dans la sphère d'influence du christianisme post-constantinien, que s'amorce cette réconciliation dont les temps modernes annoncent, selon lui, la réalisation. Dans le principe germanique se voit assumé « le principe de l'unité de la nature divine et humaine[1] » comme réconciliation de la « vérité objective » et de la « liberté subjective », de la substance universelle et du sujet particulier. Ce n'est toutefois qu'en sa seule dimension intérieure, c'est-à-dire abstraite, que se fait jour la « résolution de toute opposition ». La réalité éthique est appelée à se révéler comme lieu véritable de cette résolution mais, en son immédiateté première, ce « règne *mondain* » conjoint « l'association coopérative d'hommes libres » et la « barbarie des mœurs[2] ». Face à ce monde « issu du cœur » s'élève le « règne intellectuel » dont la vérité non pensée s'établit, au travers de la représentation, comme dépôt d'un pouvoir spirituel qui exerce à l'égard du « cœur effectif » une « violence épouvantable »

1 *Principes de la philosophie du droit, op. cit.*, p. § 358, p. 442.
2 *Ibid.*, § 359, p. 442.

car contredisant la liberté dont l'esprit se veut le porteur. De cette opposition naît « le dur combat de ces règnes » temporel et spirituel maintenus dans leur différence absolue mais prétendant néanmoins à une unité idéale.

L'occident médiéval vit tout entier de cette contradiction dont l'opposition va néanmoins se résorber, « jusqu'à être une figure inconsistante » nous dit Hegel, mais avec cette conséquence que le pouvoir spirituel y perd le sens même de son autorité sur l'effectivité temporelle. C'est dans l'*État* comme « image et effectivité de la raison » que « la véritable réconciliation est devenue objective[1] ». Ce n'est plus en tant que puissance politique concurrençant le règne mondain que la religion assoit sa fonction mais comme « sentiment et représentation de cette vérité sienne en tant qu'essentialité idéale ». Autrement dit, la religion cesse de prétendre à la fondation de l'ordre politique pour s'accomplir comme garante de l'institution effective en laquelle elle découvre la condition du savoir qu'elle atteint de la volonté infinie de Dieu. Avec la philosophie qui élève ce savoir à son élément propre, celui de la pensée s'accomplissant en tant que pensée, l'esprit du monde moderne, réconcilié en son objectivité, atteint alors la jouissance de soi comme « connaissance libre ».

La fonction politique de la religion chrétienne conforme à son concept se limite ainsi à offrir à l'effectivité éthique de se chercher et de se savoir en tant que manifestation infinie du vouloir divin, ou en termes hégéliens, en tant que raison. Le règne théologico-politique de l'Église supposait la contradiction de la terre et du ciel à laquelle la modernité offre de se résoudre dans le reflux des prétentions catholiques à l'exercice d'un droit temporel par le magistère spirituel. En ce sens, la leçon que la modernité reçoit de la réforme luthérienne semble claire : la religion ne fonde pas l'État mais participe de l'institution autonome du monde social historique. C'est en acceptant de s'inscrire, à titre de détermination morale intérieure, comme moment d'une totalité spirituelle dont elle accueille et sanctifie l'actualité vivante que la religion accomplit sa fonction véritable, qui n'est autre que participer à la réconciliation de la subjectivité libre et de l'objectivité substantielle. En ce sens, le règne médiéval de l'Église catholique, et son incapacité constitutive à célébrer, dans l'effectivité des rapports éthiques, le sacre de la subjectivité libre pour soi, constitue la seule véritable

1 *Ibid.*, § 360, p. 443.

sécularisation d'un principe spirituel qui, de la sorte, perd la dignité qui lui revient de manifester l'essence du vouloir infini. En conquérant son propre droit à l'effectivité, la configuration éthico-politique moderne, dont l'État concentre la conscience de soi comme volonté libre *en* et *pour soi*, ne constitue pas une simple sécularisation du principe chrétien mais réalise l'accomplissement concret de sa promesse libératrice.

La religion — selon le parcours encyclopédique présenté par Hegel et qui doit épouser le déploiement de l'esprit — conduit au savoir de l'absolu comme médiation de la totalité signifiante à elle-même. L'esprit est le savoir de soi du sens qu'il expose en s'y comprenant. La religion, toutefois, n'est pas seulement conscience représentative de cette dynamique pneumatologique mais participe dans sa dimension normative et morale de son déploiement, dans la mesure où elle accorde à l'effectivité de se produire comme terrain de la production objective de l'esprit. La religion accomplie, c'est-à-dire le christianisme, est la condition d'un accord entre la disposition d'esprit intérieure et la constitution objective extérieure dont la médiation différenciée repose sur la reconnaissance de la subjectivité libre. C'est par la religion, et plus précisément par la religion chrétienne, que le principe de la libre subjectivité, sur lequel repose la possibilité de la phénoménalité divine et donc l'advenir à soi de l'esprit absolu, se produit. Le problème théologico-politique va alors naître du blocage historique induit par la confusion catholique des ordres spirituels et temporels. Dans son abstraction, le principe catholique qui interdit l'émergence de la liberté intérieure du sujet empêche tout aussi bien le déploiement d'une communauté éthique rationnelle en laquelle la subjectivité pourrait s'éprouver comme *Soi* universel. La possibilité pour l'esprit de se trouver dans la manifestation présente est projetée dans une attente eschatologique incertaine qui témoigne de l'impuissance de l'esprit médiéval à se penser dans son actualité effective. La solution du problème théologico-politique est née de la réforme intérieure du christianisme qui en libère les potentialités émancipatrices. La résolution de la tension entre pouvoir religieux et pouvoir civile consiste dans la reconnaissance et le sacrement de l'effectivité présente comme manifestation même du vouloir divin. La subjectivité a son droit dans la production d'une objectivité en laquelle elle trouve l'accord avec soi. En ce sens, la réforme luthérienne ouvre la possibilité pour la sphère éthique de se voir admise et garantie en son autonomie essentielle.

Plus précisément, et ultimement, c'est avec la société civile, lieu d'affirmation de l'Homme, que s'accomplit la promotion de la subjectivité particulière. Par cette dernière, et avec l'ouverture d'un lieu de satisfaction s'affirmant à même la mondanité concrète de l'esprit, la société civile se donne comme produit d'une subjectivité appelant sa communication nécessaire à la sphère universelle d'une législation rationnelle. Pour pouvoir s'accomplir comme savoir absolu, la religion doit donc renoncer aux prétentions qui sont les siennes de fonder par elle-même la structure politico-éthique et abandonner la transcendance qu'elle requérait à l'égard de l'ici-bas terrestre et de l'ordre politique. Participant de l'institution autonome de la société en affirmant les droits de la libre subjectivité, la religion chrétienne, passée par l'épreuve de sa réformation intérieure, peut dès lors offrir à la manifestation éthique de s'affirmer pour elle-même et crée ainsi les conditions de son appréhension spéculative.

Au problème théologico-politique posé par la distinction catholique des deux glaives, Luther a apporté une réponse définitive, celle d'une libération de la subjectivité intérieure appelée à la rencontre d'un monde en lequel s'épanche le vouloir infini de Dieu. Hegel, recueillant les fruits de la réforme, peut se dispenser de poser la question théologico-politique qui, au moment du délestage symbolique par lequel le monde social pense son institution autonome hors les cadres de la fondation transcendante de la puissance politique, conserve seulement le sens d'un problème historique.

Néanmoins, confrontés à la question du rôle joué par la réforme protestante dans l'avènement de la société moderne, il apparaît nécessaire d'interroger l'interprétation que donne Hegel de l'apport luthérien en réévaluant ce dernier à partir de la sociologie des religions qui lui reconnaît une portée beaucoup moins fondamentale que ne le laisse penser la lecture hégélienne. Sur ce point, l'analyse menée par Max Weber et Ernest Troeltsch du rapport entre protestantisme et modernité, bien que déjà ancienne, peut s'avérer éclairante.

Pour Troeltsch, la modernité se définit moins par certains traits positifs que par « la lutte constante qu'elle mène contre ces forces plus anciennes ». En cela, son diagnostic s'approche de la compréhension hégélienne. La culture médiévale, en effet, est une « *culture de l'autorité* » où l'Église joue le rôle d'une « institution rédemptrice ». La dévalorisation du monde terrestre a pour corrélat « *la nature profondément ascétique* » des structures existentielles qui trouvent à s'y déployer. À l'encontre du reniement des fins terrestres par lequel se légitime la domination d'une autocratie spirituelle, la spécificité de la culture moderne tiendrait à l'émergence « d'idéaux forgés de manière autonome » et exerçant leur influence de façon immanente. La conséquence de cette autonomie propre à la sphère d'extension de la culture protestante, particulièrement nette dans les nations anglo-saxonnes, consiste dans un « *individualisme* toujours croissant des convictions, opinions, théories et finalités pratiques[1] ». Cette valorisation de la subjectivité individuelle s'avère propre à libérer une « orientation scientifico-rationaliste » à l'égard de la nature dont la maîtrise technique constitue la destination finale. De ce déplacement de sens s'ensuit un retour des fins de l'existence vers l'ici-bas qui justifie une réévaluation de l'effectivité mondaine valant désormais en et pour elle-même comme réalité ultime. S'il n'est plus possible de séparer la vie simplement mondaine de la vie qui s'appuie sur la force divine, ni de délimiter l'une par rapport à l'autre, l'existence apparaît soit comme purement humaine, soit comme entièrement investie d'esprit divin, ce qui revient assez souvent au même.

Un autre caractère propre à l'épanouissement de la culture moderne tient à son optimiste et la confiance qu'elle accorde au progrès. Le développement de structures politiques nationales ainsi que l'émergence d'une vie économique supposant à la fois une gouvernance politique cohérente et l'expansion d'une bourgeoisie capitaliste cultivée attachée à l'idée d'égalité achèvent de dresser le tableau de la modernité. Celle-ci se voit tout entière résumée sous le titre d'un « individualisme plus profondément et plus puissamment enraciné jusque dans sa texture métaphysique intime[2] ».

Le fondement de cet individualisme n'est pas tant l'opposition humaniste aux anciens ordres médiévaux que « l'idée chrétienne que l'homme est voué à devenir une personnalité achevée grâce à son élan vers Dieu ». Toute la force d'innovation du protestantisme tient en ceci qu'il a rompu le lien qui unissait cette

---

1 E. Troeltsch, *Protestantisme et modernité*, Gallimard, Paris, 1992, p. 33.
2 *Ibid.*, p. 41.

conception à une « institution séculière hiérarchisée ». En ce sens, l'émergence du monde moderne semble directement tributaire de la réforme religieuse accomplie au sein même du christianisme. « La grande question est simplement de savoir en quoi consiste effectivement et dans le détail l'importance de ce rôle[1]. »

Il convient pour ce faire de distinguer avec la plus grande force ce que Troeltsch nomme « l'ancien protestantisme et sa forme moderne ». Le premier relève en effet des mêmes structures éthiques que son autre catholique, structures reposant sur une « autorité immédiate ». La Bible seule s'impose désormais comme substitut à l'autorité du pape et des évêques et, pour cette raison, entend soumettre l'humain au divin. Ce sont davantage, selon Troeltsch, dans les courants dissidents du baptisme et du piétisme que se découvrent l'origine d'un renoncement à la domination directe des âmes et une valorisation véritable de la subjectivité individuelle. Ce n'est qu'en accueillant en son sein les valeurs de ces sectes que le néo-protestantisme s'est éloigné de « l'idéal de la culture ecclésiale comme totalité[2] ». Ces mouvements, en apparence marginaux, tardivement issus de la réforme luthérienne et auxquels Hegel reconnaît un droit d'existence par la seule puissance intégrative de l'État rationnel, semblent bien plutôt détenir le sens de l'autonomie subjective où vient à puiser un libéralisme religieux contredisant l'enseignement doctrinal de la Confession d'Augsbourg qui condamnait les principes anabaptistes.

Troeltsch souligne, par ailleurs le contraste de la réforme luthérienne avec son pendant calvinien. En son extension mondiale, le calvinisme semble relever d'une influence avec laquelle le luthérianisme ne semble pas pouvoir rivaliser. « La question est de savoir », demande Troeltsch au sujet des nations protestantes s'étant acquis une position mondiale, « pourquoi c'est le calvinisme qui a conquis ces pays et ces peuples, et non le luthérianisme ». Selon Troeltsch, le calvinisme, contrairement au principe luthérien porté à une conception « absolutiste » de l'État, a su se révéler « en phase avec les évolutions politiques, économiques et sociales de la modernité[3] ». Il semble que le luthérianisme ait eu à souffrir de « son idéal biblique strictement religieux », en un mot de son abstraction, là où la « tendance éthico-religieuse » du calvinisme s'est accoutumée à « la situation

1 *Ibid.*, p. 44.
2 *Ibid.*, p. 49.
3 *Ibid.*, p. 10.

concrète des pays et des populations au sein desquels il se développait ». En bref, le calvinisme aurait su reconnaître l'effectivité éthique en sa dimension concrète. Certes, par la doctrine de la prédestination, Calvin a su maintenir la primauté de la grâce et de l'élection dans la foi grâce auxquelles la religion réformée se trouvait protégée « de toute immixtion d'une pensée ou d'une conception d'origine humaine et profane[1] ». Mais en radicalisant la souveraineté absolue de Dieu, Calvin libérait la religion de la question de la théodicée et du rôle joué par la doctrine dans le salut individuel. Avec la doctrine de la communication des idiomes, Luther, quant à lui, « faisaient dépendre l'accession au salut du comportement de la créature ». De ce point de vue, un reste catholique affecte encore la doctrine de Luther dans le soupçon qu'il amène d'une possible perte de la grâce par l'initiative subjective. Comme l'a montré Weber, l'approche calvinienne « produit un individualisme fondamental du type le plus intériorisé et le plus dur[2] » dont l'action dans le monde constitue la vraie preuve de la foi.

Un autre point signale, aux yeux de Troeltsch, l'originalité du calvinisme, celle d'une constitution ecclésiale ayant pour finalité la communauté agissante de ses membres « maintenus dans une stricte discipline chrétienne ». Ainsi l'idéal de la communauté chrétienne s'est-il mis à assumer en même temps les responsabilités politiques, sociales et économiques de la république. Animés par une mutuelle aspiration, l'Église et l'État cherchent à réaliser l'idéal biblique. Ainsi se développe une influence réciproque de l'éthique chrétienne et des idéaux sociopolitiques au sein desquels cette éthique trouve à s'inscrire.

À partir de ces précisions, Troeltsch invite à relativiser l'idée d'une influence directe et univoque du protestantisme sur le monde moderne. La complexité du phénomène implique par là même de souligner l'opposition du protestantisme à la culture moderne. La religion protestante apparaît, à ses débuts, dans la continuité d'une réflexion catholique sur l'« institution rédemptrice d'une Église directement inspirée par Dieu et détentrice de l'autorité[3] ». C'est la nécessité de se concilier les gouvernements temporels qui a contraint le protestantisme à renoncer aux prérogatives d'une institution supra-temporelle et à s'engager dans la fondation d'Églises nationales. La seule modification notable qu'introduit la

---

1 *Ibid.*, p. 12.
2 *Ibid.*, p. 14.
3 *Ibid.*, p. 57.

réforme dans l'institution ecclésiale tient à la substitution de la Bible à l'autorité hiérarchique du catholicisme. De ce point de vue, le protestantisme ignore le problème théologico-politique. Il ne voit dans l'Église et dans l'État que « deux fonctions différentes au sein d'un même corps social, inséparablement uni et identique, le *corpus christianum*[1] ». L'unité de structure de ces deux réalités apparaît d'autant plus prégnante que les deux pouvoirs, temporel et spirituel, se voient subordonnés à l'autorité de la Bible, à ce que Troeltsch désigne du terme de « *bibliocratie* ».

C'est à ce point néanmoins qu'intervient une différence notable entre luthérianisme et calvinisme. Si le premier se cantonne à une « influence purement intérieure et spirituelle de la parole divine », le second entend forger une constitution qui rend cette Église beaucoup plus indépendante de l'autorité séculière.

Quant à son rapport général à la mondanité, le protestantisme demeure tributaire d'une sotériologie qui le pousse à s'installer dans une « *ascèse* intra-mondaine », selon l'expression de Weber, une ascèse qui suppose le système de la Rédemption à partir de laquelle le sens de l'effectivité présente se voit retirée sa pleine justification. Les conséquences n'en sont pas moins différentes pour les deux églises luthériennes et réformées. Le luthérianisme supporte le monde au travers d'une idée du martyre qui rend sensible le témoignage de la croix. Le calvinisme, lui, entend maîtriser le monde *ad maiorem Dei gloriam*, par un travail sans relâche qui en libère les potentialités économiques versées à la communauté. Mais les deux se rapportent à une finalité transcendante, « l'un en souffrant, l'autre en agissant ».

Si la réforme a contribué à l'avènement de la modernité, c'est donc moins du fait de son propre contenu que par l'ébranlement de la « puissance de la culture ecclésiale » qu'elle a su provoquer. Mais dans la lutte des différentes églises qui promeut par un effet indirect les « libertins et les neutralistes » et annonce l'époque des Lumières, l'Église protestante elle-même se trouve menacée par les idées modernes.

Concernant les domaines éthiques fondamentaux et notamment le mariage, il semble que le protestantisme soit plus éloigné des revendications modernes que ce que semble l'indiquer un regard superficiel. Certes, l'éthique

1 *Ibid.*, p. 58.

protestante rompt avec l'idéal monastique et virginal et, en supprimant le caractère sacramentel du mariage, renvoie ce dernier au domaine des relations morales et personnes. Néanmoins, le mariage conserve le sens d'un remède à la « dénaturation pécheresse du désir[1] ». « L'individualisme moderne, le sentiment d'humanité et la liberté dans l'éducation, l'indépendance de la femme, tout cela fait défaut au protestantisme », luthérien ou calviniste. S'il faut rechercher une plus grande indépendance sociale et une liberté spirituelle, c'est du côté des anabaptistes qu'il faut encore une fois diriger notre attention.

Quant au droit pénal et civil, là encore le protestantisme prolongerait « l'ancienne justice barbare en la justifiant par l'idée du péché originel, ainsi que par la conception d'une autorité jouant le rôle de représentation du Dieu vengeur[2] ». Il semble en ce sens nécessaire de dissocier le courant du droit naturel, « première étape de la formation moderne du droit », de l'esprit du protestantisme, davantage attaché aux prescriptions de la loi naturelle identifiée au décalogue. C'est seulement dans le domaine ecclésial que le protestantisme jouit d'une originalité propre, bien que ce droit n'ait pas su résister aux assauts de l'*Aufklärung*. S'il en est venu à se transformer en direction de la liberté de culte, le protestantisme, calvinien et luthérien, semble avoir éprouvé les plus grandes difficultés à réconcilier le principe de la libre subjectivité et la structure administrative de la communauté cultuelle. Contre une doctrine qui se rigidifie en orthodoxie, il faut là encore, selon Troeltsch, savoir gré aux communautés baptistes indépendantes d'avoir œuvré en direction de la liberté de conscience.

Quant à l'influence du protestantisme sur la constitution de l'État, elle est, pour Troeltsch, le fait du calvinisme. Le luthérianisme, par sa confiance en la tutelle providentielle dont est appelée à jouir la justice civile, se veut « d'emblée conservateur ». Les puissances temporelles promues par Dieu se doivent accorder une pleine obéissance. On sait qu'à l'inverse le droit de résistance trouve dans les suites de la réforme calvinienne à s'exercer à l'encontre des autorités oubliant le droit naturel auquel les a confiées Dieu et dont elles doivent assurer la sauvegarde. Mais si l'on se tourne vers la notion des droits de la conscience libre, telle qu'elle trouve à s'inscrire dans le régime constitutionnel nord-américain, il importe de

1 *Ibid.*, p. 73.
2 *Ibid.*, p. 74.

reconnaître une influence du baptisme et du puritanisme étrangers à la doctrine de Luther comme de Calvin. À l'origine des droits de l'homme, on ne trouve donc pas le protestantisme de stricte confession, mais les sectes, haïes par lui et chassées vers le Nouveau Monde.

Troeltsch insiste néanmoins sur l'influence, cette fois décisive, du protestantisme sur « l'évolution de la vie et de la pensée *économiques* ». L'idéal économique de Luther et sa doctrine du *Beruf* ne rompent toutefois pas véritablement avec l'esprit catholique dont ils maintiennent l'enracinement artisanal et agraire. C'est donc surtout comme renfort de la propriété agraire que les vertus luthériennes d'humilité et de patience ont trouvé à s'exercer, vertus qui sont devenues le creuset « d'une force de travail passive », fournissant au capitalisme naissant une main-d'œuvre docile. L'esprit du capitalisme, dont Weber a articulé « les présupposés spirituels et moraux », trouve bien plutôt dans le calvinisme « sa base spirituelle déterminée[1] ».

Dans la mesure où l'éthique agressivement activiste de la prédestination contraint les élus à mettre totalement en œuvre les facultés que Dieu leur a données en même temps qu'ils peuvent voir, à travers de déploiement même, le signe de leur élection, le travail devient rationnel et systématique[2].

Toutefois, Troeltsch souligne la conséquence négative qui s'attache au développement d'un individualisme producteur qui perd ses attaches avec les valeurs éthiques et « l'esprit social » dont il est issu. Avec l'ascèse intérieure « qui oppose le monde au ciel », « c'est le monde qui a fini par prendre le dessus », rompant ainsi l'équilibre de la morale intérieure et de la mondanité extérieure.

Il convient par conséquent de relativiser l'influence de la réforme luthérienne sur la formation éthique du monde moderne. La seule remise en question des anciennes structures ecclésiales ne peut à elle seule expliquer les modifications de l'organisation sociale dans le développement de la modernité. C'est surtout aux Lumières qu'il faut reconnaître le mérite d'avoir su faire bénéficier le peuple d'un accès à la culture et au savoir. La notion d'égalité, « à l'exception des groupes baptistes radicaux », semble d'ailleurs étrangère à l'esprit même du protestantisme qui ne cherche guère à laisser la société s'instituer à partir

1 *Ibid.*, p. 91.
2 *Ibid.*, p. 93.

de « la volonté individuelle de ses membres ». Au final, Troeltsch reconnaît au principe protestant une influence indirecte, voire presque nulle, sur les forces de développement modernes qui dans ses manifestations éthiques a su se former « avant la Réforme et sans elle[1] ». Si, à l'heure de la Révolution, le protestantisme a pu offrir « la base saine d'une bonne conscience et d'une force pleine d'allant », les forces historiques à l'œuvre dans le champ politique et social réclamaient davantage qu'une influence religieuse à laquelle Troeltsch cantonne pour l'essentiel l'innovation protestante. Si, à ce niveau, la religion possède une puissance structurante propre, elle ne crée pas seule les conditions d'une transformation essentielle de la culture. Au demeurant, loin qu'il soit question de sécularisation, la culture moderne semble bien plutôt se déployer « sans le moindre fondement religieux ».

Si néanmoins, « sans fondement religieux, sans métaphysique ni éthique, il est impossible que se forme un esprit culturel homogène et résistant », on peut considérer qu'avec l'idéal de la personnalité libre et autonome se dégage, derrière l'impression de « scepticisme et de désengagement oisif » que donne la culture moderne, une influence du protestantisme avec tout ce que ce terme extrêmement imprécis recouvre de réalités diverses et souvent contradictoires. « Il est absolument inutile de songer à une unité religieuse au sein du monde moderne ; et le protestantisme représente précisément pareille profusion de formations singulières[2]. » Loin d'être en mesure d'isoler une dominante directement luthérienne sur l'esprit du monde moderne, Troeltsch récuse l'apparente homogénéité que Hegel s'attache à percer au sein de la dynamique historique en attribuant au seul docteur de Wittenberg la paternité d'une conception spirituelle dictant son orientation éthique à la modernité. L'apport essentiel de Luther, la *sola fides* comme unique certitude du salut, a bien eu pour conséquence d'« ouvrir la voie à une justification purement subjective et intérieur de la foi ». Mais le but de Luther était tout autre qu'affirmer le principe de « l'individualisme subjectiviste » dont s'est pourtant nourrie la modernité. Il s'agissait pour lui de délivrer la subjectivité du magistère spirituel, et en réalité temporel, de l'Église sans pour autant renoncer au but traditionnel de la justification par la

1 *Ibid.*, p. 111.
2 *Ibid.*, p. 118.

grâce. La modernité ne conserve finalement de la doctrine luthérienne que sa justification formelle de la subjectivité, la *fides qua creditur*, en s'arrachant au contenu de la croyance, à la *fides quae creditur*, qui demeurait pour Luther le centre de son projet de réformation. La « conviction personnelle » prend le pas sur la fin, « le salut surnaturel ».

La conclusion à tirer quant au lien établi par Hegel entre luthérianisme et monde moderne paraît donc devoir être nuancée. Certes, le principe de la libre subjectivité trouve à s'affirmer avec une force particulièrement nette dans la critique luthérienne de l'autorité ecclésiastique. Mais la subjectivité luthérienne ne recouvre qu'en partie seulement le sens que le principe moderne va retenir. Il faudrait même considérer que c'est en rompant avec la base spirituelle propre au luthérianisme que le principe de la libre subjectivité trouve réellement à s'affirmer. La question du salut, l'assurance de l'existence de Dieu comme garant de la grâce sanctifiante, l'autorité de la Bible comme présence manifestée de l'Esprit, tous ces traits sont abandonnés par une modernité beaucoup plus encline à se tourner vers des préoccupations purement mondaines auxquelles le calvinisme fournissait, avec son expérience tragique de la prédestination, un horizon de reconnaissance et d'accomplissement. L'autorité politique acquiert pour Luther, au niveau temporel, un caractère absolu justement dans la mesure où la subjectivité demeure essentiellement tournée vers sa propre intériorité. La sphère mondaine n'est pas tant le lieu où s'affirme la liberté du croyant que l'espace de corruption auquel l'assigne le péché dont il porte les stigmates. Essentiellement répressif, le pouvoir politique doit être soutenu et reconnu par la subjectivité qui ne peut néanmoins espérer atteindre dans sa seule inscription éthique la réconciliation à laquelle la voue son espérance de salut.

Le diagnostic porté par Hegel s'avère donc très largement contredit par l'impuissance du luthérianisme à dépasser l'aspiration médiévale au salut surnaturel. En dépit du spiritualisme qu'il attache au sens de la communion eucharistique, le calvinisme s'avère beaucoup plus propre à soutenir les modalités d'émergence d'une mondanité consistante pour elle-même. En celle-ci la subjectivité se doit d'œuvrer dans la soumission à un ordre au sein duquel se manifeste la providence divine. C'est à l'héritage calvinien qu'il faut donc attribuer une influence, limitée toutefois, sur l'institution d'un *cosmos* social autonome.

En dépit des limites de la compréhension hégélienne, il n'en demeure pas moins que son geste révèle en lui-même le sens profond de la modernité. Conformément à l'appréhension dialectique de sa propre philosophie, il semble que Hegel ait raison là où il a tort. L'importance que Hegel accorde au principe de la libre subjectivité et à la possibilité pour cette dernière d'atteindre une réconciliation effective avec la temporalité intra-mondaine témoigne que la philosophie hégélienne est en elle-même porteuse d'un idéal presque entièrement étranger à la Réforme du XVIe siècle, mais en adéquation parfaite avec les structures d'intelligibilité de la modernité. Le dépassement de l'horizon eschatologique chrétien en direction d'une révélation parousiaque au cœur de la présence manifestée permet de conclure à l'irréductible ancrage de la philosophie hégélienne dans un temps qui se pense seulement à partir de la rupture qu'il inaugure, à chacun de ses instants, avec l'ancien ordre des choses. Cette clôture de la signifiance, en permanente reprise et néanmoins toujours reportée, signale, par conséquent le sens du savoir absolu hégélien comme un devenir continuel de lui-même qui n'annule en rien la temporalité historique à partir de laquelle il trouve à déployer son sens. Si la religion articule dans les termes représentatifs qui sont les siens les signifiants de l'institution du monde moderne, c'est au philosophe qu'il revient, en dernier ressort, de déchiffrer le sens vers lequel font signes ces indices d'intelligibilité.

BIBLIOGRAPHIE INDICATIVE

Traductions françaises des textes de Hegel

Écrits politiques, éditions Champ Libre, Paris, 1977.

Écrits sur la religion (1822-1829), Vrin, Paris, 2001.

Encyclopédie des sciences philosophiques, I, *La Science de la logique*, Vrin, Paris, 1994.

Encyclopédie des sciences philosophiques, II, *La Philosophie de la nature*, Vrin, Paris, 2004.

Encyclopédie des sciences philosophiques, III, *Philosophie de l'esprit*, Vrin, Paris, 1988.

La Phénoménologie de l'esprit, t I, Aubier, Paris, 1941.

La Phénoménologie de l'esprit, t. II, Aubier, Paris, 1941.

La Philosophie de l'histoire, Librairie générale française, Paris, 2009.

La Positivité du christianisme et son destin, PUF, Paris, 1983.

La Vie de Jésus, Vrin, Paris, 2009.

Leçons sur la philosophie de l'histoire, Vrin, Paris, 1987.

Leçons sur la philosophie de la religion, première partie, *Introduction, Le Concept de religion*, PUF, 1996.

Leçons sur la philosophie de la religion, deuxième partie, *La Religion déterminée*, 1. La religion de la nature, Vrin, Paris, 1972.

Leçons sur la philosophie de la religion, deuxième partie, *La Religion déterminée*, 2. Les religions de l'individualité spirituelle, Vrin, Paris, 1972.

Leçons sur la philosophie de la religion, troisième partie, *La Religion accomplie*, PUF, Paris, 2004.

Leçons sur le droit naturel et la science de l'État, Heidelberg, Semestre d'hiver, 1817-1818, Vrin, Paris, 2002.

Leçons sur les preuves de l'existence de Dieu, Aubier, Paris, 1994.

Le Droit naturel, Gallimard, Paris, 1972.

L'Esprit du christianisme et son destin, Vrin, Paris, 2003.

Principes de la philosophie du droit, PUF, Paris, 1998.

Science de la logique, t. 1, premier livre, *L'Être*, édition de 1812, Aubier-Montaigne, Paris, 1972.

Science de la logique, t. 1, livre 2, *La Doctrine de l'essence*, Aubier-Montaigne, Paris, 1976.

Science de la logique, t. 2, *La Logique subjective ou Doctrine du concept*, Aubier-Montaigne, Paris, 1981.

Ouvrages classiques cités

Augustin, *La Cité de Dieu*, Seuil, Paris, 1994.

—, *Les Confessions*, XI, 13, Garnier Frères, Paris, 1964.

—, *Discours sur le psaume 41*, 8, http://www.abbaye-saint-benoit.ch/saints/augustin/psaumes/ps41a50/ps41.htm

Bauer B., *Contre Hegel, l'Athée et l'Antéchrist*, Aubier-Montaigne, Paris.

Clairvaux (de) B., « Sermon 7 pour le Carême », *Textes politiques*, Union générale d'éditions, Paris, 1986.

Blumenberg H., *La Légitimité des temps modernes*, Gallimard, Paris, 1999.

Bonhoeffer D., *Éthique*, Labor et Fides, Genève, 1965.

Chrysostome J., *La Genèse*, Desclée de Brouwer, Paris, 1982.

Feuerbach L., *Manifestes philosophiques*, PUF, Paris, 1960, p. 108.

Foucault M., *Dits et écrits*, t II, Gallimard, Paris, 2001.

Henry M., *C'est moi la Vérité. Pour une philosophie du christianisme*, Seuil, Paris, 1996.

Hobbes T., *Léviathan*, Dalloz, Paris, 1999.

Horace, *Œuvres*, *Odes*, III, V, Garnier Frères, Paris, 1967.

Imitation de Jésus-Christ, III, 21, 3, Desclée, Lefebvre et Cie, Rome, Paris, Tournai, 1902.

Kant E., *La Fin de toutes choses*, Flammarion, Paris, 1992.

Kleist H., *Michel Kohlaas*, Flammarion, Paris, 1992.

Machiavel, *Discours sur la première décade de Tite-Live*, II, 2, Œuvres complètes, Gallimard, Paris, 1952.

Milton J., *Le Paradis perdu*, Gallimard, Paris, 1995, p. 261.

Paine T., *Les Droits de l'homme*, PU Nancy, p. 155.

Pascal, *Pensées, œuvres complètes*, éditions du Seuil, Paris, 1963.

Schleiermacher, *Discours sur la religion à ceux de ses contemporains qui sont des esprits cultivés*, Aubier, Paris, 1944.

Spinoza B., *Éthique*, GF, Paris, 1965.

La Théologie germanique, éditions Jérôme Millon, Grenoble, 2000.

Tillich P., *Théologie systématique. Deuxième partie : L'être et Dieu*, Presses de l'université de Laval, Cerf, Labor et fides, Québec, Paris, Genève, 2003.

Thomas d'Aquin, *Somme théologique*, traduction dominicaine, 1984, http://docteurangelique.free.fr/fichiers/page.htm

Traduction œcuménique de la Bible, Société biblique française & Éditions du Cerf, Paris, 2004.

Troeltsch E., *Protestantisme et modernité*, Gallimard, Paris, 1992.

Ouvrages de commentaires sur la philosophie hégélienne

Bienenstock M., *Politique du jeune Hegel*, PUF, Paris, 1992.

Bourgeois B., *Éternité et historicité de l'esprit selon Hegel*, Vrin, Paris, 1991.

—, *Études hégéliennes*, PUF, Paris, 1992.

—, *Hegel à Francfort*, Vrin, Paris, 1970.

—, *La Pensée politique de Hegel*, PUF, Paris, 1969.

—, *Philosophie et droits de l'homme de Kant à Marx*, PUF, Paris, 1990.

Bruaire C., *Logique et religion chrétienne dans la philosophie de Hegel*, Seuil, Paris, 1964.

Chapelle A., *Hegel et la religion*, 4 vol., Éditions universitaires, Paris, 1971.

Colloque Hegel, 13-15 novembre 1981, Neuchâtel, *Religion et politique dans les années de formation de Hegel*, L'Âge d'homme, Lausanne, 1982.

D'Hondt J., *Hegel*, Calmann-Lévy, Paris, 1998.

Fleischmann, *La Philosophie politique de Hegel*, Gallimard, Paris, 1972.

Haym R., *Hegel et son temps*, Gallimard, Paris, 2008.

Honneth A., *Les Pathologies de la liberté*, Éditions La Découverte, Paris, 2008.

Hyppolite J. (séminaire sur Hegel dirigé par), *Hegel et la pensée moderne*, PUF, Paris, 1970.

—, *Genèse et structure de la Phénoménologie de l'esprit*, Aubier-Montaigne, Paris, 1946.

Kervégan J.F., *Hegel, Carl Schmitt. Le politique entre spéculation et positivité*, PUF, Paris, 1992.

—, *L'Effectif et le rationnel*, Vrin, Paris, 2007.

Lebrun G., *La Patience du concept*, Gallimard, Paris, 1972.

—, *L'Envers de la dialectique*, Seuil, Paris, 2004.

Leonard E. G., *Hegel et la foi*, Desclée et Cie, Paris, 1970.

Macherey et Lefebvre, *Hegel et la société*, PUF, Paris, 1984.

Marmasse G., *Penser le réel. Hegel, la nature et l'esprit*, Kimé, Paris, 2008.

Martin J.-C., *Une intrigue criminelle de la philosophie*, La Découverte, Paris, 2009. Pinson, J.-C., *Hegel, le droit et le libéralisme*, PUF, Paris, 1989.

Planty-Bonjour G. (sous la direction de), *Hegel et la religion*, PUF, Paris, 1982.

Quelquejeu B., *La Volonté dans la philosophie de Hegel*, Seuil, Paris, 1972.

Rohrmoser G., *Théologie et aliénation dans la pensée du jeune Hegel*, Beauchesne, Paris, 1970.

Rosenfield D., *Politique et liberté*, Aubier-Montaigne, Paris, 1984.

Rosenkranz K., *Vie de Hegel*, Gallimard, Paris, 2004.

Ruby C., *L'Individu saisi par l'État*, éditions du Félin, Paris, 1991.

Souche-Dagues D., *Le Cercle hégélien*, PUF, Paris, 1986.

Tinland O. (ouvrage collectif sous la direction de), *Lectures de Hegel*, Librairie générale française, 2005.

Vancourt R., *La Pensée religieuse de Hegel*, PUF, Paris, 1965.

Veillard-Baron J.-L., *Hegel, penseur du politique*, éditions du Félin, Paris, 2006.

Weil É., *Hegel et l'État*, Vrin, Paris, 2002.

Références annexes

ABENSOUR M., *La Démocratie contre l'État*, Éditions du Félin, Paris, 2004.

BALTHASAR H., *La Théologie de l'histoire*, Éditions Parole et Silence, Paris, 2003.

—, *Pâques, le mystère*, Cerf, Paris, 1996.

BULTMANN R., *Histoire et Eschatologie*, Delachaux et Niestlé, Neufchâtel, 1959.

CASSIRER E., *Le Mythe de l'État*, Gallimard, Paris, 1993.

CATTIN E., JAFFRO L., PETIT A., *Figures du théologico-politique*, Vrin, Paris, 1999.

CAUSSE, BIRMELÉ, BÜHLER, *Introduction à la théologie systématique*, Labor et Fides, Genève, 2008.

COLAS D., *Le Glaive et le Fléau*, Grasset, Paris, 1992.

COLONGE P. ET LILL R., *Histoire religieuse de l'Allemagne*, Cerf, Paris, 2000.

CROCE B., *Pourquoi nous ne pouvons pas ne pas nous dire chrétiens ?*, Payot et Rivages, Paris, 2010.

FEUERBACH L., *L'Essence du christianisme*, Gallimard, Paris, 1968.

GADAMER H.G., *L'Héritage de l'Europe*, Payot et Rivages, Paris, 2003.

GAUCHET M., *Le Désenchantement du monde*, Gallimard, Paris, 1985.

GISEL P., (dir.), *Encyclopédie du protestantisme*, PUF, Paris, 2006.

GISEL P., *Le Christ de Calvin*, Mame-Desclée, Paris, 2009.

GOUNELLE A., *Parler de Dieu*, Van Dieren éditeur, Paris, 2004.

—, *Penser la foi*, Van Dieren éditeur, Paris, 2006

HENRY M., *L'Essence de la manifestation*, PUF, Paris, 1963.

LEFORT C., *Essai sur le politique*, Seuil, Paris, 1986.

LEONARD E. G., *Histoire générale du protestantisme*, PUF, Paris, 1961.

LÖWITH K., *De Hegel à Nietzsche* René, Gallimard, Paris, 1969.

—, *Histoire et salut*, Broché, Paris, 2003.

LUBAC H., *Le Drame de l'humanisme athée*, Union générale d'édition, Paris, 1944.

LUTHER M., *Les Grands Écrits réformateurs*, Flammarion, Paris, 1992.

MARCUSE H., *Raison et Révolution*, Les éditions de Minuit, Paris, 1968.

MONOD J.-C., *La Querelle de la sécularisation*, Vrin, Paris, 2002.

PERREAY-SAUSSINE E., *Catholicisme et Démocratie*, Cerf, Paris, 2001.

RÉMOND R., *Religion et société en Europe*, Seuil, Paris, 2001.

Rovan J., *Histoire de l'Allemagne*, Seuil, Paris, 1998.
Senellart M., *Les Arts de gouverner*, Seuil, Paris, 1995.
Tillich P., *Le Christianisme et les religions*, Aubier-Montaigne, Paris, 1968.
Weber M., *L'Éthique protestante et l'esprit du capitalisme*, Flammarion, Paris, 2000.